SAMMLUNG TUSCULUM

GRIECHISCHE KLEINEPIK

Griechisch-deutsch

Herausgegeben und übersetzt
von Manuel Baumbach, Horst Sitta
und Fabian Zogg

DE GRUYTER

ISBN 978-3-11-053420-7
e-ISBN (PDF) 978-3-11-053518-1

Library of Congress Control Number: 2019936572

Bibliografische Information der Deutschen Nationalbibliothek
Die Deutsche Nationalbibliothek verzeichnet diese Publikation in der Deutschen Nationalbibliografie; detaillierte bibliografische Daten sind im Internet über http://dnb.dnb.de abrufbar.

Für Einbandgestaltung verwendete Abbildungen:
Cologny (Genève), Fondation Martin Bodmer, Cod. Bodmer 5: 3v/4r
(www.e-codices.unifr.ch)

Satz im Verlag
Druck und Bindung: Hubert & Co. GmbH & Co. KG, Göttingen

♾ Gedruckt auf säurefreiem Papier
Printed in Germany

www.degruyter.com

MIX
Papier aus verantwortungsvollen Quellen
FSC® C016439
FSC
www.fsc.org

INHALT

EINFÜHRUNG

Am Morgen des 3. Mai 1810 durchschwamm Lord Byron nach dem Vorbild des mythischen Leander die Meerenge des Hellespont. Anstatt jedoch beglückt in die Arme einer Hero zu sinken, schrieb Byron noch am selben Tag ernüchtert an seinen Freund Henry Drury: »This morning I swam from Sestos to Abydos. The immediate distance is not above a mile, but the current renders it hazardous; – so much so that I doubt whether Leander's conjugal affection must not have been a little chilled in his passage to Paradise.« Den Leserinnen und Lesern unseres Buches mögen solche lebenswirklichen Erfahrungen erspart bleiben; sie zeugen gleichwohl von der Begeisterung, die das Eintauchen in die Welt der griechischen Mythen bei ihren Rezipienten seit der Antike und bis in die Gegenwart hervorgerufen hat. Als traditionelle Erzählungen von kollektiver Bedeutsamkeit, deren Ursprung häufig in der religiös-göttlichen Sphäre liegt, bildeten antike Mythen mit ihren Geschichten von Göttern, Heroen, Misch- und Fabelwesen über Jahrhunderte ein zentrales Wissens- und Identifikationsrepertoire der europäischen Kultur. Hier wurde über die Entstehung der Welt nachgedacht, über ethische Fragen oder politische Verhaltensweisen reflektiert, Unerklärliches zu erklären versucht, Menschliches und Allzumenschliches exemplarisch diskutiert. Dabei teilen sich antike Erzählungen und ihre kreativen Rezeptionen die ›Arbeit am Mythos‹, insofern Mythen immer wieder neu erzählt werden können und müssen, um die in ihnen enthaltenen Weltsichten zu aktualisieren und ihre Bedeutung(en) in neuen Kontexten entfalten zu können.

Vor diesem Hintergrund versammelt der Band thematisch ganz verschiedene mythische Erzählungen, angefangen bei einer Tat des Herakles über die Entführung der Europa und die tragische Liebesgeschichte von Hero und Leander bis hin zu zentralen Ereignissen aus dem Trojanischen Krieg und zwei Parodien seiner epischen Gestaltungen im hellenistischen *Froschmäusekrieg* und seinem byzantinischen Pendant, dem im Anhang abgedruckten *Katzmäusekrieg*. Auch ohne diesen byzantinischen Text ist die zeitliche Spannweite der vorgestellten Schriften groß: Zwischen dem frühesten Werk, dem Hesiod zugeschriebenen *Schild* (6. Jh. v. Chr.), und Musaios' *Hero und Leander* (spätes 5. Jh. n. Chr.) liegen über 1000 Jahre, in denen – und das ist das Verbindende der vorgestellten Texte – sich eine eigenständige literarische Form herausgebildet hat: das Epyllion.

Das antike Epyllion

Für kleinepische Dichtung findet sich in der Antike keine eigene Gattungsbezeichnung. Sie wurde im Griechischen wie im Lateinischen als Hexameterdichtung und aufgrund ihrer besonderen Mimesis (μίμησις), d. h. der durch Erzähler- und Figurenrede gemischten »Darstellungsweise«, stets dem Epos (τὸ ἔπος) zugeordnet. Erst in der modernen Forschung hat sich seit dem 18. Jh. im Bestreben nach einer stärkeren Gattungsdifferenzierung die Bezeichnung ›Epyllion‹ (τὸ ἐπύλλιον) als Deminutiv zu ›Epos‹ etabliert, wobei bis heute kein wissenschaftlicher Konsens über Genese, Bauformen und Definition dieser epischen Subgattung gefunden wurde: Je nachdem, welche Kriterien als ›hart‹ bzw. ›weich‹ herangezogen werden und bei welchem Umfang man von einem Kleinepos sprechen möchte, variiert die Anzahl der Texte, die als Epyllien bezeichnet werden. Hinzu kommt die Diskussion darüber, ob neben den eigenständig konzipierten Kleinepen auch in sich geschlossene, in Epen eingebettete kurzepische Erzählungen als Epyllien bezeichnet werden sollten – prominente Beispiele hierfür wären in der griechischen Dichtung das Lied des Sängers Demodokos über den Ehebruch von Ares und Aphrodite in Homers *Odyssee*

(8,266–366) und in der lateinischen Dichtung das sogenannte Aristaeus-Epyllion in Vergils *Georgica* (4,317–558) oder das Orpheus-Lied im zehnten Buch der *Metamorphosen* Ovids (10,148–739).

Als pragmatisch hat sich in der jüngeren Forschung ein Ansatz erwiesen, der die Gattungskriterien der Kleinepik nicht absolut, sondern relativ, d. h. im Verhältnis zu der jeweiligen zeitgenössischen epischen Praxis sowie den intertextuell aufgerufenen epischen Traditionen, bestimmt (Baumbach/Bär 2012). Mit Blick auf formale Gattungskriterien ergeben sich daraus folgende Charakteristika: Ein Epyllion ist – wie ein Epos – in Hexametern verfasst; als ›Kleinepos‹ kann bezeichnet werden, was im Vergleich zu zeitgenössischen epischen Dichtungen einen deutlich geringeren Umfang hat oder sich intertextuell mit (bereits als solchen etablierten) anderen Epyllien vernetzt bzw. diachron von Epen abgrenzt.

Vor diesem Hintergrund wären etwa die verlorenen epischen Dichtungen des sogenannten Epischen Kyklos, in denen der Beginn des Trojanischen Krieges (Zankapfel, Parisurteil, Raub der Helena) sowie der Fall Trojas und die Heimkehr griechischer Helden besungen wurden, als Epyllien zu bezeichnen, da sie deutlich kürzer waren als die homerischen Epen *Ilias* und *Odyssee*, mit denen sie den gemeinsamen »Erzählkreis« zum Trojanischen Krieg bildeten. Für die so definierte Kleinepik ergibt sich aus den überlieferten Werken über die Antike verteilt eine Länge von je ca. 200–1000 Versen.

Inhaltlich betrachtet bleiben Epyllien auf die erzählende Epik beschränkt. Diese Fokussierung ist zum einen wissenschaftsgeschichtlich begründet, insofern bei der Etablierung der Gattung Epyllion ausschließlich Kleinepen besprochen wurden, die diese Ausrichtung hatten. Zum anderen ist sie gattungstheoretischen Überlegungen geschuldet, da man mit dem Begriff ›Epyllion‹ nur eine der drei in Auseinandersetzung mit den homerischen Epen entstandenen epischen Subgattungen – Heldenepos, Lehrdichtung, Hymnos – als Textfamilie zu erfassen suchte. Entsprechend teilen sich Epyllien mit dem homerischen Heldenepos die mythische Thematik, deren Handlung von einem Erzähler und den fiktionsinternen Figuren geschildert wird. Dabei lässt sich Mythos mit Friedrich Schlegel (1803/1804, 23) als »ein Gemisch von Geschichte, mündlich fortgepflanzten Sagen, Sinnbildlichkeit und willkürlich hinzugefügter Dichtung« verstehen. Je nach Zusammenstellung einzelner Epyllien lassen sich weitere, weiche Gattungskriterien erkennen wie die Stärkung weiblicher Figuren, eine parodistische Wirkungsabsicht, die Konzentration auf entlegene Mythen, die Tendenz zur Psychologisierung von Gottheiten und Menschen, Freude an ekphrastischer Darstellung oder lange Figurenreden. Schließlich liegt ein besonderer Reiz der Epyllien in der Behandlung von Ereignissen, die entweder schon einmal in anderer Form – zumeist als Epen – erzählt wurden und nun neu gestaltet werden (Triphiodor, Kolluthos), oder in der Episierung von Themen und Figuren, die eigentlich keinen Platz im Epos haben (*Froschmäusekrieg*).

In der archaischen Zeit (8.–6. Jh. v. Chr.) lassen sich neben den bereits erwähnten verlorenen Werken des Epischen Kyklos und dem Demodokos-Lied von Ares und Aphrodite sowie dem in diesem Band übersetzten pseudo-hesiodeischen *Schild* (6. Jh. v. Chr.) einige der sogenannten *Homerischen Hymnen*, v. a. der *Demeterhymnos* und der *Aphroditehymnos* mit seiner Schilderung der Liebesbegegnung zwischen der Göttin und Anchises, aus der Aineias (lat. Aeneas) hervorgeht, als epische Kleinformen bezeichnen: In ihrer Funktion als kurze, eigenständig komponierte »Vorgesänge« (προοίμια) narrativer Epen mit einer Konzentration auf mythische Themen in narrativer Ausgestaltung weisen sie zentrale Charakteristika des Epyllions auf. Aus der klassischen Zeit (5./4. Jh. v. Chr.) sind weder Epyllien noch Epen überliefert, was mit veränderten Produktions- und Rezeptionsbedingungen sowie der Konkurrenz durch die Tragödie als nunmehr wichtigste poetische Gestaltungsform mythischer Stoffe zusammenhängen könnte.

Eine Blüte erreichte das Kleinepos in hellenistischer Zeit (3.–1. Jh. v. Chr.), wo die »schlanke Muse« in kritisch-kreativer Auseinandersetzung mit der als übermächtig empfundenen literarischen Tradition (vor allem Homers) zur ästhetischen Maxime erhoben wurde. In Anlehnung an Kallimachos' Postulat, dass »ein großes Buch ein großes Übel« (μέγα βιβλίον μέγα κακόν, fr. 465 Pfeiffer = fr. 511 Asper) sei, wurden kurze Formen bevorzugt, was dem Epyllion zu großer Popularität verhalf. Bezeugt sind neben den in diesem Band übersetzten Kleinepen *Europa* (Moschos, 2. Jh. v. Chr.) und *Froschmäusekrieg* (Pseudo-Homer, 1. Jh. v. Chr.) über zehn weitere hellenistische Epyllien, die jedoch mehrheitlich nur fragmentarisch erhalten sind. Dabei fällt auf, dass nicht nur das Epos dieser Zeit (z. B. Apollonios Rhodios, *Argonautica*) verglichen mit der epischen Tradition deutlich an Länge verliert, sondern auch die Kleinepik kürzer wird. Zudem findet sich eine deutlich größere thematische Breite: Während archaische Epyllien und epische Kleinformen – soweit wir sehen – ausschließlich heroische oder göttliche Taten besungen haben, nehmen hellenistische Epyllien zum Beispiel auch Ereignisse der Tierwelt (*Froschmäusekrieg*) in den Blick – Letzteres in parodistischer Verwendung homerischer Heldenepik.

Aus der Kaiserzeit (1.–6. Jh. n. Chr.) sind drei griechische Epyllien überliefert, die alle in diesen Band aufgenommen wurden: Triphiodor, *Eroberung Trojas*, 3. Jh. n. Chr.; Kolluthos, *Raub der Helena*, spätes 5. Jh. n. Chr.; Musaios, *Hero und Leander*, spätes 5. Jh. n. Chr. Hinzu treten kurze Hexameterdichtungen, die – wie Christodors *Ekphrasis* (5. Jh. n. Chr.) von 80 Statuen aus dem Gymnasion in Konstantinopel – im Umfeld des Epyllions diskutiert werden. Sprachlich-stilistisch orientieren sich die kaiserzeitlichen Epyllien sowohl an der durch Homer und Apollonios Rhodios geprägten epischen Tradition als auch an zeitgenössischer hexametrischer Dichtung; daneben lassen sich Bezüge zwischen einzelnen Epyllien (v. a. zwischen Kolluthos und Triphiodor) festmachen.

Beeinflusst durch die griechischen Epyllien aus hellenistischer Zeit und in Auseinandersetzung mit der lateinischen Epik entstehen im 1. Jh. v. Chr. die ersten lateinischen Kleinepen im Umkreis der Neoteriker. Über zehn eigenständige lateinische Epyllien sind bezeugt: Neben Catulls *Carmen 64* (1. Jh. v. Chr.) und drei Kleindichtungen der sog. *Appendix Vergiliana* – *Ciris*, *Culex* und je nach Gattungsdefinition auch das *Moretum* (die Datierung der drei Werke ist umstritten, vermutlich stammen sie jedoch aus dem 1. Jh. n. Chr.) – sind Epyllien von Magnus Ausonius (*Cupido cruciatus*, 4. Jh. n. Chr.), Aurelius Prudentius (*Psychomachia*, Beginn 5. Jh. n. Chr.), Dracontius (*Medea* und *Hylas*, um 500 n. Chr.) und Reposianus (*De concubitu Martis et Veneris*, frühes 6. Jh. n. Chr.) erhalten. Von weiteren Epyllien sind die Titel bekannt, aber nur Fragmente erhalten: Cicero, *Alcyone*; Cato, *Diana*; Cinna, *Zmyrna*; Calvus, *Io*; Cornificius, *Glaucus*.

Zur Auswahl der Epyllien

Mit Pseudo-Hesiods *Schild*, Moschos' *Europa*, Pseudo-Homers *Froschmäusekrieg*, Triphiodors *Eroberung Trojas*, Kolluthos' *Raub der Helena* und Musaios' *Hero und Leander* versammelt der vorliegende Band sechs griechische Kleinepen, die seit der Antike und bis in die Gegenwart eine breite künstlerische, literarische und musikalische Rezeption erfahren haben – ein Beispiel hierfür ist der im Anhang beigegebene *Katzmäusekrieg* des Theodoros Prodromos aus byzantinischer Zeit.

[Hesiod], *Schild*

»The poem has the worst reputation accorded any piece of surviving hexameter poetry« – dieses von Richard P. Martin (2005, 154) treffend beschriebene Urteil der älteren Forschung über das 480

Verse umfassende Gedicht aus dem ersten Drittel des 6. Jh. v. Chr. erklärt sich vor allem durch den namensgebenden Mittelteil mit der Beschreibung von Herakles' Schild (ἀσπίς; lat. *scutum*), die sich eng an die Ekphrasis von Achills Schild in der *Ilias* (18,478–608) anlehnt. Standen solche Nachahmungen lange Zeit unter dem Verdikt des Epigonentums, dem beispielsweise auch Vergil als angeblich stümperhafter Nachdichter Homers ausgesetzt war, so hat gerade die jüngere Forschung das kreative und innovative Potential solcher Dichtungen herausgestellt, die in Auseinandersetzung mit literarischen Traditionen neue Darstellungsweisen ausloten und sich damit – wie im konkreten Fall – in neue Gattungen, eben dem Epyllion, einschreiben können. Von einer hohen Wertschätzung des *Schildes* in der Antike zeugen die Urteile von Dichtern und Gelehrten wie Stesichoros (ca. 630–555 v. Chr.), der das Epyllion dem zweiten großen Epiker neben Homer, Hesiod (8./7. Jh. v. Chr.), zugeschrieben hatte. Auch Apollonios Rhodios (3. Jh. v. Chr.), der Leiter der Bibliothek von Alexandria und Autor des Epos *Argonautica*, hielt das Gedicht – unter anderem aus stilistischen Gründen – für ein Werk des Verfassers der beiden Lehrdichtungen *Theogonie* und *Werke und Tage*. Zwar wurde diese Zuschreibung schon in der Antike angezweifelt und gilt heutzutage als widerlegt, aber das schmälert nicht die Bedeutung dieses Epyllions, das als kurze epische Erzählung über einen entlegenen mythischen Kampf – mit zahlreichen intertextuellen Verweisen, einer Ekphrasis und diversen retardierenden Elementen – hellenistischen Dichtern als Prototyp der Gattung dienen konnte (Bing in Baumbach/Bär 2012).

Die Handlung des Epyllions ist kurz erzählt: Herakles und sein Neffe und Wagenlenker Iolaos sind unterwegs ins thessalische Trachis, wobei sie dem mythischen Wegelagerer Kyknos begegnen. Herakles tötet Kyknos im Zweikampf und verwundet auch dessen Vater, den Kriegsgott Ares. Da Kyknos zu Lebzeiten wiederholt Pilger angegriffen hatte, die die Heiligtümer des Gottes Apollon aufsuchen wollten, lässt dieser das Grab des Unholds am Schluss des Epyllions zerstören. Diese Handlung ist angereichert durch genealogische Ausführungen über Alkmene, Herakles' Mutter, die zugleich Teil des nur fragmentarisch erhaltenen hesiodeischen *Frauenkatalogs* waren (s. die Erläuterungen zu 1–56), sowie durch typische Elemente der Kriegsepik: Reden der Kämpfer, eine Rüstungsszene, Auftritte von Göttern, Gleichnisse und vor allem die Beschreibung von Herakles' Schild, die mehr als ein Drittel des Gedichts ausmacht.

Versuche, den Schild des Herakles mit archäologischen Funden in Bezug zu setzen und graphisch darzustellen (vgl. z. B. Myres 1941 und Chiarini 2012), sind für das Textverständnis illustrativ, können jedoch nicht darüber hinwegtäuschen, dass es sich beim Schild des Herakles (wie in der *Ilias*) in erster Linie um eine literarische Darstellung handelt, die weniger auf eine außerliterarische Realität als auf innerfiktive Kontexte und Bedeutungsebenen angelegt ist. So lässt sich die Ekphrasis beispielsweise als *mise en abyme* zum Rest der Handlung in Bezug setzen (vgl. bes. Becker 1992), wobei die anfängliche Darstellung von Monstern und die am Ende stehende Beschreibung einer Stadt in Friedenszeiten als Entwicklung vom Chaos zur Ordnung verstanden und auf den Schildbesitzer Herakles, den Helfer der Götter und Menschen (V. 28f.), bezogen werden kann (Horn 2016). Rezipiert wurde der *Schild* vor allem im Zusammenhang mit Darstellungen des Heraklesmythos sowie in der epischen Tradition der Schildbeschreibung, wie sich zum Beispiel in den *Posthomerica* des Quintus Smyrnaeus beobachten lässt, wo der Schild des Eurypylos (6,198–293) motivisch und erzähltechnisch nach dem Muster des Heraklesschildes gestaltet ist (Baumbach 2007). Zu einer Neubewertung des Epyllions könnte die originelle Deutung von Martin (2005) führen, der den *Schild* als »Pulp Epic« bezeichnet und anregt, ihn in seiner Gestaltung weniger mit der *Ilias* als mit modernen Gattungen wie der Horrorliteratur, dem Western und der Superhero Fiction in Bezug zu setzen.

Moschos, *Europa*

Der Verfasser dieses Epyllions aus dem 2. Jh. v. Chr. wird in der antiken biographischen Tradition vor allem mit der Bukolik verbunden und als ein Nachfolger ihres Begründers Theokrit bezeichnet; zu dieser Einschätzung passt sein Geburtsort Syrakus, galt doch Sizilien als Heimat dieser Gattung. Neben der *Europa* wird Moschos das kurze Hexametergedicht »Der flüchtige Eros« (Ἔρως δραπέτης, *Anthologia Palatina* 9,440) zugeschrieben; einige weitere Fragmente stammen wahrscheinlich aus einer verlorenen Sammlung mit bukolischen Gedichten. Die *Europa* wurde in der Antike breit rezipiert, bis in die Spätantike gelesen (vgl. z. B. Nonnos, *Dionysiaca* 1,46–137; 322–355) und bildete zusammen mit Ovids Schilderung des Mythos in den *Metamorphosen* (2,833–875) die wichtigste Vorlage für zahllose literarische (Renger 2003), künstlerische und musikalische Rezeptionen.

Das Epyllion beginnt mit einem Traum der phönikischen Königstochter Europa: Sie sieht, wie sich zwei Frauen, die zwei Kontinente – Asien und das zunächst noch nicht als solches bezeichnete Europa – symbolisieren, um sie streiten. Der Traum steht in seiner warnenden und zugleich proleptischen Funktion sowohl in epischer (Apollonios Rhodios, *Argonautica* 3,617–631) als auch in dramatischer Tradition (Aischylos, *Perser* 176–214), womit das Epyllion die Erwartungen an ein episch-tragisches Geschehen weckt, das am folgenden Morgen seinen Lauf nimmt: Europa begibt sich mit ihren Freundinnen auf eine nahe gelegene Wiese, um Blumen zu pflücken – eine idyllische Szene, die sich eng an Darstellungen des Raubes der Persephone durch den Unterweltgott Hades aus dem Demetermythos anlehnt (vgl. den homerischen *Demeterhymnos* 413–434), was dem textexternen Rezipienten den bevorstehenden Raub der Europa durch Zeus ankündigt. Zudem zeigt der Verweis auf den Io-Mythos in der Ekphrasis des Blumenkorbes der Europa (V. 43–62) den weiteren Verlauf des Geschehens an: Wie Io, die Geliebte des Zeus, in Gestalt einer Kuh von Griechenland nach Ägypten ging, so wird auch Europa zur Geliebten des Zeus, sie wird ihr Heimatland verlassen und auf einem anderen Kontinent heimisch werden. Alle drei erzählten bzw. aufgerufenen Mythen sind aitiologisch (einen Ursprung erklärend), da der Raub der Persephone das Entstehen der Jahreszeiten begründet – Persephone muss ein halbes Jahr bei Hades unter der Erde wohnen, so dass Demeter trauert und so lange nichts wachsen lässt –, der Io-Mythos die Entstehung des ägyptischen Isiskults erklärt und Europa zur Namensgeberin des Asien gegenüberliegenden Kontinents wird. Zeus hatte sich, um sie zu entführen, in einen Stier verwandelt: Verführt durch das zahme Auftreten des Stieres besteigt ihn Europa, worauf sie mit dem Versprechen über das Meer nach Kreta getragen wird, dass sie dort prächtige Kinder von ihm bekommen werde.

Das Epyllion ist mit 166 Versen sehr kurz, wobei auffällt, dass die eigentliche Handlung der Entführung zum Ende hin immer schneller erzählt und die erwartete Verführung der Europa durch Zeus nach seiner Rückverwandlung auf Kreta erst in den Schlussversen angedeutet wird: Aus dem Mädchen Europa wird die Braut und dann die Mutter. Damit liegt der Fokus der Erzählung auf der Traumschilderung am Anfang und auf der Ekphrasis des Blumenkorbes, deren poetologische Bedeutung hervortritt: Beide Teile der Erzählung enthalten Verweise auf literarische Traditionen, auf deren Folie Moschos seine Version des Europamythos entwickelt. Im Falle der Ekphrasis zeigt sich die hellenistische Tendenz des Wettstreits mit der ›Großepik‹: Der kleine Blumenkorb ist – analog zur bekanntesten Ekphrasis der homerischen Epen vom Schild des Achilleus – ein Kunstwerk des Hephaistos (*Ilias* 18,478–608); damit ist es künstlerisch ebenbürtig mit seinen epischen Vorbildern und hat denselben ästhetischen Anspruch. Anstatt jedoch – und hier zeigt sich die hellenistische Abkehr von der Tradition – die epischen Bauformen in den Dienst der Kriegskunst zu stellen, werden sie zu Erzählelementen anderer Themen. Die *Europa* des

Moschos verführt ihre Rezipienten durch eine besonders gelungene Metamorphose der Heldenepik zur Kleinepik: Sie überlässt den kriegerischen, tragisch endenden Streit zweier Kontinente um eine Frau der epischen Tradition (Helena bei Homer bzw. Medea bei Apollonios Rhodios) und macht aus ihm einen literarischen Agon um Europa.

[Homer], *Froschmäusekrieg*

Eine äsopische Fabel (384 Perry) beginnt damit, dass sich eine Maus und ein Frosch anfreunden. Da die Maus nicht schwimmen kann, lässt sie sich an den Fuß des Frosches binden, um bei ihm einkehren zu können. Der Frosch taucht unter, die ertrinkende Maus deutet dies als lebensbedrohenden Angriff, schwört Rache und stirbt. Diese Fabel wird am Anfang des *Froschmäusekrieges* aufgegriffen, woraufhin sich das Epyllion jedoch zu einer Kriegsschilderung im Stil Homers entwickelt: Eine andere Maus, die das Geschehen beobachtet hat, meldet einen Mord, was zu einer Mäuseversammlung, einer emotionalen Rede des Vaters der getöteten Maus und schließlich zur Rüstung der Tiere führt. Nachdem den Fröschen die Kriegserklärung überbracht worden ist und sich der schuldige Frosch herausgeredet und seinerseits zum Krieg angestachelt hat, rüsten sich auch die Frösche zum Kampf. Die Götter, die derweil über das Geschehen in einer eigens einberufenen Versammlung beraten haben, entscheiden sich aus Angst, selbst verletzt werden zu können, dazu, nicht einzugreifen. In der folgenden, detailreich beschriebenen Schlacht gewinnen die Mäuse die Oberhand und hätten die Frösche beinahe ausgerottet, wenn nicht von Zeus geschickte Krebse die Mäuse am Schluss des Epyllions zurückgedrängt und den Krieg der beiden Tiervölker beendet hätten.

Die Dichter Martial (14,183) und Statius (*Silv.* 1 praef. 7–9) zitieren den *Froschmäusekrieg* als Jugendwerk Homers, dem später auch ein *Star-*, ein *Spinnen-* und ein *Kranichkrieg* zugeschrieben wurde. Wie sprachlich-stilistische Untersuchungen gezeigt haben, stammt der Text jedoch nicht von Homer, sondern entstand vermutlich im 1. Jh. v. Chr. In byzantinischer Zeit war das Epyllion – gestützt durch seine Zuschreibung an den bedeutendsten Epiker – sehr beliebt: Etwa ab dem 9. Jh. (und bis in die heutige Zeit) wurde der *Froschmäusekrieg* als Schullektüre und Einführung zu Homer verwendet, was die mehr als 100 Handschriften und die zahlreichen Interpolationen belegen, die eine Rekonstruktion des ursprünglichen Wortlauts nahezu unmöglich machen. Daher gilt auch bei diesem antiken Text wie bei so vielen: »quot editores, tot Batrachomyomachiae«.

Zentral für das Verständnis des Epyllions ist seine Deutung als Parodie im antiken Sinne der Verfremdung einer literarischen Vorlage. Wenn Frösche und Mäuse wie iliadische Helden gegeneinander kämpfen, hat dies schon an sich ein hohes Humorpotential; zudem sind die Namen der Tiere durchwegs komische Prägungen. Auch die Götter werden im Epyllion nicht verschont – so erscheint etwa Athene in ihrer Rede (178–196) als gegenüber Mäusen und Fröschen machtlose, völlig verarmte Schuldnerin. Die Frage aber, ob der *Froschmäusekrieg* nur eine lustige Spielerei ist oder wie die Fabel, in der die tote Maus am Schluss von einem Raben gepackt und der an sie gebundene Frosch so der gerechten Strafe zugeführt wird, eine ernsthafte Wirkungsabsicht verfolgt, ist in der modernen Forschung umstritten – die Antwort darauf sei hier dem Leser überlassen. Bedenkenswert ist sicherlich das folgende Ziel der Parodie: Das Gedicht könnte die brutale und letztlich sinnlose Kriegswelt der homerischen Epik kritisieren (Most 1993).

Das Epyllion hat zu zahlreichen kreativen Nachahmungen angeregt; dazu gehören der im Anhang dieses Bandes vorgestellte *Katzmäusekrieg* des Theodoros Prodromos, der *Froschmäuseler* Georg Rollenhagens (1595) mit seinen christlichen Inhalten und moralischen Deutungen, die vor dem Hintergrund des Dreißigjährigen Krieges entstandene lateinische Rezeption Jacob Baldes (*Bat-*

rachomyomachia Homeri tuba Romana cantata, 1637) oder Giacomo Leopardis Fortsetzung des Epyllions mit Kritik an zeitgenössischen politischen Verhältnissen in seinen *Paralipomeni alla Batracomiomachia* (1831–1836).

Triphiodor, *Eroberung Trojas*

Die kleinepische Schilderung der drei letzten Tage des Trojanischen Krieges stammt aus dem 3. Jh. n. Chr. Über ihren Verfasser Triphiodor ist wenig bekannt; vermutlich stammt er aus dem ägyptischen Panopolis. Weitere ihm zugeschriebene Werke (zwei Epen und eine leipogrammatische *Odyssee*, d. h. eine Umdichtung, die in einzelnen Gesängen bestimmte Buchstaben vermeidet) sind nicht überliefert, deuten gleichwohl die genaue Kenntnis der epischen (besonders homerischen) Tradition und die spielerischen Fähigkeiten, mit ihr umzugehen, an, die Triphiodor, den »Gelehrten« (γραμματικός), auszeichneten.

Das Thema der Eroberung Trojas war in der griechisch-römischen Literatur weit verbreitet und hatte seine erste epische Ausgestaltung in der *Iliupersis*, die Arktinos von Milet zugeschrieben wurde und Teil des Epischen Kyklos war, der den Mythos vom Trojanischen Krieg in sechs Epen erzählte (Fantuzzi/Tsagalis 2015). Ob und inwieweit Triphiodor die *Iliupersis* kannte bzw. zu imitieren suchte, ist angesichts ihres äußerst fragmentarischen Zustands und der Unsicherheit darüber, welche Werke des Epischen Kyklos im 3. Jh. n. Chr. noch zugänglich waren, nicht mehr zu beantworten. Sicher ist, dass Triphiodor sowohl bei der sprachlich-stilistischen als auch bei der inhaltlichen Gestaltung seines Epyllions ein »literary universe« (Miguélez-Cavero 2013, 38–87) erkennen lässt, das er durch intertextuelle Verweise und kreative Nachahmung in Verschmelzung verschiedener Mythenversionen kunstvoll entfaltet: Auf Homer, Hesiod, Pindar, Euripides, Apollonios Rhodios und Kallimachos macht er Anspielungen, dazu auf die kaiserzeitlichen

Dichtungen von Dionysios Periegetes, Oppian sowie Lykophron, und er hat wahrscheinlich Vergils *Aeneis* sowie Quintus Smyrnaeus' *Posthomerica* gekannt.

Nach einem kurzen Proömium mit traditionellem Musenanruf, jedoch der für ein Epos ungewöhnlichen und für eine kurzepische Dichtung zugleich programmatischen Bitte, das Thema des Kampfes um Troja »in raschem Gesang« (V. 5) zu seinem Ende zu bringen, folgt die lange Ekphrasis des von Odysseus erdachten und von Epeios erbauten Trojanischen Pferdes. Sie lässt in der ausführlichen Beschreibung des Zugangs und der Luftzufuhr für die Insassen eine Tendenz zur Frage nach der Praktikabilität erkennen (Dubielzig 1996, 28f.) und zeigt anhand der detaillierten Beschreibung der Farbgebung der Augen und Mähne eine Freude an Visualisierungen und Illusionserzeugungen im Detail, die so weit geht, dass das von den durch die listige Rede des Sinon getäuschten Trojanern in die Stadt gezogene Pferd diese »in leichtfüßigem Galopp« (V. 334) zu verfolgen scheint. Nach Kassandras vergeblicher Warnung folgt die Beschreibung der Eroberung Trojas durch die Griechen, die mit Hilfe der im Innern des Pferdes verborgenen Kämpfer in die Stadt eindringen und ein grausames Blutbad – auch hier geht die Beschreibung ins Detail – anrichten können.

Das Epyllion wurde bereits in der Antike stark rezipiert: Spuren von Kommentierung deuten auf eine Verwendung als Schullektüre hin; Gregor von Nazianz, Nonnos, Kolluthos und Paulus Silentiarius haben es gekannt. Nach der *editio princeps* durch Aldus Manutius (1504/1505) war die *Eroberung Trojas* bis weit ins 18. Jh. sehr beliebt, ehe sie im Zusammenhang mit der Genieästhetik und der Abwertung späterer Dichter an Bedeutung verliert (Dubielzig 1996, 34–42). Wie beim pseudo-hesiodeischen *Schild* und Kolluthos' *Raub der Helena* ist es angesichts des über viele antike Schriften verbreiteten und allgemein bekannten Inhalts schwierig, konkrete kreative Rezeptionszeugnisse auszumachen.

Kolluthos, *Raub der Helena*

Das spätantike Epyllion *Raub der Helena* erzählt die Vorgeschichte des Trojanischen Krieges: Bei der Hochzeit von Peleus und Thetis wirft die Streitgöttin Eris, die nicht zum Fest eingeladen worden ist, einen Apfel unter die Göttinnen mit der Aufschrift »Für die Schönste«. Daraufhin kommt es zum Streit zwischen Aphrodite, Athene und Hera, den Zeus wohlweislich nicht selbst schlichten will; stattdessen befiehlt er dem Götterboten Hermes, die Entscheidung Paris, dem Sohn des Priamos und der Hekabe, zu übertragen, der im Idagebirge vor Troja Ziegen hütet. Im Folgenden urteilt Paris zugunsten der Aphrodite, die ihm als Belohnung die schönste Frau auf Erden versprochen hat. Paris macht sich auf nach Sparta; hier findet er Helena und überzeugt sie, mit ihm nach Troja zu gehen; Helena willigt ein, lässt ihren Ehemann Menelaos und die gemeinsame Tochter Hermione zurück und segelt mit Paris nach Troja, das »den Beginn seines Unglücks« empfängt (V. 394).

Der Dichter Kolluthos (5./6. Jh. n. Chr.) aus Lykopolis in Ägypten, dessen andere hexametrische Dichtungen (u. a. ein Epos mit dem Titel *Persica*) nicht überliefert sind, orientiert sich inhaltlich und im Aufbau an den heute nur noch fragmentarisch erhaltenen *Kyprien* (Κύπρια, 11 Bücher, um 500 v. Chr.), die am Beginn des Epischen Kyklos (vgl. Einleitung zu Triphiodor) standen und Kolluthos zumindest in den Grundzügen noch bekannt gewesen sein dürften. Diese offensichtliche inhaltliche Anlehnung an die epische Tradition und die starke sprachliche Orientierung an Homer und Nonnos haben in der Forschung lange zu einer negativen Bewertung des Epyllions geführt: Einschätzungen wie »Frucht eines nichtigen, abgeschmackten, schalen Mannes, der weiter nichts konnte, als aus homerischen Flicklappen einen ungestalten Lumpen zusammenzuflicken« (Reiske, zitiert nach Kroll 1921, 1098) und »dürftiges Machwerk, das sich durch die Verwendung namentlich homerischer und nonnianischer Phrasen über Wasser hält und scheitert, sobald es sich von ihnen entfernt« (Kroll 1921, 1099) beherrschten die Diskussion um den *Raub der Helena* bis weit ins 20. Jh. hinein und zeugen von einer grundsätzlichen Skepsis gegenüber den als epigonenhaft abqualifizierten späteren Epen und Epyllien (vgl. auch die Einleitung zum pseudo-hesiodeischen *Schild*).

Demgegenüber hat die jüngere Forschung sowohl in der sprachlich-stilistischen als auch in der inhaltlichen Gestaltung die besondere Kunstfertigkeit und den hohen ästhetischen Anspruch des Epyllions herausgearbeitet, der sich anhand der Imitation und Variation verschiedener literarischer Traditionen zeigt: Kolluthos greift zurück auf Homer und Nonnos, daneben stark auf die hellenistische (Apollonios Rhodios, Kallimachos, Theokrit) sowie auf die kaiserzeitliche epische Dichtung des Quintus Smyrnaeus (*Posthomerica*) und des Triphiodor (vgl. Cadau 2015, 36–134), so dass verschiedene poetische Programme und ästhetische Konzepte in einer Art Gattungsanreicherung (›generic enrichment‹) miteinander verschmelzen.

Inhaltlich fällt auf, dass der Raub der Helena bei Kolluthos eigentlich keiner ist, da Helena Paris freiwillig nach Troja folgt (V. 317). Der Raub ist eine trügerische – da nur im Traum ihrer Tochter Hermione als Grund für ihr Verschwinden genannte (V. 380) – und vor allem traditionelle Erklärung für ihr Verschwinden aus Sparta. Hier wendet sich Kolluthos gegen die im Mythos dominierende Auffassung der unschuldig geraubten Helena, so wie er auch andere Figuren und Handlungsstränge neu akzentuiert: Paris wird beispielsweise zu einem durch und durch bukolischen Charakter, der bei seinem Flötenspiel die Welt um sich herum vergisst. Auffallend ist weiterhin die starke – und für viele Epyllien charakteristische – Visualisierung einzelner Szenen durch ekphrastische Beschreibungen. Der Leser wird so in die Rolle eines Zuschauers versetzt, die Erzählung bekommt an zentralen Stellen, wie bei der Begegnung von Hermes und Paris, dem Schönheitswettstreit und dem anschließenden Parisurteil sowie der Begegnung von Paris mit Helena, den Charakter eines Bühnenspiels.

Der *Raub der Helena* ist in mehreren Handschriften ab dem 10. Jh. überliefert und wurde nach der *editio princeps* bei Aldus Manutius (1504/1505) wiederholt ins Lateinische und besonders im 18. Jh. in die Volkssprachen übersetzt. Angesichts der Bekanntheit des trojanischen Mythos und der Helena-Geschichte aus anderen antiken Zeugnissen ist eine direkte Rezeption des Epyllions schwer nachzuweisen. Im deutschsprachigen Raum ist die vielleicht bekannteste Verwendung in Rudolf Hagelstanges *Spielball der Götter* (1959) zu finden.

Musaios, *Hero und Leander*

»Es waren zwei Königskinder, / die hatten einander so lieb« – so beginnt ein bekanntes deutsches Volkslied; es ist eines von zahllosen kreativen Rezeptionsbeispielen der tragischen Liebesgeschichte von Hero und Leander. Die Ursprünge dieses Mythos liegen im Dunkeln, wahrscheinlich geht er auf eine Lokalsage zurück, die am Hellespont verbreitet und als Aition (Ursprungserzählung) für den antiken Leuchtturm bei Sestos, dem Ort der Handlung, konzipiert war. Der Stoff war in der Antike sehr verbreitet: Seit dem 1. Jh. v. Chr. finden sich zahlreiche künstlerische und literarische Rezeptionszeugnisse, von denen neben Musaios' Epyllion Ovids *Heroidenbriefe* 18 und 19 die umfangreichsten und für die nachantike Rezeption wichtigsten sind. Während Ovid den Anfang und das Ende der Geschichte beim Leser als bekannt voraussetzt, erzählt Musaios die Geschichte chronologisch von Anfang an:

Im Rahmen eines Festes zu Ehren der Göttin Aphrodite versammelt sich in Sestos eine große Menschenmenge, darunter der junge Leander aus Abydos. Er verliebt sich in die Aphroditepriesterin Hero, die – nach kurzem Zögern – seinem Werben erliegt. Unter Verweis auf die fehlende Zustimmung von Heros Eltern verabreden sich beide zu heimlicher Liebe im Wohnturm der Hero in Sestos, wo sie bei Einbruch der Dunkelheit eine weithin leuchtende Lampe aufstellen soll, die ihm als Wegweiser dient, wenn er Nacht für Nacht aus Abydos hinüberschwimmt. Als Leander sich jedoch in einer besonders stürmischen Winternacht auf den Weg nach Sestos macht, erlischt die Lampe, und er ertrinkt im Meer. Beim Anblick seines angeschwemmten Körpers stürzt sich Hero am nächsten Morgen vom Turm, um – auch im Tod – mit Leander vereint zu sein.

Musaios' Epyllion gehört aus stilistischen Gründen und aufgrund seiner Anspielungen auf den Dichter Nonnos in die zweite Hälfte des 5. Jh. n. Chr. Über den Autor ist nichts bekannt, die Handschriften weisen ihn als γραμματικός, als »Gelehrten«, aus; der Name selbst könnte ein Pseudonym sein (»der von den Musen abstammt«), um den besonders hohen literarischen Anspruch des Werkes zu unterstreichen, der wegen der zahlreichen Anspielungen auf literarische Traditionen ersichtlich ist. Von diesen sind der griechische Liebesroman, die Elegie, das Großepos *Dionysiaca* des bereits erwähnten Nonnos und die Liebeslyrik die wichtigsten. Letztere wird durch das Leitmotiv des Epyllions, die Lampe (λύχνος), aufgerufen, die als stumme Zeugin von Liebesnächten das Symbol griechischer Liebesdichtung schlechthin war und in den ersten 15 Versen sechsmal erwähnt wird. Sie ermöglicht und begleitet die Liebe der Protagonisten ebenso, wie sie diese durch ihr Erlöschen am Schluss beendet.

Einen Hinweis auf die Popularität dieses Epyllions in der nachantiken Rezeption gibt nicht nur die breite handschriftliche Überlieferung (Eleuteri 1981), sondern auch die Tatsache, dass es das erste griechische Werk war, das bei dem bekannten venezianischen Drucker Aldus Manutius verlegt worden ist (1495). Zahllose lateinische und nationalsprachliche Übersetzungen schlossen sich an. Kreative Rezeptionszeugnisse versuchen, die vielen Leerstellen im Mythos (Herkunft der Protagonisten, soziale Hintergründe der heimlichen Liebschaft, Gründe für das fehlende göttliche Eingreifen) zu füllen, und gestalten häufig bestimmte Aspekte wie das Seelenleben der Figuren oder die Liebesnächte stärker aus bzw. dichten Dinge hinzu (Konflikte mit Rivalen, Reaktion der Eltern, Bewacher von Hero). Bereits in der Antike finden sich allegorische Deutungen des Mythos sowohl in neuplatonischer Tradition – Leander wird als Verkörperung der Seele gesehen, die von Eros geleitet nach der Schau des Göttlich-Schönen (Hero) strebt – als auch in christlich-moralisierender Auslegung als Warnung vor unehelicher und unvernünftiger Liebe.

Theodoros Prodromos, *Katzmäusekrieg*

Das umfangreichste Werk des byzantinischen Gelehrten Theodoros Prodromos (12. Jh.) ist der Versroman *Rhodanthe und Dosikles*, der auf die Tradition der antiken Romane zurückgreift. Sein in diesem Band als Anhang beigegebener *Katzmäusekrieg* ist hingegen ein Beispiel für die *kreative Rezeption* antiker Epyllien, und zwar der im Hauptteil abgedruckten pseudo-homerischen *Batrachomyomachie*: Im Unterschied zu dieser ist die Schrift von Prodromos nicht in den für die epische Kleinform charakteristischen daktylischen Hexametern, sondern in byzantinischen Zwölfsilblern gedichtet. Dieses Versmaß gleicht dem jambischen Trimeter, dem Sprechvers des griechischen Dramas. In diese Tradition schreibt sich Prodromos auch dadurch ein, dass er im Unterschied zur epischen Mischung von Erzähler- und Figurenrede die reine Figurenrede als Darstellungsform wählt.

Das Lesedrama beginnt mit einer langen Dialogszene: Zwei Mäuseriche, Fleischer und Klaudenkäs, beklagen das schwere Leben der Mäuse – man komme nicht mehr aus den Löchern heraus, lebe in ewiger Dunkelheit, friste ein elendes Dasein. Der Grund für diese Tristesse sei das Unwesen, das eine Katze treibe, die die Mäuse erbarmungslos jage. Fleischer berichtet von einem Traum, in dem ihm Zeus in Gestalt eines alten Mäuseratgebers erschienen sei – eine deutliche Anleihe an die homerische Epik mit ihren von Göttern gesandten Trugträumen – und ihm Stärke versprochen habe, was dieser als Ermunterung zum Kampf gegen die Katze versteht. Es folgt die Einberufung einer Mäuseversammlung mit anschließender Mobilmachung gegen die Katze. Der folgende Krieg wird nicht direkt, sondern nur durch Botenberichte dargestellt: Darin wird zunächst die desaströse Niederlage der Mäuse auf ganzer Linie und der Verlust geliebter Mitmäuse erwähnt. Der Bericht hält den Spannungsbogen, ob es einen für die Mäuse guten Ausgang gibt, lange hoch, und die Erleichterung auf Seiten der innerfiktiven (wie textexternen) Zuhörer ist deutlich spürbar, als die Nachricht kommt, dass – einer Art *deus ex machina* sei Dank – die Katze unverhofft von einem schweren Balken erschlagen wurde, der sich vom Dach gelöst hatte.

Prodromos lehnt sein Drama figürlich und thematisch an die pseudo-homerische Auseinandersetzung zwischen Mäusen und Fröschen an, verändert jedoch die Darstellungsform ebenso wie die Wirkungsabsicht. Während die *Batrachomyomachie* – wie oben erwähnt – eine literarische Parodie der homerischen *Ilias* ist, mit der sich Kritik am Konzept von Heldenethik und Kriegsruhm zu verbinden scheint (es gibt keine Sieger, am Ende ist alles wie vorher, nur, dass es viele Tote gibt), ist der *Katzmäusekrieg* sowohl eine Parodie der attischen Tragödie als (vermutlich) auch ein Beispiel politischer Satire (Hunger 1968, 51–65). Ersteres zeigt sich an dramentypischen Elementen (wie dem Auftreten eines Chors, den Botenberichten oder den Stichomythien), die wegen der Übertragung auf kleine Tiere vielerorts komisch wirken. Das ständige Ausharren der feigen Mäuse in ihren Löchern könnte zudem eine Anspielung auf diejenigen sein, die sich aus Angst vor politischen Gegnern verkriechen. Insbesondere die mobilisierende Rede des egomanischen Fleischer in V. 127–180 klingt nach einer Verspottung zeitgenössischer Politiker.

Zur Übersetzung

»Am Anfang meiner ersten Seite bete ich dafür, dass der Chor vom Helikon in mein Herz komme um des Gesanges willen, den ich jüngst auf meinen Knien in den Schreibtafeln eingetragen habe …« Dieser Bitte des uns unbekannten Dichters des *Froschmäusekrieges* um Inspiration durch die Musen, die in der griechischen Tradition den nördlich von Korinth gelegenen Berg Helikon bewohnen, möchten sich die Herausgeber des vorliegenden Bandes mit Blick auf ihre Übersetzungen nur zu gern anschließen. Die Gottheiten des Gesangs verzeihen uns hoffentlich, dass wir den griechischen Hexameter im Deutschen nicht nachgebildet haben. Wir haben uns für eine Prosaübersetzung (mit Angabe der Verszahlen nach jeweils fünf Versen) entschieden – insbesondere aufgrund der grundsätzlichen Unterschiede in der Metrik: quantitierend im Griechischen, akzentuierend im Deutschen.

Bei den Übersetzungen wurden die folgenden Leitlinien beachtet:

- »So wörtlich wie möglich, so frei wie nötig«: Zu einigen Epyllien, besonders zu *Hero und Leander*, gibt es bereits mehrere Übersetzungen ins Deutsche. Diese sind jedoch in der Regel einem Übersetzungsdeutsch des 19. Jh.s verpflichtet und/oder entfernen sich weit vom griechischen Original. Den Rezipienten des vorliegenden Tusculum-Bandes soll größtmögliche Wörtlichkeit eine zweisprachige Lektüre erleichtern.
- Bei unserer Orientierung am heutigen Sprachgebrauch wird das Register der Ausgangssprache berücksichtigt. Während die Epyllien beispielsweise sprachlich sehr manieriert daherkommen können, findet der *Katzmäusekrieg* in gesprochener Sprache statt: Es gibt viele umgangssprachliche Elemente.
- Wenn in den griechischen Texten auf andere Hexameterdichtungen (z. B. von Homer oder Apollonios Rhodios) zurückgegriffen wird, ahmen wir dies nicht nach, indem wir beispielsweise be-

kannte deutschsprachige Übersetzungen zitieren oder dies durch einen anderen Stil markieren. Hier war es uns wichtiger, den Lesenden eine möglichst flüssige Prosa vorzulegen.

- Gleiche Syntax, gleiche Wortstellung und gleiche Gedankenabfolge wird ebenso angestrebt wie die Nachahmung von Komposita und die Nachbildung von Neologismen bzw. Hapaxlegomena, soweit es im Deutschen verständlich bleibt. Auch das wiederholt vorkommende Stilmittel der Enallage wird nach Möglichkeit nachgebildet. So ist im zweiten Vers des Musaios von »meerdurchdringender Hochzeit« die Rede, obwohl natürlich eigentlich Leander und nicht die Hochzeit das Meer durchdringt.
- Grundsätzlich versuchen wir, ein griechisches Wort im Deutschen immer gleich zu übersetzen, was besonders bei zentralen Begriffen eines Textes wichtig ist. Ausnahmen sind vieldeutige griechische Wörter, für die es keine einheitlichen deutschen Entsprechungen gibt.
- Die griechischen Namensformen werden in der Regel beibehalten: z. B. Eros (nicht Amor), Alexandros (nicht Alexander), Aineias (nicht Aeneas); auch Beinamen von Göttinnen und Göttern wie Kythereia oder Kypris werden übernommen, wobei sich Erklärungen und Zuordnungen im Personenregister finden.
- Bei den sprechenden Tiernamen im *Froschmäusekrieg* und *Katzmäusekrieg* werden deutsche Übersetzungen gewählt, die ähnlich unterhaltsam klingen sollen wie im Griechischen, z. B. Raubdiekrümel für Ψιχάρπαξ, Leckdenmühlstein für Λειχομύλη oder Quakson für Κραυγασίδης.
- Zuweilen wird zur Verbesserung der Lesbarkeit ein griechisches Personalpronomen durch den gemeinten Eigennamen ersetzt.

Zu Erläuterungen und Personenregister

Zu jedem Epyllion haben wir an Stellen, die inhaltlich, sprachlich oder überlieferungsgeschichtlich Verständnisprobleme bereiten können, kurze Erläuterungen beigefügt. Dort werden auch geographische Eigennamen, die weniger bekannt sind, erklärt und die wichtigsten Verweise auf literarische Vorbilder angegeben. Ausführliche Kommentare zu den einzelnen Werken und einschlägige Sekundärliteratur werden in den Literaturhinweisen genannt.

Das Personenregister soll den Zugang zu erwähnten Menschen sowie Göttinnen und Göttern erleichtern und mythische bzw. historische Kontexte aufzeigen. Die Querverweise innerhalb des Registers dienen der weiterführenden Orientierung.

TEXTE UND ÜBERSETZUNGEN

[ΗΣΙΟΔΟΥ] ΑΣΠΙΣ

Ἢ οἵη προλιποῦσα δόμους καὶ πατρίδα γαῖαν
ἤλυθεν ἐς Θήβας μετ' ἀρήιον Ἀμφιτρύωνα
Ἀλκμήνη, θυγάτηρ λαοσσόου Ἠλεκτρύωνος·
ἥ ῥα γυναικῶν φῦλον ἐκαίνυτο θηλυτεράων
εἴδεΐ τε μεγέθει τε· νόον γε μὲν οὔ τις ἔριζε
τάων ἃς θνηταὶ θνητοῖς τέκον εὐνηθεῖσαι.
τῆς καὶ ἀπὸ κρῆθεν βλεφάρων τ' ἄπο κυανεάων
τοῖον ἄηθ' οἷόν τε πολυχρύσου Ἀφροδίτης.
ἣ δὲ καὶ ὣς κατὰ θυμὸν ἑὸν τίεσκεν ἀκοίτην,
ὡς οὔ πώ τις ἔτισε γυναικῶν θηλυτεράων·
ἦ μέν οἱ πατέρ' ἐσθλὸν ἀπέκτανε ἶφι δαμάσσας,
χωσάμενος περὶ βουσί· λιπὼν δ' ὅ γε πατρίδα γαῖαν
ἐς Θήβας ἱκέτευσε φερεσσακέας Καδμείους.
ἔνθ' ὅ γε δώματ' ἔναιε σὺν αἰδοίῃ παρακοίτι
νόσφιν ἄτερ φιλότητος ἐφιμέρου, οὐδέ οἱ ἦεν
πρὶν λεχέων ἐπιβῆναι ἐυσφύρου Ἠλεκτρυώνης
πρίν γε φόνον τείσαιτο κασιγνήτων μεγαθύμων
ἧς ἀλόχου, μαλερῷ δὲ καταφλέξαι πυρὶ κώμας
ἀνδρῶν ἡρώων Ταφίων ἰδὲ Τηλεβοάων.
τὼς γάρ οἱ διέκειτο, θεοὶ δ' ἐπὶ μάρτυροι ἦσαν·
τῶν ὅ γ' ὀπίζετο μῆνιν, ἐπείγετο δ' ὅττι τάχιστα
ἐκτελέσαι μέγα ἔργον, ὅ οἱ Διόθεν θέμις ἦεν.
τῷ δ' ἅμα ἱέμενοι πολέμοιό τε φυλόπιδός τε
Βοιωτοὶ πλήξιπποι, ὑπὲρ σακέων πνείοντες,
Λοκροί τ' ἀγχέμαχοι καὶ Φωκῆες μεγάθυμοι
ἕσποντ'· ἦρχε δὲ τοῖσιν ἐὺς πάις Ἀλκαίοιο
κυδιόων λαοῖσι. πατὴρ δ' ἀνδρῶν τε θεῶν τε
ἄλλην μῆτιν ὕφαινε μετὰ φρεσίν, ὥς ῥα θεοῖσιν
ἀνδράσι τ' ἀλφηστῇσιν ἀρῆς ἀλκτῆρα φυτεύσαι.
ὦρτο δ' ἀπ' Οὐλύμποιο δόλον φρεσὶ βυσσοδομεύων,

[HESIOD], SCHILD

Oder wie sie, die ihr Haus und ihr Vaterland verließ und nach Theben ging, hinter dem kriegerischen Amphitryon her: Alkmene, die Tochter des soldatenantreibenden Elektryon. Sie ragte heraus aus dem Geschlecht der weiblichen Frauen [5] durch Aussehen und Größe. An Verstand kam auch keine an sie heran von denen, die Sterbliche Sterblichen geboren haben, nachdem sie zusammen das Bett geteilt hatten. Von ihrem Kopf herab und von ihren dunklen Augen duftete es so wie von der goldreichen Aphrodite. Außerdem verehrte sie im Herzen ihren Ehemann so, [10] wie noch keine je einen verehrt hatte von den weiblichen Frauen. Und das, obwohl er ihren edlen Vater gewaltsam überwältigt und getötet hatte im Zorn über Rinder. Er verließ daraufhin sein Vaterland und kam als Bittflehender nach Theben zu den schildtragenden Kadmäern. Dort bewohnte er ein Haus zusammen mit der sittsamen Ehefrau, [15] ganz ohne die ersehnte Liebesvereinigung, und es war ihm nicht erlaubt, sich in das Bett der schönknöchligen Elektryon-Tochter zu legen, bevor er die Ermordung der tapferen Brüder seiner Gattin gerächt und mit wildem Feuer die Dörfer der Helden niedergebrannt hatte, der Taphier und Teleboer. [20] So nämlich war es für ihn bestimmt, und die Götter waren dafür Zeugen. Ihren Zorn fürchtete er und drängte darauf, möglichst schnell die große Aufgabe zu erfüllen, die ihm von Zeus auferlegt worden war. Gemeinsam mit ihm folgten, gierig nach Krieg und Schlachtgeschrei, die rossepeitschenden Boioter, die über ihren Schilden keuchten, [25] sowie die Lokrer, die Nahkämpfer, und die tapferen Phoker. Ihr Anführer war der tüchtige Sohn des Alkaios, stolz auf seine Krieger. Aber der Vater der Menschen und Götter wob einen anderen Plan in seinen Gedanken, um den Göttern und den brotessenden Menschen einen Nothelfer zu zeugen. [30] Er erhob sich vom Olymp, eine List in seinen Gedanken

ἱμείρων φιλότητος ἐυζώνοιο γυναικός,
ἐννύχιος· τάχα δ' ἷξε Τυφαόνιον· τόθεν αὖτις
Φίκιον ἀκρότατον προσεβήσατο μητίετα Ζεύς.
ἔνθα καθεζόμενος φρεσὶ μήδετο θέσκελα ἔργα·
αὐτῇ μὲν γὰρ νυκτὶ τανισφύρου Ἠλεκτρυώνης
εὐνῇ καὶ φιλότητι μίγη, τέλεσεν δ' ἄρ' ἐέλδωρ·
αὐτῇ δ' Ἀμφιτρύων λαοσσόος, ἀγλαὸς ἥρως,
ἐκτελέσας μέγα ἔργον ἀφίκετο ὅνδε δόμονδε,
οὐδ' ὅ γε πρὶν δμῶας καὶ ποιμένας ἀγροιώτας
ὦρτ' ἰέναι, πρίν γ' ἧς ἀλόχου ἐπιβήμεναι εὐνῆς·
τοῖος γὰρ κραδίην πόθος αἴνυτο ποιμένα λαῶν.
ὡς δ' ὅτ' ἀνὴρ ἀσπαστὸν ὑπεκπροφύγῃ κακότητα
νούσου ὕπ' ἀργαλέης ἢ καὶ κρατεροῦ ὑπὸ δεσμοῦ,
ὥς ῥα τότ' Ἀμφιτρύων χαλεπὸν πόνον ἐκτολυπεύσας
ἀσπασίως τε φίλως τε ἑὸν δόμον εἰσαφίκανεν.
παννύχιος δ' ἄρ' ἔλεκτο σὺν αἰδοίῃ παρακοίτι
τερπόμενος δώροισι πολυχρύσου Ἀφροδίτης.
ἣ δὲ θεῷ δμηθεῖσα καὶ ἀνέρι πολλὸν ἀρίστῳ
Θήβῃ ἐν ἑπταπύλῳ διδυμάονε γείνατο παῖδε,
οὐκέθ' ὁμὰ φρονέοντε· κασιγνήτω γε μὲν ἤστην·
τὸν μὲν χειρότερον, τὸν δ' αὖ μέγ' ἀμείνονα φῶτα
δεινόν τε κρατερόν τε, βίην Ἡρακληείην,
τὸν μὲν ὑποδμηθεῖσα κελαινεφέι Κρονίωνι,
αὐτὰρ Ἰφικλῆα δορυσσόῳ Ἀμφιτρύωνι·
κεκριμένην γενεήν, τὸν μὲν βροτῷ ἀνδρὶ μιγεῖσα,
τὸν δὲ Διὶ Κρονίωνι, θεῶν σημάντορι πάντων.
  Ὃς καὶ Κύκνον ἔπεφνεν, Ἀρητιάδην μεγάθυμον.
εὗρε γὰρ ἐν τεμένει ἑκατηβόλου Ἀπόλλωνος
αὐτὸν καὶ πατέρα ὃν Ἄρη', ἄατον πολέμοιο,
τεύχεσι λαμπομένους σέλας ὣς πυρὸς αἰθομένοιο,

ausbrütend, da er nach einer Liebesvereinigung mit der schöngegürteten Frau verlangte, mitten in der Nacht. Schnell gelangte er auf den Typhaonion; von da ging er weiter ganz zuoberst auf den Phikion, der Planer Zeus. Dort setzte er sich nieder und dachte sich in seinen Gedanken wundersame Taten aus: [35] Denn in derselben Nacht vereinigte er sich mit der zartknöchligen Elektryon-Tochter im Bett und in Liebe und erfüllte seinen Wunsch, in der auch der soldatenantreibende Amphitryon, der strahlende Held, nachdem er seine große Aufgabe erfüllt hatte, nach Hause gelangte; und dieser brach nicht auf und ging nicht zu den Sklaven und den Hirten auf dem Land, [40] bevor er sich in das Bett seiner Gattin gelegt hatte: Denn ein solches Begehren hatte den Hirten der Krieger im Herzen gepackt. Wie wenn ein Mann freudig einem Übel entkommt, weg von einer lästigen Krankheit oder auch einer starken Fessel, so kam damals Amphitryon, nachdem er seine schwierige Aufgabe gelöst hatte, [45] freudig und gern nach Hause. Die ganze restliche Nacht lag er also bei der sittsamen Ehefrau und genoss die Geschenke der goldreichen Aphrodite. Sie gebar dem Gott, von dem sie überwältigt worden war, und ihrem Mann, dem bei Weitem besten im siebentorigen Theben, Zwillingssöhne, [50] die nicht mehr Gleiches im Sinne hatten, Brüder aber waren sie: den einen als schlechteren, den anderen hingegen als viel besseren Mann, als gewaltigen und starken, den kräftigen Herakles; diesen gebar sie, da sie überwältigt worden war, dem dunkelwolkigen Kroniden, den Iphikles aber dem speerschwingenden Amphitryon – [55] unterschiedliche Nachkommenschaft, den einen, da sie sich mit einem sterblichen Mann, den anderen, da sie sich mit Zeus, dem Kroniden, vereinigt hatte, dem Gebieter aller Götter.

Der tötete auch Kyknos, den tapferen Ares-Sohn. Denn im Tempelbezirk des ferntreffenden Apollon fand er ihn und seinen Vater Ares, der unersättlich auf Krieg aus ist: [60] In ihren Rüs-

ἑσταότ᾽ ἐν δίφρῳ· χθόνα δ᾽ ἔκτυπον ὠκέες ἵπποι
νύσσοντες χηλῇσι, κόνις δέ σφ᾽ ἀμφιδεδήει
κοπτομένη πλεκτοῖσιν ὑφ᾽ ἅρμασι καὶ ποσὶν ἵππων·
ἅρματα δ᾽ εὐποίητα καὶ ἄντυγες ἀμφαράβιζον
ἵππων ἱεμένων. κεχάρητο δὲ Κύκνος ἀμύμων,
ἐλπόμενος Διὸς υἱὸν ἀρήιον ἡνίοχόν τε
χαλκῷ δῃώσειν καὶ ἀπὸ κλυτὰ τεύχεα δύσειν.
ἀλλά οἱ εὐχωλέων οὐκ ἔκλυε Φοῖβος Ἀπόλλων·
αὐτὸς γάρ οἱ ἐπῶρσε βίην Ἡρακληείην.
πᾶν δ᾽ ἄλσος καὶ βωμὸς Ἀπόλλωνος Παγασαίου
λάμπεν ὑπαὶ δεινοῖο θεοῦ τευχέων τε καὶ αὐτοῦ,
πῦρ δ᾽ ὣς ὀφθαλμῶν ἀπελάμπετο. τίς κεν ἐκείνου
ἔτλη θνητὸς ἐὼν κατεναντίον ὁρμηθῆναι
πλήν γ᾽ Ἡρακλῆος καὶ κυδαλίμου Ἰολάου;
κείνων γὰρ μεγάλη τε βίη καὶ χεῖρες ἄαπτοι
ἐξ ὤμων ἐπέφυκον ἐπὶ στιβαροῖσι μέλεσσιν.
ὅς ῥα τόθ᾽ ἡνίοχον προσέφη κρατερὸν Ἰόλαον·
"Ἥρως ὦ Ἰόλαε, βροτῶν πολὺ φίλτατε πάντων,
ἦ τι μέγ᾽ ἀθανάτους μάκαρας, τοὶ Ὄλυμπον ἔχουσιν,
ἤλιτεν Ἀμφιτρύων, ὅτ᾽ ἐυστέφανον ποτὶ Θήβην
ἦλθε λιπὼν Τίρυνθον, ἐυκτίμενον πτολίεθρον,
κτείνας Ἠλεκτρύωνα βοῶν ἕνεκ᾽ εὐρυμετώπων·
ἵκετο δ᾽ ἐς Κρείοντα καὶ Ἡνιόχην τανύπεπλον,
οἵ ῥά μιν ἠσπάζοντο καὶ ἄρματα πάντα παρεῖχον,
ἣ δίκη ἔσθ᾽ ἱκέτῃσι, τίον δ᾽ ἄρα κηρόθι μᾶλλον.
ζῶε δ᾽ ἀγαλλόμενος σὺν ἐυσφύρῳ Ἠλεκτρυώνῃ,
ᾗ ἀλόχῳ· τάχα δ᾽ ἄμμες ἐπιπλομένων ἐνιαυτῶν
γεινόμεθ᾽ οὔτε φυὴν ἐναλίγκιοι οὔτε νόημα,
σός τε πατὴρ καὶ ἐγώ· τοῦ μὲν φρένας ἐξέλετο Ζεύς,
ὃς προλιπὼν σφέτερόν τε δόμον σφετέρους τε τοκῆας

tungen leuchteten sie wie der Glanz des lodernden Feuers, in ihrem Wagenkasten stehend; die Erde ließen die schnellen Pferde erdröhnen, als sie mit ihren Hufen aufstampften; der Boden um sie herum war voller Funken, getroffen vom geflochtenen Wagen und den Füßen der Pferde; der gutgebaute Wagen und die Stangen ratterten ringsum, als die Pferde galoppierten. Voll Freude war der herausragende Kyknos, da er hoffte, den kriegerischen Sohn des Zeus und seinen Wagenlenker mit der Bronzewaffe vernichten und die berühmten Rüstungen erbeuten zu können. Aber Phoibos Apollon hörte nicht auf seine Gebete: Denn er selbst trieb den kräftigen Herakles gegen ihn an. Der ganze Hain und der Altar des pagasäischen Apollon leuchteten wegen des gewaltigen Gottes, wegen seiner Rüstung und seiner selbst wegen: Wie Feuer leuchtete es aus seinen Augen. Welcher Sterbliche hätte es gewagt, ihm entgegenzustürmen, außer Herakles und der berühmte Iolaos? Denn jenen waren gewaltige Kraft und unbezwingbare Hände aus den Schultern gewachsen auf ihren prallen Gliedern. Herakles sprach dann seinen Wagenlenker an, den starken Iolaos:

»Held Iolaos, bei Weitem der Liebste aller Sterblichen, wirklich heftig sündigte gegen die glückseligen Unsterblichen, die den Olymp bewohnen, Amphitryon, als er Tiryns, die gutgegründete Stadt, verließ und ins wohlumkränzte Theben ging, weil er Elektryon getötet hatte wegen breitstirniger Rinder. Er gelangte zu Kreon und der langgekleideten Henioche, die ihn willkommen hießen und Speisen aller Art anboten, was Brauch ist für Bittflehende, und sie ehrten ihn im Herzen immer mehr. Er lebte voll Freude mit der schönknöchligen Elektryon-Tochter, seiner Gattin; bald wurden wir, als die Jahre vergangen waren, geboren, weder in der Gestalt ähnlich noch im Charakter, dein Vater und ich. Ihm raubte Zeus den Verstand: Er verließ sein eigenes Haus und seine eigenen Eltern und ging fort, um dem frevelhaften

ᾤχετο τιμήσων ἀλιτήμενον Εὐρυσθῆα,
σχέτλιος· ἦ που πολλὰ μετεστοναχίζετ' ὀπίσσω
ἣν ἄτην ὀχέων· ἣ δ' οὐ παλινάγρετός ἐστιν.
αὐτὰρ ἐμοὶ δαίμων χαλεποὺς ἐπετέλλετ' ἀέθλους.
ὦ φίλος, ἀλλὰ σὺ θᾶσσον ἔχ' ἡνία φοινικόεντα
ἵππων ὠκυπόδων· μέγα δὲ φρεσὶ θάρσος ἀέξων
ἰθὺς ἔχειν θοὸν ἅρμα καὶ ὠκυπόδων σθένος ἵππων,
μηδὲν ὑποδδείσας κτύπον Ἄρεος ἀνδροφόνοιο,
ὃς νῦν κεκληγὼς περιμαίνεται ἱερὸν ἄλσος
Φοίβου Ἀπόλλωνος, ἑκατηβελέταο ἄνακτος·
ἦ μὴν καὶ κράτερός περ ἐὼν ἄαται πολέμοιο."

Τὸν δ' αὖτε προσέειπεν ἀμώμητος Ἰόλαος·
"ἠθεῖ', ἦ μάλα δή τι πατὴρ ἀνδρῶν τε θεῶν τε
τιμᾷ σὴν κεφαλὴν καὶ ταύρεος Ἐννοσίγαιος,
ὃς Θήβης κρήδεμνον ἔχει ῥύεταί τε πόληα,
οἷον δὴ καὶ τόνδε βροτὸν κρατερόν τε μέγαν τε
σὰς ἐς χεῖρας ἄγουσιν, ἵνα κλέος ἐσθλὸν ἄρηαι.
ἀλλ' ἄγε δύσεο τεύχε' ἀρήια, ὄφρα τάχιστα
δίφρους ἐμπελάσαντες Ἄρηός θ' ἡμέτερόν τε
μαρνώμεσθ', ἐπεὶ οὔ τοι ἀτάρβητον Διὸς υἱὸν
οὐδ' Ἰφικλεΐδην δειδίξεται, ἀλλά μιν οἴω
φεύξεσθαι δύο παῖδας ἀμύμονος Ἀλκεΐδαο,
οἳ δή σφι σχεδόν εἰσι, λιλαιόμενοι πολέμοιο
φυλόπιδα στήσειν, τά σφιν πολὺ φίλτερα θοίνης."

Ὣς φάτο· μείδησεν δὲ βίη Ἡρακληείη
θυμῷ γηθήσας· μάλα γάρ νύ οἱ ἄρμενα εἶπεν·
καί μιν ἀμειβόμενος ἔπεα πτερόεντα προσηύδα·
"ἥρως ὦ Ἰόλαε, διοτρεφές, οὐκέτι τηλοῦ
ὑσμίνη τρηχεῖα· σὺ δ' ὡς πάρος ἦσθα δαΐφρων,
ὣς καὶ νῦν μέγαν ἵππον Ἀρίονα κυανοχαίτην
πάντη ἀναστρωφᾶν καὶ ἀρηγέμεν ὥς κε δύνηαι."

Eurystheus Ehre zu erweisen, dem Elenden. Gewiss klagte er später oft, als er sein Elend ertragen musste: Doch das kann nicht rückgängig gemacht werden. Mir aber hat ein Gott schwierige Taten auferlegt. [95] Mein Lieber, halte doch rasch die dunkelroten Zügel der schnellfüßigen Pferde: Steigere den Mut in deinem Herzen gewaltig und halte den rasenden Wagen und die kräftigen, schnellfüßigen Pferde gerade, ohne die geringste Angst vor dem Lärm des männermordenden Ares, der jetzt schreiend um den heiligen Hain [100] des Phoibos Apollon, des ferntreffenden Herrschers, rast – sicherlich hat er auch, obwohl er stark ist, einmal genug vom Krieg.«

Diesem entgegnete darauf der untadelige Iolaos: »Mein Bester, es schätzen der Vater der Menschen und Götter dein Haupt also wirklich und der Stieropfer liebende Erderschütterer, [105] der den Mauerring von Theben beherrscht und die Stadt beschützt, weil sie jetzt auch diesen starken und gewaltigen Sterblichen in deine Hände führen, damit du großen Ruhm erwerben kannst. Jetzt aber auf, zieh deine Kriegsrüstung an, damit wir möglichst schnell, sobald wir die Wagen von Ares und von uns einander angenähert haben, [110] kämpfen. Denn nicht wird er den furchtlosen Sohn des Zeus und auch nicht den Iphikles-Sohn erschrecken, sondern ich glaube, er wird vor den beiden Nachkommen des herausragenden Alkaios-Sohnes fliehen, die ihnen schon nahe sind und danach verlangen, im Krieg das Schlachtgeschrei zu erheben, was ihnen viel lieber ist als ein Festessen.«

[115] So sprach er, und der kräftige Herakles begann zu lachen, im Herzen froh. Denn Iolaos hatte Dinge gesagt, die ihm sehr zusagten. Ihm antwortend sprach er die geflügelten Worte: »Held Iolaos, Zeusgenährter, nicht mehr fern ist die raue Schlacht. Wie du früher geschickt warst, [120] so auch jetzt: Das gewaltige Pferd Arion, das dunkelhaarige, wende überall hin und hilf, wie du nur kannst.«

Ὣς εἰπὼν κνημῖδας ὀρειχάλκοιο φαεινοῦ,
Ἡφαίστου κλυτὰ δῶρα, περὶ κνήμῃσιν ἔθηκε.
δεύτερον αὖ θώρηκα περὶ στήθεσσιν ἔδυνε
καλὸν χρύσειον πολυδαίδαλον, ὅν οἱ ἔδωκε
Παλλὰς Ἀθηναίη, κούρη Διός, ὁππότ' ἔμελλε
τὸ πρῶτον στονόεντας ἐφορμήσεσθαι ἀέθλους.
θήκατο δ' ἀμφ' ὤμοισιν ἀρῆς ἀλκτῆρα σίδηρον,
δεινὸς ἀνήρ· κοίλην δὲ περὶ στήθεσσι φαρέτρην
κάββαλεν ἐξόπιθεν· πολλοὶ δ' ἔντοσθεν ὀιστοὶ
ῥιγηλοί, θανάτοιο λαθιφθόγγοιο δοτῆρες·
πρόσθεν μὲν θάνατόν τ' εἶχον καὶ δάκρυσι μῦρον,
μέσσοι δὲ ξεστοί, περιμήκεες, αὐτὰρ ὄπισθε
μόρφνοιο φλεγύαο καλυπτόμενοι πτερύγεσσιν.
εἵλετο δ' ὄβριμον ἔγχος, ἀκαχμένον αἴθοπι χαλκῷ.
κρατὶ δ' ἐπ' ἰφθίμῳ κυνέην εὔτυκτον ἔθηκε,
δαιδαλέην, ἀδάμαντος, ἐπὶ κροτάφοις ἀραρυῖαν,
ἥ τ' εἴρυτο κάρη Ἡρακλῆος θείοιο.
Χερσί γε μὴν σάκος εἷλε παναίολον, οὐδέ τις αὐτὸ
οὔτ' ἔρρηξε βαλὼν οὔτ' ἔθλασε, θαῦμα ἰδέσθαι.
πᾶν μὲν γὰρ κύκλῳ τιτάνῳ λευκῷ τ' ἐλέφαντι
ἠλέκτρῳ θ' ὑπολαμπὲς ἔην χρυσῷ τε φαεινῷ
λαμπόμενον, κυάνου δὲ διὰ πτύχες ἠλήλαντο.
ἐν μέσσῳ δ' ἀδάμαντος ἔην Φόβος οὔ τι φατειός,
ἔμπαλιν ὄσσοισιν πυρὶ λαμπομένοισι δεδορκώς·
τοῦ καὶ ὀδόντων μὲν πλῆτο στόμα λευκαθεόντων,
δεινῶν, ἀπλήτων, ἐπὶ δὲ βλοσυροῖο μετώπου
δεινὴ Ἔρις πεπότητο κορύσσουσα κλόνον ἀνδρῶν,
σχετλίη, ἥ ῥα νόον τε καὶ ἐκ φρένας εἵλετο φωτῶν
οἵτινες ἀντιβίην πόλεμον Διὸς υἷι φέροιεν.
τῶν καὶ ψυχαὶ μὲν χθόνα δύνουσ' Ἄιδος εἴσω
αὐτῶν, ὀστέα δέ σφι περὶ ῥινοῖο σαπείσης
Σειρίου ἀζαλέοιο κελαινῇ πύθεται αἴῃ.

So sprach er und legte die Beinschienen aus glänzender Bergbronze, Hephaistos' berühmte Geschenke, um seine Schienbeine. Zweitens zog er sich dann eine Rüstung um seine Brust an, [125] eine schöne, goldene, sehr kunstvolle, die ihm Pallas Athene geschenkt hatte, die Tochter des Zeus, als er sich gerade ein erstes Mal in seine qualvollen Taten stürzte. Um seine Schultern legte er sich das Eisenschwert, seinen Nothelfer, der gewaltige Mann. Den hohlen Köcher warf er sich um seine Brust [130] nach hinten: Viele Pfeile waren darin, schauderhafte, die stumm machenden Tod bescheren. Vorn enthielten sie den Tod und tropften von Tränen, in der Mitte waren sie geglättet, überaus lang, hinten aber waren sie bedeckt mit Federn eines feuerroten Adlers. [135] Er nahm sich den wuchtigen Speer, der eine funkelnde Bronzespitze hatte. Auf seinen starken Kopf setzte er einen wohlgefertigten Helm – kunstvoll, aus Stahl, über den Schläfen angepasst –, der den Kopf des göttlichen Herakles schützte.

Mit seinen Händen nahm er zudem den ganz glänzenden Schild; keiner hatte ihn [140] je mit einem Wurf zerschmettert oder zertrümmert – wunderbar anzusehen. Denn rundum leuchtete er ganz mit Titanos, weißem Elfenbein und einer Goldsilberlegierung hervor; auch mit glänzendem Gold strahlte er; aus Emaille waren Streifen hindurchgezogen. In der Mitte war aus Stahl der Gott des Schreckens – unbeschreiblich! –, [145] mit von Feuer leuchtenden Augen zurückblickend. Auch war sein Mund voll mit Zähnen, weiß glänzenden, grässlichen, denen man sich nicht nähern kann, und über seiner furchterregenden Stirn flog die grässliche Streitgöttin, das Gewühl der Männer zum Kampf ausrüstend, die elende, die allen Männern Verstand und Vernunft raubt, [150] die Mann gegen Mann mit Zeus' Sohn Krieg führen. Deren Seelen tauchen zwar in die Erde ein, in den Hades, aber ihre Knochen verrotten, sobald ihr Fleisch rundum verfault ist, unter dem sengenden Hundsstern auf dem dunklen Boden.

Ἐν δὲ Προΐωξίς τε Παλίωξίς τε τέτυκτο,
ἐν δ' Ὅμαδός τε Φόνος τ' Ἀνδροκτασίη τε δεδήει,
ἐν δ' Ἔρις, ἐν δὲ Κυδοιμὸς ἐθύνεον, ἐν δ' ὀλοὴ Κὴρ
ἄλλον ζωὸν ἔχουσα νεούτατον, ἄλλον ἄουτον,
ἄλλον τεθνηῶτα κατὰ μόθον ἕλκε ποδοῖιν·
εἷμα δ' ἔχ' ἀμφ' ὤμοισι δαφοινεὸν αἵματι φωτῶν,
δεινὸν δερκομένη καναχῇσί τε βεβρυχυῖα.
Ἐν δ' ὀφίων κεφαλαὶ δεινῶν ἔσαν, οὔ τι φατειῶν,
δώδεκα, ταὶ φοβέεσκον ἐπὶ χθονὶ φῦλ' ἀνθρώπων
οἵτινες ἀντιβίην πόλεμον Διὸς υἷι φέροιεν.
τῶν καὶ ὀδόντων μὲν καναχὴ πέλεν, εὖτε μάχοιτο
Ἀμφιτρυωνιάδης· τὰ δ' ἐδαίετο θαυματὰ ἔργα·
στίγματα δ' ὣς ἐπέφαντο ἰδεῖν δεινοῖσι δράκουσι·
κυάνεοι κατὰ νῶτα, μελάνθησαν δὲ γένεια.
Ἐν δὲ συῶν ἀγέλαι χλούνων ἔσαν ἠδὲ λεόντων
ἐς σφέας δερκομένων, κοτεόντων θ' ἱεμένων τε.
τῶν καὶ ὁμιληδὸν στίχες ἤισαν, οὐδέ νυ τώ γε
οὐδέτεροι τρεέτην, φρῖσσόν γε μὲν αὐχένας ἄμφω.
ἤδη γάρ σφιν ἔκειτο μέγας λῖς, ἀμφὶ δὲ κάπροι
δοιοί, ἀπουράμενοι ψυχάς· κατὰ δέ σφι κελαινὸν
αἷμ' ἀπελείβετ' ἔραζ'· οἳ δ' αὐχένας ἐξεριπόντες
κείατο τεθνηῶτες ὑπὸ βλοσυροῖσι λέουσιν·
τοὶ δ' ἔτι μᾶλλον ἐγειρέσθην κοτέοντε μάχεσθαι,
ἀμφότεροι, χλοῦναί τε σύες χαροποί τε λέοντες.
Ἐν δ' ἦν ὑσμίνη Λαπιθάων αἰχμητάων
Καινέα τ' ἀμφὶ ἄνακτα Δρύαντά τε Πειρίθοόν τε
Ὁπλέα τ' Ἐξάδιόν τε Φάληρόν τε Πρόλοχόν τε
Μόψον τ' Ἀμπυκίδην, Τιταρήσιον, ὄζον Ἄρηος

Es waren darauf Angriff und Gegenangriff gefertigt, [155] darauf waren auch Kriegslärm, Mord und Totschlag am Lodern, darauf stürmte Streit, darauf auch Verwirrung dahin, darauf hielt die vernichtende Todesgöttin einen Frischverwundeten, der noch lebte, einen anderen hielt sie unverwundet, einen dritten tot, und sie schleppte sie an den Füßen durch den Kampf: Ein Kleid trug sie um die Schultern, das vom Blut der Männer dunkelrot war; [160] schrecklich blickte sie, knirschte mit den Zähnen und brüllte.

Darauf waren Köpfe schrecklicher Schlangen – unbeschreiblicher! –, zwölf, die auf der Erde die Stämme aller Menschen in die Flucht schlugen, die Mann gegen Mann mit Zeus' Sohn Krieg führten. Sie knirschten jedes Mal mit den Zähnen, wenn [165] der Amphitryon-Sohn kämpfte. Es glänzte, das wundervolle Werk! Etwas wie Flecken schien man zu sehen auf den schrecklichen Schlangen; dunkel waren sie am Rücken, schwarz aber war ihr Kinn.

Darauf waren Herden von Ebern, die gern im Gras liegen, und von Löwen; sie schauten einander an, wütend und gierig. [170] Die zwei Reihen schritten in Gruppen: Gerade wich keine auch nur ein bisschen zurück, vielmehr sträubten beide ihren Nacken. Denn schon lagen vor ihnen ein großer Löwe und um ihn herum zwei Eber, denen die Seelen geraubt worden waren: Ihnen tropfte dunkles Blut hinunter auf die Erde. Die Eber hatten ihr Genick gebrochen [175] und lagen tot unter den furchterregenden Löwen. Die aber wurden beide noch wachsamer und waren wütend darauf aus, zu kämpfen: die Eber, die gern im Gras liegen, und die gierig blickenden Löwen.

Darauf war auch die Schlacht der lanzentragenden Lapithen um Kaineus, ihren Herrscher, um Dryas, Peirithoos, [180] Hopleus, Exadios, Phaleros, Prolochos, Mopsos, den Ampykos-Sohn vom Titaros, den Spross des Ares, und um Theseus, den Aigeus-

Θησέα τ' Αἰγεΐδην, ἐπιείκελον ἀθανάτοισιν·
ἀργύρεοι, χρύσεια περὶ χροῒ τεύχε' ἔχοντες.
Κένταυροι δ' ἑτέρωθεν ἐναντίοι ἠγερέθοντο
ἀμφὶ μέγαν Πετραῖον ἰδ' Ἄσβολον οἰωνιστὴν
Ἄρκτον τ' Οὔρειόν τε μελαγχαίτην τε Μίμαντα
καὶ δύο Πευκεΐδας, Περιμήδεά τε Δρύαλόν τε,
ἀργύρεοι, χρυσέας ἐλάτας ἐν χερσὶν ἔχοντες.
καί τε συναΐγδην ὡς εἰ ζωοί περ ἐόντες
ἔγχεσιν ἠδ' ἐλάτῃς αὐτοσχεδὸν ὠριγνῶντο.
Ἐν δ' Ἄρεος βλοσυροῖο ποδώκεες ἔστασαν ἵπποι
χρύσεοι, ἐν δὲ καὶ αὐτὸς ἐναρσφόρος οὔλιος Ἄρης,
αἰχμὴν ἐν χείρεσσιν ἔχων, πρυλέεσσι κελεύων,
αἵματι φοινικόεις ὡς εἰ ζωοὺς ἐναρίζων,
δίφρου ἐπεμβεβαώς· παρὰ δὲ Δεῖμός τε Φόβος τε
ἔστασαν ἱέμενοι πόλεμον καταδύμεναι ἀνδρῶν.
Ἐν δὲ Διὸς θυγάτηρ ἀγελείη Τριτογένεια,
τῇ ἰκέλη ὡς εἴ τε μάχην ἐθέλουσα κορύσσειν,
ἔγχος ἔχουσ' ἐν χειρὶ † χρυσέην τε τρυφάλειαν
αἰγίδα τ' ἀμφ' ὤμοις· ἐπὶ δ' ᾤχετο φύλοπιν αἰνήν.
Ἐν δ' ἦν ἀθανάτων ἱερὸς χορός· ἐν δ' ἄρα μέσσῳ
ἱμερόεν κιθάριζε Διὸς καὶ Λητοῦς υἱὸς
χρυσείῃ φόρμιγγι· θεῶν δ' ἕδος ἁγνὸς Ὄλυμπος·
ἐν δ' ἀγορή, περὶ δ' ὄλβος ἀπείριτος ἐστεφάνωτο
ἀθανάτων ἐν ἀγῶνι· θεαὶ δ' ἐξῆρχον ἀοιδῆς
Μοῦσαι Πιερίδες, λιγὺ μελπομένῃς ἐικυῖαι.
Ἐν δὲ λιμὴν εὔορμος ἀμαιμακέτοιο θαλάσσης
κυκλοτερὴς ἐτέτυκτο πανέφθου κασσιτέροιο
κλυζομένῳ ἴκελος· πολλοί γε μὲν ἂμ μέσον αὐτοῦ
δελφῖνες τῇ καὶ τῇ ἐθύνεον ἰχθυάοντες
νηχομένοις ἴκελοι· δοιὼ δ' ἀναφυσιόωντες

Sohn, der den Unsterblichen ähnlich ist: aus Silber, goldene Rüstungen auf ihrem Körper tragend. Die Kentauren aber waren gegenüber auf der anderen Seite versammelt [185] um den großen Petraios und Asbolos, den Vogelschauer, um Arktos, Ureios, den schwarzhaarigen Mimas und um die zwei Peukeus-Söhne Perimedes und Dryalos: aus Silber, goldene Weißtannen in ihren Händen tragend. Und aufeinanderprallend, wie wenn sie lebend wären, [190] streckten sie einander im Nahkampf ihre Speere und Weißtannen entgegen.

Darauf standen die fußschnellen Pferde des furchterregenden Ares aus Gold, darauf auch der Träger von erbeuteten Rüstungen, der vernichtende Ares selbst, der eine Lanze in den Händen hielt und Vorkämpfern Befehle erteilte; vom Blut dunkelrot, wie wenn er von Lebenden die Rüstung erbeuten würde, [195] war er in seinen Wagenkasten gestiegen. Daneben standen Angst und Schrecken, gierig darauf, sich in den Kampf der Männer zu stürzen.

Darauf war Zeus' Tochter, die Beuteträgerin Tritogeneia, die aussah, als wollte sie sich zu einem Kampf rüsten; einen Speer hatte sie in der Hand, † einen goldenen Helm [200] und die Ägis um ihre Schultern: Sie war auf dem Weg in eine schreckliche Schlacht.

Darauf war die heilige Schar der Unsterblichen: Mittendrin spielte der Sohn des Zeus und der Leto hinreißend auf einer goldenen Leier. Sitz der Götter war der geweihte Olymp. Darauf war auch der Versammlungsplatz, und rundherum war unermesslicher Reichtum ausgebreitet [205] im Wettkampf der Unsterblichen. Die Göttinnen begannen mit ihrem Gesang, die Musen von Pieria, die aussahen, als ob sie hell singen würden.

Darauf war ein mit guten Ankerplätzen ausgestatteter Hafen am unbezwingbaren Meer kreisförmig gefertigt aus reinem Zinn: Er sah aus, als würde er überspült. Auch eilten in seiner Mitte viele [210] Delphine auf der Jagd nach Fischen hierhin und dorthin: Sie sahen aus, als würden sie schwimmen. Zwei Delphine aus Silber

ἀργύρεοι δελφῖνες ἐφοίβεον ἔλλοπας ἰχθῦς.
τῶν δ᾽ ὕπο χάλκειοι τρέον ἰχθύες· αὐτὰρ ἐπ᾽ ἀκτῆς
ἧστο ἀνὴρ ἁλιεὺς δεδοκημένος, εἶχε δὲ χερσὶν
ἰχθύσιν ἀμφίβληστρον ἀπορρίψοντι ἐοικώς.
　Ἐν δ᾽ ἦν ἠυκόμου Δανάης τέκος, ἱππότα Περσεύς,
οὔτ᾽ ἄρ᾽ ἐπιψαύων σάκεος ποσὶν οὔθ᾽ ἑκὰς αὐτοῦ,
θαῦμα μέγα φράσσασθ᾽, ἐπεὶ οὐδαμῇ ἐστήρικτο.
τὼς γάρ μιν παλάμαις τεῦξεν κλυτὸς Ἀμφιγυήεις,
χρύσεον· ἀμφὶ δὲ ποσσὶν ἔχεν πτερόεντα πέδιλα·
ὤμοισιν δέ μιν ἀμφὶ μελάνδετον ἆορ ἔκειτο
χαλκέου ἐκ τελαμῶνος· ὁ δ᾽ ὥς τε νόημ᾽ ἐποτᾶτο·
πᾶν δὲ μετάφρενον εἶχε κάρη δεινοῖο πελώρου,
Γοργοῦς· ἀμφὶ δέ μιν κίβισις θέε, θαῦμα ἰδέσθαι,
ἀργυρέη· θύσανοι δὲ κατηωρεῦντο φαεινοὶ
χρύσειοι· δεινὴ δὲ περὶ κροτάφοισι ἄνακτος
κεῖτ᾽ Ἄιδος κυνέη νυκτὸς ζόφον αἰνὸν ἔχουσα.
αὐτὸς δὲ σπεύδοντι καὶ ἐρρίγοντι ἐοικὼς
Περσεὺς Δαναΐδης ἐτιταίνετο· ταὶ δὲ μετ᾽ αὐτὸν
Γοργόνες ἄπλητοί τε καὶ οὐ φαταὶ ἐρρώοντο
ἱέμεναι μαπέειν· ἐπὶ δὲ χλωροῦ ἀδάμαντος
βαινουσέων ἰάχεσκε σάκος μεγάλῳ ὀρυμαγδῷ
ὀξέα καὶ λιγέως· ἐπὶ δὲ ζώνῃσι δράκοντε
δοιὼ ἀπῃωρεῦντ᾽ ἐπικυρτώοντε κάρηνα·
λίχμαζον δ᾽ ἄρα τώ γε, μένει δ᾽ ἐχάρασσον ὀδόντας
ἄγρια δερκομένω· ἐπὶ δὲ δεινοῖσι καρήνοις
Γοργείοις ἐδονεῖτο μέγας Φόβος. οἳ δ᾽ ὑπὲρ αὐτέων
ἄνδρες ἐμαρνάσθην πολεμήια τεύχε᾽ ἔχοντες,
τοὶ μὲν ὑπὲρ σφετέρης πόλιος σφετέρων τε τοκήων
λοιγὸν ἀμύνοντες, τοὶ δὲ πραθέειν μεμαῶτες.
πολλοὶ μὲν κέατο, πλέονες δ᾽ ἔτι δῆριν ἔχοντες
μάρνανθ᾽. αἱ δὲ γυναῖκες ἐυδμήτων ἐπὶ πύργων
χαλκέων ὀξὺ βόων, κατὰ δ᾽ ἐδρύπτοντο παρειάς,

bliesen Luft heraus und verscheuchten stumme Fische. Weiter unten wichen bronzene Fische zurück. Doch am Ufer saß ein Mann, ein Fischer, der lauerte: Er hielt in seinen Händen [215] ein Fischfangnetz und sah aus, als ob er es auswerfen würde.

Darauf war der Sohn der schönhaarigen Danae, der Reiter Perseus; weder berührte er den Schild mit seinen Füßen noch war er fern von ihm – wirklich wunderbar zu beobachten, weil er nirgendwo befestigt war. Denn so hatte ihn mit seinen Händen gefertigt der berühmte Krummbeinige: [220] aus Gold; um seine Füße trug Perseus geflügelte Sandalen; auf seinen Schultern lag ein schwarz eingefasstes Schwert rings um ihn und ragte aus einem bronzenen Schwerthalter; wie ein Gedanke flog Perseus. Seinen ganzen Rücken bedeckte der Kopf eines schreckenerregenden Monsters, der Gorgo. Um sie herum lief eine Tasche – wunderbar anzusehen: [225] aus Silber; glänzende Fransen hingen herunter, aus Gold; schreckenerregend aber lag um die Schläfen des Herrschers der Helm des Hades mit seiner grässlichen Finsternis der Nacht. Er selbst sah aus wie einer, der schaudernd dahineilt: Perseus, der Danae-Sohn, war in gestrecktem Lauf; hinter ihm [230] rannten die unnahbaren und unbeschreiblichen Gorgonen, gierig darauf, ihn zu schnappen. Da sie auf dem blassen Stahl liefen, erklang der Schild mit mächtigem Lärm scharf und schrill. An ihren Gürteln hingen zwei Schlangen herunter, die ihre Köpfe nach vorne beugten: [235] Beide züngelten und wetzten mit Kraft ihre Zähne, wild blickend; über den grässlichen Köpfen der Gorgonen wogte der gewaltige Gott des Schreckens.

Die Männer über ihnen kämpften in Kriegsrüstungen: Die einen versuchten für ihre Stadt und ihre Eltern [240] Verwüstung abzuwehren, die anderen waren begierig zu plündern. Viele lagen da, noch mehr lieferten sich ein Gefecht und kämpften. Die Frauen aber schrien auf den schöngebauten Türmen aus Bronze laut und zerkratzten sich die Wangen – Lebenden ähnlich, ein Werk

ζωῇσιν ἴκελαι, ἔργα κλυτοῦ Ἡφαίστοιο.
ἄνδρες δ' οἳ πρεσβῆες ἔσαν γῆράς τε μέμαρπεν
ἀθρόοι ἔκτοσθεν πυλέων ἔσαν, ἂν δὲ θεοῖσι
χεῖρας ἔχον μακάρεσσι, περὶ σφετέροισι τέκεσσι
δειδιότες· τοὶ δ' αὖτε μάχην ἔχον. αἳ δὲ μετ' αὐτοὺς
Κῆρες κυάνεαι, λευκοὺς ἀραβεῦσαι ὀδόντας,
δεινωποὶ βλοσυροί τε δαφοινοί τ' ἄπλητοί τε
δῆριν ἔχον περὶ πιπτόντων· πᾶσαι δ' ἄρ' ἵεντο
αἷμα μέλαν πιέειν· ὃν δὲ πρῶτον μεμάποιεν
κείμενον ἢ πίπτοντα νεούτατον, ἀμφὶ μὲν αὐτῷ
βάλλ⟨ον ὁμῶς⟩ ὄνυχας μεγάλους, ψυχὴ δὲ [Ἄιδόσδε] κατῇεν
Τάρταρον ἐς κρυόενθ'· αἳ δὲ φρένας εὖτ' ἀρέσαντο
αἵματος ἀνδρομέου, τὸν μὲν ῥίπτασκον ὀπίσσω,
ἂψ δ' ὅμαδον καὶ μῶλον ἐθύνεον αὖτις ἰοῦσαι.
Κλωθὼ καὶ Λάχεσίς σφιν ἐφέστασαν· ἣ μὲν ὑφήσσων
Ἄτροπος οὔ τι πέλεν μεγάλη θεός, ἀλλ' ἄρα ἥ γε
τῶν γε μὲν ἀλλάων προφερής τ' ἦν πρεσβυτάτη τε.
πᾶσαι δ' ἀμφ' ἑνὶ φωτὶ μάχην δριμεῖαν ἔθεντο·
δεινὰ δ' ἐς ἀλλήλας δράκον ὄμμασι θυμήνασαι,
ἐν δ' ὄνυχας χεῖράς τε θρασείας ἰσώσαντο.
πὰρ δ' Ἀχλὺς εἱστήκει ἐπισμυγερή τε καὶ αἰνή,
χλωρὴ ἀυσταλέη λιμῷ καταπεπτηυῖα,
γουνοπαχής, μακροὶ δ' ὄνυχες χείρεσσιν ὑπῆσαν·
τῆς ἐκ μὲν ῥινῶν μύξαι ῥέον, ἐκ δὲ παρειῶν
αἷμ' ἀπελείβετ' ἔραζ'· ἣ δ' ἄπλητον σεσαρυῖα
εἱστήκει, πολλὴ δὲ κόνις κατενήνοθεν ὤμους,
δάκρυσι μυδαλέη. παρὰ δ' εὔπυργος πόλις ἀνδρῶν,
χρύσειαι δέ μιν εἶχον ὑπερθυρίοις ἀραρυῖαι
ἑπτὰ πύλαι· τοὶ δ' ἄνδρες ἐν ἀγλαΐαις τε χοροῖς τε
τέρψιν ἔχον· τοὶ μὲν γὰρ ἐυσσώτρου ἐπ' ἀπήνης
ἤγοντ' ἀνδρὶ γυναῖκα, πολὺς δ' ὑμέναιος ὀρώρει·
τῆλε δ' ἀπ' αἰθομένων δαΐδων σέλας εἰλύφαζε

des berühmten Hephaistos. Die Männer, die betagt waren und die das Alter fest im Griff hatte, waren außerhalb der Tore versammelt und streckten ihre Hände empor zu den glückseligen Göttern, weil sie um ihre Söhne fürchteten. Diese jedoch führten Krieg. Die hinter ihnen, die dunklen Todesgöttinnen, knirschten mit ihren weißen Zähnen; schrecklich blickend, furchterregend, blutrot und unnahbar lieferten sie sich ein Gefecht um die Fallenden: Alle waren gierig darauf, schwarzes Blut zu trinken. Wen sie als Ersten fassten, der dalag oder frischverwundet fiel, um den warfen sie in gleicher Weise ihre großen Krallen, und dessen Seele ging hinunter in den schauderhaften Tartaros. Wenn die Todesgöttinnen ihre Lust auf Männerblut befriedigt hatten, warfen sie ihr Opfer nach hinten, stürmten wieder in den Kriegslärm und Tumult und kehrten zurück. Klotho und Lachesis standen über ihnen. Die darunter stehende Atropos war keine hochgewachsene Gottheit, aber sie war doch stärker als die anderen und die Älteste. Alle hatten um einen einzigen Mann einen heftigen Kampf eröffnet: Gewaltig starrten sie mit ihren Augen einander an, wutentbrannt, und sie setzten ihre Krallen und verwegenen Hände gleichermaßen ein. Daneben stand die Göttin des Todesdunkels: bekümmert und schrecklich, blass, verschmutzt, von Hunger gebeugt, mit dicken Knien; lange Krallen waren an ihren Händen. Aus ihren Nasenlöchern floss Schleim, und von ihren Wangen tropfte Blut auf die Erde. Unnahbar stand sie da, die Zähne fletschend, und ihre Schultern bedeckte viel Staub, der von Tränen nass war.

Daneben gab es eine schöntürmige Stadt mit Menschen; sieben Tore aus Gold, die gut in ihren Türsturz passten, umgaben sie. Die Männer hatten an glanzvollen Festen und Tänzen Freude: Einige brachten auf einem Wagen mit guten Felgen einem Mann seine Frau, und lauter Hochzeitsgesang erhob sich. Fernab breitete sich in den Händen von Sklavinnen der Schein von bren-

χερσὶν ἐνὶ δμῳῶν· ταὶ δ’ ἀγλαΐῃ τεθαλυῖαι
πρόσθ’ ἔκιον, τῇσιν δὲ χοροὶ παίζοντες ἕποντο·
τοὶ μὲν ὑπὸ λιγυρῶν συρίγγων ἵεσαν αὐδὴν
ἐξ ἁπαλῶν στομάτων, περὶ δέ σφισιν ἄγνυτο ἠχώ·
αἳ δ’ ὑπὸ φορμίγγων ἄναγον χορὸν ἱμερόεντα.
ἔνθεν δ’ αὖθ’ ἑτέρωθε νέοι κώμαζον ὑπ’ αὐλοῦ·
τοί γε μὲν αὖ παίζοντες ὑπ’ ὀρχηθμῷ καὶ ἀοιδῇ
[τοί γε μὲν αὖ γελόωντες ὑπ’ αὐλητῆρι ἕκαστος]
πρόσθ’ ἔκιον· πᾶσαν δὲ πόλιν θαλίαι τε χοροί τε
ἀγλαΐαι τ’ εἶχον. τοὶ δ’ αὖ προπάροιθε πόληος
νῶθ’ ἵππων ἐπιβάντες ἐθύνεον. οἱ δ’ ἀροτῆρες
ἤρεικον χθόνα δῖαν, ἐπιστολάδην δὲ χιτῶνας
ἐστάλατ’. αὐτὰρ ἔην βαθὺ λήιον· οἵ γε μὲν ἤμων
αἰχμῇς ὀξείῃσι κορωνιόωντα πέτηλα
βριθόμενα σταχύων, ὡς εἰ Δημήτερος ἀκτήν·
οἳ δ’ ἄρ’ ἐν ἐλλεδανοῖσι δέον καὶ ἔπιτνον ἀλωῇ·
οἳ δ’ ἐτρύγων οἴνας, δρεπάνας ἐν χερσὶν ἔχοντες·
οἳ δ’ αὖτ’ ἐς ταλάρους ἐφόρευν ὑπὸ τρυγητήρων
λευκοὺς καὶ μέλανας βότρυας μεγάλων ἀπὸ ὄρχων,
βριθομένων φύλλοισι καὶ ἀργυρέῃς ἑλίκεσσιν.
οἳ δ’ αὖτ’ ἐς ταλάρους ἐφόρευν. παρὰ δέ σφισιν ὄρχος
χρύσεος ἦν, κλυτὰ ἔργα περίφρονος Ἡφαίστοιο,
[τοί γε μὲν αὖ παίζοντες ὑπ’ αὐλητῆρι ἕκαστος]
σειόμενος φύλλοισι καὶ ἀργυρέῃσι κάμαξι,
βριθόμενος σταφυλῇσι· μελάνθησάν γε μὲν αἵδε.
οἵ γε μὲν ἐτράπεον, τοὶ δ’ ἤρυον. οἳ δὲ μάχοντο
πύξ τε καὶ ἑλκηδόν· τοὶ δ’ ὠκύποδας λαγὸς ᾖρευν
ἄνδρες θηρευταί, καὶ καρχαρόδοντε κύνε πρό,
ἱέμενοι μαπέειν, οἳ δ’ ἱέμενοι ὑπαλύξαι.
πὰρ δ’ αὐτοῖς ἱππῆες ἔχον πόνον, ἀμφὶ δ’ ἀέθλῳ
δῆριν ἔχον καὶ μόχθον· ἐυπλεκέων δ’ ἐπὶ δίφρων
ἡνίοχοι βεβαῶτες ἐφίεσαν ὠκέας ἵππους

nenden Fackeln aus. Die schritten, vom Glanz erleuchtet, voran; ihnen folgten tanzende Chöre. Die Männer ließen zu hell klingenden Hirtenflöten ihre Stimme aus zartem Mund ertönen; um sie herum brach sich das Echo; [280] die Frauen aber führten zum Klang von Leiern einen hinreißenden Tanz auf. Von dort wieder auf der anderen Seite machten junge Männer einen Umzug zum Klang der Flöte: Sie bewegten sich zu Tanz und Gesang und gingen voran; die ganze Stadt erfüllten Feiern, Tänze [285] und glanzvolle Feste. Die Menschen vor der Stadt hingegen hatten Pferderücken bestiegen und galoppierten dahin. Pflüger rissen die göttliche Erde auf, hochgegürtet trugen sie ihre Chitone. Ferner gab es ein dichtes Kornfeld: Da schnitten die einen mit scharfen Klingen sich beugende Stängel ab, [290] die von Ähren schwer waren, wie wenn es das Korn der Demeter wäre; andere banden sie mit Schnüren und breiteten sie auf der Tenne aus; wieder andere ernteten Weinstöcke mit Sicheln in ihren Händen ab; noch andere trugen unterhalb der Erntenden weiße und schwarze Trauben in Körbe hinein, weg von den großen Rebreihen, [295] die schwer waren von Blättern und Ranken aus Silber. Noch weitere trugen Trauben in Körbe hinein: Bei ihnen gab es eine Rebreihe aus Gold – ein berühmtes Werk des klugen Hephaistos –, die sich hin und her bewegte mit ihren Blättern und silbernen Rebpfählen, [300] schwer von Traubenbüscheln; richtig schwarz waren diese. Eine Gruppe war am Treten und eine weitere am Abschöpfen. Andere waren mit Faustkampf und Ringen beschäftigt. Da fingen jagende Männer schnellfüßige Hasen: Zwei scharfzahnige Hunde waren vorn und wollten sie schnappen, die anderen wollten entwischen. [305] Neben ihnen mühten sich Reiter ab: Um einen Siegespreis lieferten sie sich einen Wettkampf und gaben vollen Einsatz; in wohlgeflochtenen Wagenkästen standen Lenker und ließen ihre schnellen

ῥυτὰ χαλαίνοντες, τὰ δ' ἐπικροτέοντα πέτοντο
ἅρματα κολλήεντ', ἐπὶ δὲ πλῆμναι μέγ' ἀύτευν.
οἳ μὲν ἄρ' ἀίδιον εἶχον πόνον, οὐδέ ποτέ σφιν
νίκη ἐπηνύσθη, ἀλλ' ἄκριτον εἶχον ἄεθλον.
τοῖσι δὲ καὶ προὔκειτο μέγας τρίπος ἐντὸς ἀγῶνος,
χρύσειος, κλυτὰ ἔργα περίφρονος Ἡφαίστοιο.
Ἀμφὶ δ' ἴτυν ῥέεν Ὠκεανὸς πλήθοντι ἐοικώς,
πᾶν δὲ συνεῖχε σάκος πολυδαίδαλον· οἳ δὲ κατ' αὐτὸν
κύκνοι ἀερσιπόται μεγάλ' ἤπυον, οἵ ῥά τε πολλοὶ
νῆχον ἐπ' ἄκρον ὕδωρ· παρὰ δ' ἰχθύες ἐκλονέοντο·
θαῦμα ἰδεῖν καὶ Ζηνὶ βαρυκτύπῳ, οὗ διὰ βουλὰς
Ἥφαιστος ποίησε σάκος μέγα τε στιβαρόν τε,
ἀρσάμενος παλάμῃσι. τὸ μὲν Διὸς ἄλκιμος υἱὸς
πάλλεν ἐπικρατέως· ἐπὶ δ' ἱππείου θόρε δίφρου,
εἴκελος ἀστεροπῇ πατρὸς Διὸς αἰγιόχοιο,
κοῦφα βιβάς· τῷ δ' ἡνίοχος κρατερὸς Ἰόλαος
δίφρου ἐπεμβεβαὼς ἰθύνετο καμπύλον ἅρμα.
Ἀγχίμολον δέ σφ' ἦλθε θεὰ γλαυκῶπις Ἀθήνη,
καί σφεας θαρσύνουσ' ἔπεα πτερόεντα προσηύδα·
"Χαίρετε, Λυγκῆος γενεὴ τηλεκλειτοῖο·
νῦν δὴ Ζεὺς κράτος ὔμμι διδοῖ μακάρεσσιν ἀνάσσων
Κύκνον τ' ἐξεναρεῖν καὶ ἀπὸ κλυτὰ τεύχεα δῦσαι.
ἄλλο δέ τοί τι ἔπος ἐρέω, μέγα φέρτατε λαῶν·
εὖτ' ἂν δὴ Κύκνον γλυκερῆς αἰῶνος ἀμέρσῃς,
τὸν μὲν ἔπειτ' αὐτοῦ λιπέειν καὶ τεύχεα τοῖο,
αὐτὸς δὲ βροτολοιγὸν Ἄρη' ἐπιόντα δοκεύσας,
ἔνθα κε γυμνωθέντα σάκευς ὕπο δαιδαλέοιο
ὀφθαλμοῖσιν ἴδῃς, ἔνθ' οὐτάμεν ὀξέι χαλκῷ·
ἂψ δ' ἀναχάσσασθαι, ἐπεὶ οὔ νύ τοι αἴσιμόν ἐστιν
οὔθ' ἵππους ἑλέειν οὔτε κλυτὰ τεύχεα τοῖο."

Pferde rennen, indem sie die Zügel lockerten; darüberratternd flogen die dübelreichen Wagen; dazu heulten die Naben laut auf. [310] So mühten sie sich ewig ab, und niemals errangen sie den Sieg; vielmehr hatten sie einen endlosen Wettkampf. Vor ihnen lag auch ein großer Dreifuß innerhalb der Rennbahn: aus Gold, ein berühmtes Werk des klugen Hephaistos.

Um den Rand floss Okeanos, der wie ein angeschwollener Strom aussah; [315] den ganzen Schild umfasste er, den sehr kunstvollen. Ihm entlang sangen hoch fliegende Schwäne laut, und viele schwammen auf seiner Wasseroberfläche; daneben tummelten sich Fische – wunderbar anzusehen auch für Zeus, den Dumpfdröhnenden, nach dessen Wille Hephaistos den großen und wuchtigen Schild gemacht hatte, [320] indem er ihn mit seinen Händen zusammenfügte. Diesen schwang Zeus' starker Sohn kraftvoll, und er sprang auf seinen Pferdewagen, wie ein Blitz seines Vaters, des ägishaltenden Zeus: leichtfüßig. Für ihn steuerte der kräftige Lenker Iolaos, der im Wagenkasten stand, den vorne gekrümmten Wagen.

[325] In ihre Nähe kam die Göttin, die helläugige Athene, und ihnen Mut machend sprach sie die geflügelten Worte: »Seid gegrüßt, ihr Nachkommen des weithin berühmten Lynkeus. Nun also verleiht euch Zeus, der Herrscher über die glückseligen Götter, die Kraft, Kyknos zu töten und ihm die berühmte Rüstung auszuziehen. [330] Doch etwas anderes will ich dir noch sagen, bei Weitem Bester der Krieger: Wenn du Kyknos sein süßes Leben geraubt hast, dann lass ihn und seine Rüstung dort liegen, halte von dir aus nach dem angreifenden Ares, dem Menschenvernichter, Ausschau und füge ihm dort, wo du ihn unter dem kunstvollen Schild [335] mit deinen Augen ungedeckt siehst, einen Treffer mit dem scharfen Bronzeschwert zu. Weiche dann wieder zurück, weil es dir jetzt nicht bestimmt ist, die Pferde zu erbeuten und auch nicht seine berühmte Rüstung.«

Ὣς εἰποῦσ' ἐς δίφρον ἐβήσατο δῖα θεάων,
νίκην ἀθανάτῃς χερσὶν καὶ κῦδος ἔχουσα,
ἐσσυμένως. τότε δή ῥα διόγνητος Ἰόλαος
σμερδαλέον ἵπποισιν ἐκέκλετο· τοὶ δ' ὑπ' ὀμοκλῆς
ῥίμφ' ἔφερον θοὸν ἅρμα κονίοντες πεδίοιο·
ἐν γάρ σφιν μένος ἧκε θεὰ γλαυκῶπις Ἀθήνη
αἰγίδ' ἀνασσείσασα· περιστενάχησε δὲ γαῖα.
τοὶ δ' ἅμυδις προγένοντ' ἴκελοι πυρὶ ἠὲ θυέλλῃ,
Κύκνος θ' ἱππόδαμος καὶ Ἄρης ἀκόρητος ἀυτῆς.
τῶν δ' ἵπποι μὲν ἔπειθ' ὑπεναντίοι ἀλλήλοισιν
ὀξεῖα χρέμισαν, περὶ δέ σφισιν ἄγνυτο ἠχώ.
τὸν πρότερος προσέειπε βίη Ἡρακληείη·
"Κύκνε πέπον, τί νυ νῶιν ἐπίσχετον ὠκέας ἵππους,
ἀνδράσιν οἵ τε πόνου καὶ ὀιζύος ἴδριές εἰμεν;
ἀλλὰ παρὲξ ἔχε δίφρον ἐύξοον ἠδὲ κελεύθου
εἶκε †παρὲξ ἰέναι†· Τρηχῖνάδε τοι παρελαύνω
ἐς Κήυκα ἄνακτα· ὃ γὰρ δυνάμει τε καὶ αἰδοῖ
Τρηχῖνος προβέβηκε. σὺ δ' εὖ μάλα οἶσθα καὶ αὐτός·
τοῦ γὰρ ὀπυίεις παῖδα Θεμιστονόην κυανῶπιν.
ὦ πέπον, οὐ μὲν γάρ τοι Ἄρης θανάτοιο τελευτὴν
ἀρκέσει, εἰ δὴ νῶι συνοισόμεθα πτολεμίζειν.
ἤδη μέν τέ ἕ φημι καὶ ἄλλοτε πειρηθῆναι
ἔγχεος ἡμετέρου, ὅθ' ὑπὲρ Πύλου ἠμαθόεντος
ἀντίος ἔστη ἐμεῖο, μάχης ἄμοτον μενεαίνων.
τρὶς μὲν ἐμῷ ὑπὸ δουρὶ τυπεὶς ἠρείσατο γαίῃ
οὐταμένου σάκεος, τὸ δὲ τέτρατον ἤλασα μηρὸν
παντὶ μένει σπεύδων, διὰ δὲ μέγα σαρκὸς ἄραξα·
πρηνὴς δ' ἐν κονίῃσι χαμαὶ πέσεν ἔγχεος ὁρμῇ.

So sprach sie und stieg in den Wagenkasten, die Himmlischste unter den Göttinnen, hielt Sieg und Ruhm in ihren unsterblichen Händen, [340] voller Eifer. Dann gab der von Zeus abstammende Iolaos seinen Pferden mit furchterregender Stimme Anweisungen. Unter seinem lauten Zuruf trugen diese den schnellen Wagen leicht dahin, wobei sie in der Ebene Staub aufwirbelten. Ihnen flößte nämlich die Göttin, die helläugige Athene, Kraft ein, ihre Ägis schwingend; rundherum erdröhnte die Erde. [345] Die anderen tauchten vereint auf, ähnlich einem Feuer oder einem Sturm: der Pferdebändiger Kyknos und Ares, der nie genug hat vom Kriegsgeschrei. Da wieherten ihre Pferde, als sie einander gegenüber waren, heftig auf, und um sie herum brach sich das Echo. Ihn sprach zuerst der kräftige Herakles an:

[350] »Kyknos, mein Lieber, warum lenkt ihr beide nun die schnellen Pferde auf uns zwei zu, auf Männer, die Not und Elend kennen? Lenke deinen schönpolierten Wagen doch auf der einen Seite vorbei und geh aus dem Weg, †damit wir auf der anderen Seite vorbei können†. Nach Trachis fahre ich an dir vorbei zu Keyx, dem Herrscher. Denn dieser steht durch Macht und Verehrung [355] an der Spitze von Trachis. Das weißt du auch selbst ganz genau: Du bist ja verheiratet mit seiner Tochter, der dunkeläugigen Themistonoe. Mein Lieber, Ares wird dein Lebensende eben nicht abwehren, wenn wir beide zum Kämpfen aufeinander treffen. Auch schon ein anderes Mal, das versichere ich dir, lernte er [360] meinen Speer kennen, als er sich auf Seiten des sandigen Pylos mir gegenüber aufstellte, unersättlich nach Krieg verlangend. Dreimal wurde er von meiner Lanze verwundet und musste sich auf der Erde aufstützen, durchbohrt war sein Schild; beim vierten Mal traf ich seinen Oberschenkel, unter Einsatz aller Kräfte – gewaltig durchschlug ich sein Fleisch. [365] Kopfüber fiel er zu Boden, in den Staub, durch die Wucht meines Speers. Dort wäre

ἔνθα κε δὴ λωβητὸς ἐν ἀθανάτοισιν ἐτύχθη
χερσὶν ὕφ᾿ ἡμετέρῃσι λιπὼν ἔναρα βροτόεντα."
Ὣς ἔφατ᾿· οὐδ᾿ ἄρα Κύκνος ἐυμμελίης ἐμενοίνα
τῷ ἐπιπειθόμενος ἐχέμεν ἐρυσάρματας ἵππους.
δὴ τότ᾿ ἀπ᾿ εὐπλεκέων δίφρων θόρον αἶψ᾿ ἐπὶ γαῖαν
παῖς τε Διὸς μεγάλου καὶ Ἐνυαλίοιο ἄνακτος.
ἡνίοχοι δ᾿ ἔμπλην ἔλασαν καλλίτριχας ἵππους·
τῶν δ᾿ ὑπὸ σευομένων κανάχιζε πόσ᾿ εὐρεῖα χθών.
ὡς δ᾿ ὅτ᾿ ἀφ᾿ ὑψηλῆς κορυφῆς ὄρεος μεγάλοιο
πέτραι ἀποθρώσκωσιν, ἐπ᾿ ἀλλήλαις δὲ πέσωσι,
πολλαὶ δὲ δρῦς ὑψίκομοι, πολλαὶ δέ τε πεῦκαι
αἴγειροί τε τανύρριζοι ῥήγνυνται ὑπ᾿ αὐτέων
ῥίμφα κυλινδομένων, ἧος πεδίονδ᾿ ἀφίκωνται,
ὣς οἳ ἐπ᾿ ἀλλήλοισι πέσον μέγα κεκλήγοντες.
πᾶσα δὲ Μυρμιδόνων τε πόλις κλειτή τ᾿ Ἰαωλκὸς
Ἄρνη τ᾿ ἠδ᾿ Ἑλίκη Ἄνθειά τε ποιήεσσα
φωνῇ ὑπ᾿ ἀμφοτέρων μεγάλ᾿ ἴαχον· οἳ δ᾿ ἀλαλητῷ
θεσπεσίῳ σύνισαν· μέγα δ᾿ ἔκτυπε μητίετα Ζεύς,
κὰδ δ᾿ ἄρ᾿ ἀπ᾿ οὐρανόθεν ψιάδας βάλεν αἱματοέσσας,
σῆμα τιθεὶς πολέμοιο ἑῷ μεγαθαρσέι παιδί.
οἷος δ᾿ ἐν βήσσῃς ὄρεος χαλεπὸς προϊδέσθαι
κάπρος χαυλιόδων φρονέει [δὲ] θυμῷ μαχέσασθαι
ἀνδράσι θηρευτῇς, θήγει δέ τε λευκὸν ὀδόντα
δοχμωθείς, ἀφρὸς δὲ περὶ στόμα μαστιχόωντι
λείβεται, ὄσσε δέ οἱ πυρὶ λαμπετόωντι ἔικτον,
ὀρθὰς δ᾿ ἐν λοφιῇ φρίσσει τρίχας ἀμφί τε δειρήν·
τῷ ἴκελος Διὸς υἱὸς ἀφ᾿ ἱππείου θόρε δίφρου.
ἦμος δὲ χλοερῷ κυανόπτερος ἠχέτα τέττιξ
ὄζῳ ἐφεζόμενος θέρος ἀνθρώποισιν ἀείδειν
ἄρχεται, ᾧ τε πόσις καὶ βρῶσις θῆλυς ἐέρση,
καί τε πανημέριός τε καὶ ἠῷος χέει αὐδὴν
ἴδει ἐν αἰνοτάτῳ, ὅτε τε χρόα Σείριος ἄζει,

er unter den Unsterblichen wirklich gedemütigt worden, wenn er seine blutige Rüstung in meinen Händen zurückgelassen hätte.«

So sprach er, doch Kyknos, der mit einem guten Eschenspeer bewaffnet war, wollte überhaupt nicht auf ihn hören und die wagenziehenden Pferde zurückhalten. Da sprangen sie von ihren wohlgeflochtenen Wagenkästen sofort auf die Erde, der Sohn des großen Zeus und der Sohn des Enyalios, des Herrschers. Neben ihnen führten die Wagenlenker die schönhaarigen Pferde; als diese dahinstürmten, dröhnte unter ihren Füßen die weite Erde. Wie wenn vom hohen Gipfel eines großen Berges Felsbrocken abspringen und übereinander fallen – viele hochlaubige Eichen, viele Kiefern und weitwurzelnde Schwarzpappeln zerbrechen durch sie, weil sie schnell rollen, bis sie zur Ebene gelangen: So fielen diese unter lautem Geschrei übereinander her. Die ganze Stadt der Myrmidonen, das berühmte Iolkos, Arne, Helike und das grasreiche Antheia dröhnten durch die Stimmen der beiden laut. Mit übermenschlichem Gebrüll gerieten sie aneinander. Laut donnerte der Planer Zeus und schleuderte Blutstropfen vom Himmel herunter, womit er seinem überaus mutigen Sohn ein Zeichen für den Kampf gab. Wie sich in Gebirgstälern der schwer sichtbare, zähnezeigende Eber im Herzen entscheidet, den Kampf gegen die jagenden Männer aufzunehmen, und zur Seite gewandt seinen weißen Zahn wetzt; Schaum tropft ihm, während er mit den Zähnen knirscht, rund um das Maul herunter, seine beiden Augen gleichen einem leuchtenden Feuer, und er lässt seine Kammhaare am Nacken aufrecht stehen: Diesem ähnlich sprang der Sohn des Zeus vom Pferdewagen. Zu der Zeit, wenn die dunkelflüglige, zirpende Zikade auf einem grünen Ast sitzt und für die Menschen den Sommer zu singen beginnt, sie, die als Speise und Trank nährenden Tau hat und die den ganzen Tag und schon am frühen Morgen ihre Stimme weithin hören lässt in der grässlichsten Hitze, wenn der Hundsstern die

τῆμος δὴ κέγχροισι πέρι γλῶχες τελέθουσι
τούς τε θέρει σπείρουσιν, ὅτ' ὄμφακες αἰόλλονται,
οἷα Διώνυσος δῶκ' ἀνδράσι χάρμα καὶ ἄχθος·
τὴν ὥρην μάρναντο, πολὺς δ' ὀρυμαγδὸς ὀρώρει.
ὡς δὲ λέοντε δύω ἀμφὶ κταμένης ἐλάφοιο
ἀλλήλοις κοτέοντες ἐπὶ σφέας ὁρμήσωσι,
δεινὴ δέ σφ' ἰαχὴ ἄραβός θ' ἅμα γίνετ' ὀδόντων·
οἳ δ' ὥς τ' αἰγυπιοὶ γαμψώνυχες, ἀγκυλοχῆλαι,
πέτρῃ ἐφ' ὑψηλῇ μεγάλα κλάζοντε μάχωνται
αἰγὸς ὀρεσσινόμου ἢ ἀγροτέρης ἐλάφοιο
πίονος, ἥν τ' ἐδάμασσε βαλὼν αἰζήιος ἀνὴρ
ἰῷ ἀπὸ νευρῆς, αὐτὸς δ' ἀπαλήσεται ἄλλῃ
χώρου ἄιδρις ἐών· οἳ δ' ὀτραλέως ἐνόησαν,
ἐσσυμένως δέ οἱ ἀμφὶ μάχην δριμεῖαν ἔθεντο·
ὣς οἳ κεκλήγοντες ἐπ' ἀλλήλοισιν ὄρουσαν.
ἔνθ' ἦ τοι Κύκνος μέν, ὑπερμενέος Διὸς υἱὸν
κτεινέμεναι μεμαώς, σάκει ἔμβαλε χάλκεον ἔγχος,
οὐδ' ἔρρηξεν χαλκός, ἔρυτο δὲ δῶρα θεοῖο·
Ἀμφιτρυωνιάδης δέ, βίη Ἡρακληείη,
μεσσηγὺς κόρυθός τε καὶ ἀσπίδος ἔγχεϊ μακρῷ
αὐχένα γυμνωθέντα θοῶς ὑπένερθε γενείου
ἤλασ' ἐπικρατέως, ἀπὸ δ' ἄμφω κέρσε τένοντε
ἀνδροφόνος μελίη· μέγα γὰρ σθένος ἔμπεσε φωτός.
ἤριπε δ', ὡς ὅτε τις δρῦς ἤριπεν ἢ ὅτε πεύκη
ἠλίβατος, πληγεῖσα Διὸς ψολόεντι κεραυνῷ·
ὣς ἔριπ', ἀμφὶ δέ οἱ βράχε τεύχεα ποικίλα χαλκῷ.
  Τὸν μὲν ἔπειτ' εἴασε Διὸς ταλακάρδιος υἱός,
αὐτὸς δὲ βροτολοιγὸν Ἄρην προσιόντα δοκεύσας,
δεινὸν ὁρῶν ὄσσοισι, λέων ὣς σώματι κύρσας,
ὅς τε μάλ' ἐνδυκέως ῥινὸν κρατεροῖς ὀνύχεσσι
σχίσσας ὅττι τάχιστα μελίφρονα θυμὸν ἀπηύρα·
ἐμ μένεος δ' ἄρα τοῦ γε κελαινὸν πίμπλαται ἦτορ·

Haut austrocknet, zu der Zeit wachsen Grannen um die Hirseähren, die sie im Sommer säen, wenn die unreifen Trauben lebendig schimmern – das schenkte Dionysos den Menschen zur Freude und Last: In dieser Jahreszeit kämpften sie, und mächtiger Lärm erhob sich. Wie zwei Löwen, die um eine getötete Hirschkuh in Wut aufeinander entbrannt sind, gegeneinander losstürmen, schrecklich zu brüllen und zugleich mit den Zähnen zu knirschen beginnen; wie die Bartgeier krallenkrümmend, krummklauig, auf einem hohen Felsen laut kreischend um eine in den Bergen weidende Ziege oder eine wilde Hirschkuh kämpfen, eine fette, die ein kraftvoller Mann getroffen und mit einem Pfeil von seiner Sehne überwältigt hat – er selbst wird sich anderswohin verirren, da er ortsunkundig ist, sie aber haben es gleich bemerkt und voller Eifer einen heftigen Kampf darum eröffnet: So schrien sie und stürzten aufeinander zu. Da schleuderte Kyknos tatsächlich, begierig, den Sohn des übermächtigen Zeus zu töten, seinen bronzenen Speer gegen den Schild, doch die Bronze zerschmetterte ihn nicht: Es schützte ihn das Geschenk des Gottes. Der Sohn des Amphitryon aber, der kräftige Herakles, traf mit seinem langen Speer den ungedeckten Nacken zwischen Helm und Schild unterhalb des Kinns, schnell und heftig; beide Sehnen durchschnitt die männertötende Esche. Denn die große Kraft des Mannes prallte auf ihn. Er stürzte, wie wenn eine Eiche stürzt oder eine Kiefer, eine hochragende, die vom rauchigen Blitz des Zeus getroffen wird: So stürzte er, und um ihn herum krachte die mit Bronze verzierte Rüstung.

Dann ließ der hartnäckige Sohn des Zeus von ihm ab, hielt von sich aus nach dem angreifenden Ares, dem Menschenvernichter, Ausschau und blickte schrecklich mit seinen Augen – wie ein Löwe, der auf ein Beutetier trifft, sehr gierig die Haut mit seinen starken Krallen aufreißt und ihm möglichst schnell das honigsüße Leben raubt; mit Kraft füllt sich dann sein dunkles Herz; sei-

γλαυκιόων δ' ὄσσοις δεινὸν πλευράς τε καὶ ὤμους
οὐρῇ μαστιόων ποσσὶν γλάφει, οὐδέ τις αὐτὸν
ἔτλη ἐς ἄντα ἰδὼν σχεδὸν ἐλθέμεν οὐδὲ μάχεσθαι·
τοῖος ἄρ' Ἀμφιτρυωνιάδης, ἀκόρητος ἀυτῆς,
ἀντίος ἔστη Ἄρηος, ἐνὶ φρεσὶ θάρσος ἀέξων,
ἐσσυμένως· ὃ δέ οἱ σχεδὸν ἤλυθεν ἀχνύμενος κῆρ.
ἀμφότεροι δ' ἰάχοντες ἐπ' ἀλλήλοισιν ὄρουσαν.
ὡς δ' ὅτ' ἀπὸ μεγάλου πέτρη πρηῶνος ὀρούσῃ,
μακρὰ δ' ἐπιθρώσκουσα κυλίνδεται, ἣ δέ τε ἠχῇ
ἔρχεται ἐμμεμαυῖα· πάγος δέ οἱ ἀντεβόλησεν
ὑψηλός, τῷ δὴ συνενείκεται, ἔνθα μιν ἴσχει·
τὼς ⟨ἄρ'⟩ ὃ μὲν ἰαχῇ βρισάρματος οὔλιος Ἄρης
κεκληγὼς ἐπόρουσεν, ὃ δ' ἐμμαπέως ὑπέδεκτο.
αὐτὰρ Ἀθηναίη, κούρη Διὸς αἰγιόχοιο,
ἀντίη ἦλθεν Ἄρηος ἐρεμνὴν αἰγίδ' ἔχουσα·
δεινὰ δ' ὑπόδρα ἰδοῦσ' ἔπεα πτερόεντα προσηύδα·
"Ἆρες, ἔπισχε μένος κρατερὸν καὶ χεῖρας ἀάπτους·
οὐ γάρ τοι θέμις ἐστὶν ἀπὸ κλυτὰ τεύχεα δῦσαι
Ἡρακλέα κτείναντα, Διὸς θρασυκάρδιον υἱόν·
ἀλλ' ἄγε παῦε μάχης, μηδ' ἀντίος ἵστασ' ἐμεῖο."
Ὣς ἔφατ'· ἀλλ' οὐ πεῖθ' Ἄρεος μεγαλήτορα θυμόν,
ἀλλὰ μέγα ἰάχων, φλογὶ εἴκελα τεύχεα πάλλων
καρπαλίμως ἐπόρουσε βίῃ Ἡρακληείῃ
κακκτάμεναι μεμαώς· καί ῥ' ἔμβαλε χάλκεον ἔγχος,
σπερχνὸν παιδὸς ἑοῦ κοτέων περὶ τεθνηῶτος,
ἐν σάκεϊ μεγάλῳ. ἀπὸ δὲ γλαυκῶπις Ἀθήνη
ἔγχεος ὁρμὴν ἔτραπ' ὀρεξαμένη ἀπὸ δίφρου.
δριμὺ δ' Ἄρη' ἄχος εἷλεν· ἐρυσσάμενος δ' ἄορ ὀξὺ
ἔσσυτ' ἐφ' Ἡρακλέα κρατερόφρονα· τὸν δ' ἐπιόντα
Ἀμφιτρυωνιάδης, δεινῆς ἀκόρητος ἀυτῆς,
μηρὸν γυμνωθέντα σάκευς ὑπὸ δαιδαλέοιο

ne Augen leuchten schrecklich, seine Flanken und Schultern peitscht er mit dem Schwanz, scharrt mit den Füßen, und keiner, der ihm entgegenschaut, wagt es, sich ihm zu nähern und mit ihm zu kämpfen: So also stellte sich der Sohn des Amphitryon, der nie genug hat vom Kriegsgeschrei, Ares entgegen und steigerte in seinem Herzen den Mut, [435] voller Eifer; dieser näherte sich ihm, in der Seele betrübt. Beide brüllten und stürzten sich aufeinander. Wie wenn ein Felsen von einer großen Bergspitze stürzt – weite Sprünge macht er, rollt und bewegt sich mit Getöse drängend fort; ein Hügel kommt ihm in den Weg, [440] ein hoher, mit dem er zusammenprallt und wo er aufgehalten wird: So also stürzte sich der wagenbiegende, vernichtende Ares mit lautem Gebrüll auf ihn; der aber erwartete ihn entschlossen. Doch Athene, die Tocher des ägishaltenden Zeus, ging Ares entgegen, ihre finstere Ägis haltend. [445] Schrecklich von unten blickend sprach sie die geflügelten Worte:

»Ares, halte deine gewaltige Kraft und deine unbezwingbaren Hände zurück. Denn es ist dir nicht gestattet, Herakles zu töten und ihm die berühmte Rüstung auszuziehen, dem beherzten Sohn des Zeus. Jetzt aber auf, beende den Kampf und stelle dich mir nicht entgegen.«

[450] So sprach sie, aber es gelang ihr nicht, die hochherzige Seele des Ares zu überzeugen, sondern laut brüllend, die flammengleichen Waffen schwingend, stürzte er sich ungestüm auf den kräftigen Herakles, begierig zu töten: Er schleuderte seinen bronzenen Speer, weil er in rasender Wut war über den Tod seines Sohnes, [455] gegen den großen Schild. Aber die helläugige Athene wandte die Wucht des Speers ab, indem sie sich aus dem Wagenkasten streckte. Heftige Enttäuschung packte Ares, er zückte sein scharfes Schwert und eilte auf den unerschrockenen Herakles zu. Bei dessen Angriff verwundete der Sohn des Amphitryon, der nie genug hat vom schrecklichen Kriegsgeschrei, [460] ihn schwer am

οὔτασ' ἐπικρατέως· διὰ δὲ μέγα σαρκὸς ἄραξε
δούρατι νωμήσας, ἐπὶ δὲ χθονὶ κάββαλε μέσσῃ.
τῷ δὲ Φόβος καὶ Δεῖμος ἐύτροχον ἅρμα καὶ ἵππους
ἤλασαν αἶψ' ἐγγύς, καὶ ἀπὸ χθονὸς εὐρυοδείης
ἐς δίφρον θῆκαν πολυδαίδαλον· αἶψα δ' ἔπειτα
ἵππους μαστιέτην, ἵκοντο δὲ μακρὸν Ὄλυμπον.
υἱὸς δ' Ἀλκμήνης καὶ κυδάλιμος Ἰόλαος
Κύκνον σκυλεύσαντες ἀπ' ὤμων τεύχεα καλὰ
νίσοντ'· αἶψα δ' ἔπειτα πόλιν Τρηχῖνος ἵκοντο
ἵπποις ὠκυπόδεσσιν. ἀτὰρ γλαυκῶπις Ἀθήνη
ἐξίκετ' Οὔλυμπόν τε μέγαν καὶ δώματα πατρός.
Κύκνον δ' αὖ Κήυξ θάπτεν καὶ λαὸς ἀπείρων,
οἵ ῥ' ἐγγὺς ναῖον πόλιος κλειτοῦ βασιλῆος,
Ἄνθην Μυρμιδόνων τε πόλιν κλειτήν τ' Ἰαωλκὸν
Ἄρνην τ' ἠδ' Ἑλίκην· πολλὸς δ' ἠγείρετο λαός,
τιμῶντες Κήυκα, φίλον μακάρεσσι θεοῖσιν.
τοῦ δὲ τάφον καὶ σῆμ' ἀιδὲς ποίησεν Ἄναυρος
ὄμβρῳ χειμερίῳ πλήθων· τὼς γάρ μιν Ἀπόλλων
Λητοΐδης ἤνωξ', ὅτι ῥα κλειτὰς ἑκατόμβας
ὅστις ἄγοι Πυθοῖδε βίῃ σύλασκε δοκεύων.

Schenkel, wo er unter dem kunstvollen Schild ungedeckt war. Gewaltig durchschlug er das Fleisch, nachdem er den Speer geschwungen hatte, und streckte ihn mitten auf die Erde nieder. Ihm lenkten die Götter der Angst und des Schreckens den schönrädrigen Wagen und die Pferde rasch in die Nähe, und sie hoben ihn vom breitwegigen Boden [465] auf den sehr kunstvollen Wagenkasten. Rasch peitschten sie dann die Pferde und gelangten zum hohen Olymp. Der Sohn der Alkmene und der berühmte Iolaos raubten Kyknos die schöne Rüstung von seinen Schultern und entfernten sich. Rasch gelangten sie dann in die Stadt Trachis [470] mit ihren schnellfüßigen Pferden. Die helläugige Athene ging zum großen Olymp und zum Haus ihres Vaters. Den Kyknos bestattete Keyx und eine große Volksmenge, die in der Nähe der Stadt des berühmten Königs wohnte: in Antheia, der Stadt der Myrmidonen, im berühmten Iolkos, [475] in Arne und in Helike. Viel Volk versammelte sich, Keyx Ehre erweisend, dem Freund der glückseligen Götter. Kyknos' Grab und Grabmal aber machte Anauros unsichtbar, der wegen des Winterregens angeschwollen war. Denn so hatte es ihm Apollon, der Leto-Sohn, befohlen, weil Kyknos immer nach allen, die mächtige Hundertopfer [480] nach Pytho brachten, Ausschau gehalten und sie gewaltsam ausgeraubt hatte.

Übersetzung: Fabian Zogg

ΜΟΣΧΟΥ ΕΥΡΩΠΗ

Εὐρώπῃ ποτὲ Κύπρις ἐπὶ γλυκὺν ἧκεν ὄνειρον,
νυκτὸς ὅτε τρίτατον λάχος ἵσταται ἐγγύθι δ' ἠώς,
ὕπνος ὅτε γλυκίων μέλιτος βλεφάροισιν ἐφίζων
λυσιμελὴς πεδάᾳ μαλακῷ κατὰ φάεα δεσμῷ,
εὖτε καὶ ἀτρεκέων ποιμαίνεται ἔθνος ὀνείρων.
τῆμος ὑπωροφίοισιν ἐνὶ κνώσσουσα δόμοισι
Φοίνικος θυγάτηρ ἔτι παρθένος Εὐρώπεια
ὠΐσατ' ἠπείρους δοιὰς περὶ εἷο μάχεσθαι,
Ἀσίδα τ' ἀντιπέρην τε· φυὴν δ' ἔχον οἷα γυναῖκες.
τῶν δ' ἣ μὲν ξείνης μορφὴν ἔχεν, ἣ δ' ἄρ' ἐῴκει
ἐνδαπίῃ, καὶ μᾶλλον ἑῆς περιίσχετο κούρης,
φάσκεν δ' ὥς μιν ἔτικτε καὶ ὡς ἀτίτηλέ μιν αὐτή.
ἡ δ' ἑτέρη κρατερῇσι βιωομένη παλάμῃσιν
εἴρυεν οὐκ ἀέκουσαν, ἐπεὶ φάτο μόρσιμον εἷο
ἐκ Διὸς αἰγιόχου γέρας ἔμμεναι Εὐρώπειαν.
ἣ δ' ἀπὸ μὲν στρωτῶν λεχέων θόρε δειμαίνουσα,
παλλομένη κραδίην· τὸ γὰρ ὡς ὕπαρ εἶδεν ὄνειρον.
ἑζομένη δ' ἐπὶ δηρὸν ἀκὴν ἔχεν, ἀμφοτέρας δέ
εἰσέτι πεπταμένοισιν ἐν ὄμμασιν εἶχε γυναῖκας.
ὀψὲ δὲ δειμαλέην ἀνενείκατο παρθένος αὐδήν·
"τίς μοι τοιάδε φάσματ' ἐπουρανίων προΐηλεν;
ποιοί με στρωτῶν λεχέων ὕπερ ἐν θαλάμοισιν
ἡδὺ μάλα κνώσσουσαν ἀνεπτοίησαν ὄνειροι;
τίς δ' ἦν ἡ ξείνη τὴν εἴσιδον ὑπνώουσα;
ὥς μ' ἔλαβε κραδίην κείνης πόθος, ὥς με καὶ αὐτή
ἀσπασίως ὑπέδεκτο καὶ ὡς σφετέρην ἴδε παῖδα.
ἀλλά μοι εἰς ἀγαθὸν μάκαρες κρήνειαν ὄνειρον."

MOSCHOS, EUROPA

Der Europa sandte einst Kypris einen süßen Traum, gerade als der dritte Abschnitt der Nacht begann und die Morgenröte nah war, als Schlaf, süßer als Honig, auf den Lidern ruhte und entspannend mit sanftem Band die Augen fesselte, [5] zu der Zeit, zu der auch der Schwarm der zuverlässigen Träume unterwegs ist. Da glaubte Europa, des Phoinix Tochter, noch Jungfrau, die im obersten Stock des Palastes schlummerte, zwei Kontinente zu sehen, die um sie stritten: Asien und die gegenüberliegende Küste: Sie hatten eine Gestalt wie die von Frauen. [10] Die eine von ihnen schien ihrem Äußeren nach eine Fremde zu sein, die andere glich einer Einheimischen; und die hielt ihre Tochter Europa fester umschlungen und sprach davon, dass sie sie geboren und sie selbst aufgezogen habe. Die andere aber riss sie, ohne dass die sich wehrte, mit kräftigen Händen gewaltsam an sich und rechtfertigte das damit, [15] dass Europa ein für sie vom Schicksal bestimmtes Ehrengeschenk des ägishaltenden Zeus sei. Da fuhr diese von ihrem ausgebreiteten Lager auf, voll Angst, mit klopfendem Herzen: Den Traum nämlich hatte sie wie Wirklichkeit wahrgenommen. Lange blieb sie sitzen und verharrte in tiefem Schweigen, hatte da noch immer die beiden Frauen in ihren aufgerissenen Augen. [20] Spät erst erhob das Mädchen seine ängstliche Stimme: »Wer von den himmlischen Göttern hat mir solche Zeichen geschickt? Was für Träume haben mich aufgeschreckt, als ich auf dem ausgebreiteten Lager im Schlafgemach so sanft geschlummert habe? Wer nur war diese Fremde, die ich im Schlaf gesehen habe? [25] Wie hat Verlangen nach ihr mein Herz ergriffen! Wie hat sie mich auch selbst liebevoll empfangen und mich als ihr eigenes Kind betrachtet! – Aber: Mögen die Götter mir den Traum zum Guten wenden!«

Ὣς εἰποῦσ᾽ ἀνόρουσε, φίλας δ᾽ ἐπεδίζεθ᾽ ἑταίρας
ἥλικας οἰέτεας θυμήρεας εὐπατερείας
τῇσιν ἀεὶ συνάθυρεν ὅτ᾽ ἐς χορὸν ἐντύνοιτο
ἢ ὅτε φαιδρύνοιτο χρόα προχοῇσιν ἀναύρων
ἢ ὁπότ᾽ ἐκ λειμῶνος εὔπνοα λείρι᾽ ἀμέργοι.
αἳ δέ οἱ αἶψα φάανθεν, ἔχον δ᾽ ἐν χερσὶν ἑκάστη
ἀνθοδόκον τάλαρον· ποτὶ δὲ λειμῶνας ἔβαινον
ἀγχιάλους, ὅθι τ᾽ αἰὲν ὁμιλαδὸν ἠγερέθοντο
τερπόμεναι ῥοδέῃ τε φυῇ καὶ κύματος ἠχῇ.
αὐτὴ δὲ χρύσεον τάλαρον φέρεν Εὐρώπεια
θηητόν, μέγα θαῦμα, μέγαν πόνον Ἡφαίστοιο
ὃν Λιβύῃ πόρε δῶρον ὅτ᾽ ἐς λέχος Ἐννοσιγαίου
ἤιεν· ἣ δὲ πόρεν περικαλλέι Τηλεφαάσσῃ,
ἥτε οἱ αἵματος ἔσκεν· ἀνύμφῳ δ᾽ Εὐρωπείῃ
μήτηρ Τηλεφάασσα περικλυτὸν ὤπασε δῶρον.
ἐν τῷ δαίδαλα πολλὰ τετεύχατο μαρμαίροντα·
ἐν μὲν ἔην χρυσοῖο τετυγμένη Ἰναχὶς Ἰὼ
εἰσέτι πόρτις ἐοῦσα, φυὴν δ᾽ οὐκ εἶχε γυναίην.
φοιταλέη δὲ πόδεσσιν ἐφ᾽ ἁλμυρὰ βαῖνε κέλευθα
νηχομένῃ ἰκέλη, κυάνου δ᾽ ἐτέτυκτο θάλασσα·
δοιοῦ δ᾽ ἕστασαν ὑψοῦ ἐπ᾽ ὀφρύσιν αἰγιαλοῖο
φῶτες ἀολλήδην θηεῦντο δὲ ποντοπόρον βοῦν.
ἐν δ᾽ ἦν Ζεὺς Κρονίδης ἐπαφώμενος ἠρέμα χερσί
πόρτιος Ἰναχίης τήν θ᾽ ἑπταπόρῳ παρὰ Νείλῳ
ἐκ βοὸς εὐκεράοιο πάλιν μετάμειβε γυναῖκα.
ἀργύρεος μὲν ἔην Νείλου ῥόος, ἡ δ᾽ ἄρα πόρτις
χαλκείη, χρυσοῦ δὲ τετυγμένος αὐτὸς ἔην Ζεύς.
ἀμφὶ δὲ δινήεντος ὑπὸ στεφάνην ταλάροιο
Ἑρμείης ἤσκητο, πέλας δέ οἱ ἐκτετάνυστο
Ἄργος ἀκοιμήτοισι κεκασμένος ὀφθαλμοῖσι.
τοῖο δὲ φοινήεντος ἀφ᾽ αἵματος ἐξανέτελλεν

So sprach sie, sprang rasch auf und machte sich auf die Suche nach ihren lieben Freundinnen – alle von gleichem Alter, alle im gleichen Jahr geboren, alle ihrem Herz nah und alle aus gutem Hause, mit denen zusammen sie immer scherzte, wenn sie sich für den Tanz vorbereitete, wenn sie sich in den Wassern der Bergbäche wusch oder sooft sie von der Wiese süßduftende Lilien pflückte. Die Freundinnen erschienen schnell bei ihr, jede mit einem blumenbergenden Korb in der Hand: Miteinander liefen sie zu den Wiesen nah am Meer, wo sie sich immer alle zusammenfanden, Rosenblüte und Wogenrauschen genießend. Europa selbst trug einen goldenen Korb, einen ganz besonders schönen, ein wahres Wunder, ein Meisterwerk des Hephaistos, das dieser der Libye als Geschenk überlassen hatte, als sie sich ins Bett des Erderschütterers legte; die wiederum hatte ihn der wunderschönen Telephaassa überlassen, die ja mit ihr verwandt war; und der noch unverheirateten Europa hatte ihre Mutter Telephaassa das hochberühmte Geschenk weitergegeben. Auf ihm waren viele schimmernde Kunstwerke gestaltet: Da war – aus Gold gearbeitet – die Inachos-Tochter Io, als sie noch ein Kalb war und keine Frauengestalt hatte. Herumirrend bewegte sie sich mit ihren Füßen auf salzigen Wegen, einer Schwimmenden gleich; aus blauem Email war das Meer gearbeitet. Und hoch oben auf den Hügelrändern beider Ufer standen dichtgedrängt Männer und schauten neugierig auf das Rind, das durchs Meer lief. Da war Zeus, der Kronide, wie er sanft mit den Händen das Inachos-Kalb berührte und es am Nildelta mit seinen sieben Mündungen aus einem Rind mit schönem Gehörn wieder zurückverwandelte in eine Frau. Aus Silber war der Nilstrom, das Kalb aus Bronze, und aus Gold gearbeitet war Zeus selbst. Ringsum aber unter dem Rand des runden Korbes war Hermes gestaltet, und nah bei ihm lag hingestreckt Argos, ausgestattet mit Augen ohne Schlaf; aus seinem roten Blut erhob sich ein Vogel, geschmückt mit der

ὄρνις ἀγαλλόμενος πτερύγων πολυανθέι χροιῇ,
τὰς ὅ γ' ἀναπλώσας ὡσεί τέ τις ὠκύαλος νηῦς
χρυσείου ταλάροιο περίσκεπε χείλεα ταρσοῖς.
τοῖος ἔην τάλαρος περικαλλέος Εὐρωπείης.
Αἳ δ' ἐπεὶ οὖν λειμῶνας ἐς ἀνθεμόεντας ἵκανον,
ἄλλη ἐπ' ἀλλοίοισι τότ' ἄνθεσι θυμὸν ἔτερπον.
τῶν ἣ μὲν νάρκισσον ἐύπνοον, ἣ δ' ὑάκινθον,
ἣ δ' ἴον, ἣ δ' ἕρπυλλον ἀπαίνυτο· πολλὰ δ' ἔραζε
λειμώνων ἐαροτρεφέων θαλέθεσκε πέτηλα.
αἳ δ' αὖτε ξανθοῖο κρόκου θυόεσσαν ἔθειραν
δρέπτον ἐριδμαίνουσαι· ἀτὰρ μέσσῃσιν ἄνασσα
ἀγλαΐην πυρσοῖο ῥόδου χείρεσσι λέγουσα
οἷά περ ἐν Χαρίτεσσι διέπρεπεν Ἀφρογένεια.
Οὐ μὲν δηρὸν ἔμελλεν ἐπ' ἄνθεσι θυμὸν ἰαίνειν,
οὐδ' ἄρα παρθενίην μίτρην ἄχραντον ἔρυσθαι.
ἦ γὰρ δὴ Κρονίδης ὥς μιν φράσαθ' ὣς ἐόλητο
θυμὸν ἀνωίστοισιν ὑποδμηθεὶς βελέεσσι
Κύπριδος, ἣ μούνη δύναται καὶ Ζῆνα δαμάσσαι.
δὴ γὰρ ἀλευόμενός τε χόλον ζηλήμονος Ἥρης
παρθενικῆς τ' ἐθέλων ἀταλὸν νόον ἐξαπατῆσαι
κρύψε θεὸν καὶ τρέψε δέμας καὶ γείνετο ταῦρος,
οὐχ οἷος σταθμοῖς ἐνιφέρβεται, οὐδὲ μὲν οἷος
ὦλκα διατμήγει σύρων εὐκαμπὲς ἄροτρον,
οὐδ' οἷος ποίμνῃς ἔπι βόσκεται, οὐδὲ μὲν οἷος
ζεύγλῃ ὑποδμηθεὶς ἐρύει πολύφορτον ἀπήνην.
τοῦ δή τοι τὸ μὲν ἄλλο δέμας ξανθόχροον ἔσκε,
κύκλος δ' ἀργύφεος μέσσῳ μάρμαιρε μετώπῳ,
ὄσσε δ' ὑπογλαύσσεσκε καὶ ἵμερον ἀστράπτεσκεν.
ἶσά τ' ἐπ' ἀλλήλοισι κέρα ἀνέτελλε καρήνου

kräftigblühenden Farbe seiner Flügel; die breitete er aus wie ein schnelldahinsegelndes Schiff und umfasste so die Umrandung des goldenen Korbes mit seinem Gefieder. Von dieser Art war der Korb der wunderschönen Europa.

Als sie nun auf die blumenübersäten Wiesen kamen, da freute sich jede von Herzen über ganz unterschiedliche Blumen. Die eine von ihnen pflückte gut riechende Narzissen, die andere Hyazinthen, eine dritte Veilchen, eine vierte Thymian – viele Blumen waren da frisch auf dem Boden der frühlingsgenährten Wiesen erblüht. Wieder andere brachen in freundschaftlichem Wettstreit die duftenden Blütendolden des gelben Safran. Mitten unter ihnen aber stach hervor die Herrin Europa, die die Pracht der feuerfarbenen Rosen mit ihren Händen sammelte – wie unter den Grazien Aphrogeneia.

Doch nicht mehr lange sollte sie sich von Herzen über Blumen freuen und auch nicht lange mehr ihren Jungfrauengürtel makellos bewahren. Denn wahrhaftig: Kaum hatte der Kronide sie erblickt, war er im Herzen getroffen, bezwungen von den unvorhergesehenen Geschossen der Kypris, die als Einzige auch den Zeus zu bezwingen vermag. Um dem Zorn der eifersüchtigen Hera aus dem Weg zu gehen und mit der Absicht, das junge Mädchen in seiner Unerfahrenheit zu überlisten, verbarg er seine Gottesnatur, veränderte sein Aussehen und wurde ein Stier – freilich nicht so einer, wie er in Ställen gemästet wird, nicht auch wie der, der einen kunstvoll gebogenen Pflug schleppt und Furchen zieht, noch so einer, wie er bei der Herde weidet, und auch nicht wie einer, der vom Joch bezwungen einen schwerbeladenen Wagen zieht. Ganz anders er: Sein Äußeres war hauptsächlich durch sein hellbraunes Fell bestimmt, nur ein silberglänzender Kreis schimmerte mitten auf der Stirn, darunter leuchteten die Augen hervor und blitzten unentwegt Verlangen. Gleichmäßig und einander gegenüber wuchsen aus seinem Kopf Hörner in der Form eines

ἄντυγος ἡμιτόμου κεραῆς ἅτε κύκλα σελήνης.
ἤλυθε δ᾽ ἐς λειμῶνα καὶ οὐκ ἐφόβησε φαανθείς
παρθενικάς, πάσῃσι δ᾽ ἔρως γένετ᾽ ἐγγὺς ἱκέσθαι
ψαῦσαί θ᾽ ἱμερτοῖο βοὸς τοῦ τ᾽ ἄμβροτος ὀδμή
τηλόθι καὶ λειμῶνος ἐκαίνυτο λαρὸν ἀυτμήν.
στῆ δὲ ποδῶν προπάροιθεν ἀμύμονος Εὐρωπείης
καί οἱ λιχμάζεσκε δέρην, κατέθελγε δὲ κούρην.
ἣ δέ μιν ἀμφαφάασκε καὶ ἠρέμα χείρεσιν ἀφρόν
πολλὸν ἀπὸ στομάτων ἀπομόργνυτο καὶ κύσε ταῦρον.
αὐτὰρ ὃ μειλίχιον μυκήσατο· φαιό κεν αὐλοῦ
Μυγδονίου γλυκὺν ἦχον ἀνηπύοντος ἀκούειν·
ὤκλασε δὲ πρὸ ποδοῖιν ἐδέρκετο δ᾽ Εὐρώπειαν
αὐχέν᾽ ἐπιστρέψας καί οἱ πλατὺ δείκνυε νῶτον.
ἣ δὲ βαθυπλοκάμοισι μετέννεπε παρθενικῇσι·
“δεῦθ᾽, ἑτάραι φίλιαι καὶ ὁμήλικες, ὄφρ᾽ ἐπὶ τῷδε
ἑζόμεναι ταύρῳ τερπώμεθα· δὴ γὰρ ἁπάσας
νῶτον ὑποστορέσας ἀναδέξεται, οἷά τ᾽ ἐνηής
πρηύς τ᾽ εἰσιδέειν καὶ μείλιχος· οὐδέ τι ταύροις
ἄλλοισι προσέοικε, νόος δέ οἱ ἠύτε φωτός
αἴσιμος ἀμφιθέει, μούνης δ᾽ ἐπιδεύεται αὐδῆς.”
  Ὣς φαμένη νώτοισιν ἐφίζανε μειδιόωσα,
αἱ δ᾽ ἄλλαι μέλλεσκον, ἄφαρ δ᾽ ἀνεπήλατο ταῦρος,
ἣν θέλεν ἁρπάξας, ὠκὺς δ᾽ ἐπὶ πόντον ἵκανεν.
ἣ δὲ μεταστρεφθεῖσα φίλας καλέεσκεν ἑταίρας
χεῖρας ὀρεγνυμένη, ταὶ δ᾽ οὐκ ἐδύναντο κιχάνειν.
ἀκτάων δ᾽ ἐπιβὰς πρόσσω θέεν ἠύτε δελφίς,
χηλαῖς ἀβρεκτοῖσιν ἐπ᾽ εὐρέα κύματα βαίνων.
ἡ δὲ τότ᾽ ἐρχομένοιο γαληνιάασκε θάλασσα,
κήτεα δ᾽ ἀμφὶς ἄταλλε Διὸς προπάροιθε ποδοῖιν,
γηθόσυνος δ᾽ ὑπὲρ οἶδμα κυβίστεε βυσσόθε δελφίς.
Νηρεΐδες δ᾽ ἀνέδυσαν ὑπὲξ ἁλός, αἳ δ᾽ ἄρα πᾶσαι

Halbkreises – wie die Rundung des gehörnten Mondes. Er trat auf die Wiese, ohne durch sein Erscheinen die Mädchen zu erschrecken, vielmehr regte sich in allen das Verlangen, ihm nahezukommen und den hinreißenden Stier anzufassen: Sein göttlicher Geruch übertraf sogar von Weitem den süßen Duft der Wiese. Halt machte der Stier vor den Füßen von Europa, dem Mädchen ohne Fehl und Tadel, und leckte ihm immer wieder zart den Nacken – so verzauberte er es. Es kraulte ihn überall, wischte ihm sanft mit den Händen den vielen Schaum vom Mund ab und küsste den Stier; der aber begann darauf, zart zu muhen – man hätte meinen können, eine mygdonische Flöte zu hören, die einen süßen Ton von sich gibt. Der Stier beugte sich zu ihren Füßen nieder, schaute Europa tief in die Augen, wandte ihr dann den Nacken zu und präsentierte ihr seinen breiten Rücken. Die aber sprach inmitten der dichtgelockten Mädchen: »Hierher, meine lieben jungen Freundinnen, damit wir es genießen können, auf diesem Stier zu reiten! Er hat ja seinen Rücken niedergebeugt, wird uns alle aufsitzen lassen, ist er doch freundlich, sanft anzuschauen und zärtlich; er sieht auch gar nicht aus wie andere Stiere, vielmehr umgibt ihn eine Aura von verständigem Sinn, ganz wie die eines Menschen; ihm fehlt nur die Stimme.«

So sprach sie und setzte sich lächelnd auf seinen Rücken; das wollten die anderen ihr nachtun, doch da sprang der Stier auf, riss mit sich die, auf die er es abgesehen hatte, und lief schnell zum Meer. Sie drehte sich noch um, rief immer wieder nach ihren lieben Freundinnen, die Arme nach ihnen ausgestreckt, die aber konnten sie nicht einholen. Als er das Ufer erreichte, schnellte er vorwärts wie ein Delfin, trockenen Hufes über die weiten Wogen laufend. Das Meer aber wurde da, als er kam, ganz ruhig; große Wassertiere tummelten sich ringsum vor den Füßen von Zeus, und über das Gewoge sprang fröhlich aus der Tiefe ein Delfin. Nereiden tauchten auf aus der Salzflut und bewegten sich, alle

κητείοις νώτοισιν ἐφήμεναι ἐστιχόωντο.
καὶ δ' αὐτὸς βαρύδουπος ὑπεὶρ ἅλα Ἐννοσίγαιος
κῦμα κατιθύνων ἁλίης ἡγεῖτο κελεύθου
αὐτοκασιγνήτῳ· τοὶ δ' ἀμφί μιν ἠγερέθοντο
Τρίτωνες, πόντοιο βαρύθροοι αὐλητῆρες,
κόχλοισιν ταναοῖς γάμιον μέλος ἠπύοντες.
ἣ δ' ἄρ' ἐφεζομένη Ζηνὸς βοέοις ἐπὶ νώτοις
τῇ μὲν ἔχεν ταύρου δολιχὸν κέρας, ἐν χερὶ δ' ἄλλῃ
εἴρυε πορφυρέην κόλπου πτύχα ὄφρά κε μή μιν
δεύοι ἐφελκόμενον πολιῆς ἁλὸς ἄσπετον ὕδωρ.
κολπώθη δ' ὤμοισι πέπλος βαθὺς Εὐρωπείης
ἱστίον οἷά τε νηὸς ἐλαφρίζεσκε δὲ κούρην.
ἣ δ' ὅτε δὴ γαίης ἄπο πατρίδος ἦεν ἄνευθεν,
φαίνετο δ' οὔτ' ἀκτή τις ἁλίρροθος οὔτ' ὄρος αἰπύ,
ἀλλ' ἀὴρ μὲν ὕπερθεν ἔνερθε δὲ πόντος ἀπείρων,
ἀμφί ἑ παπτήνασα τόσην ἀνενείκατο φωνήν·
"πῇ με φέρεις θεόταυρε; τίς ἔπλεο; πῶς δὲ κέλευθα
ἀργαλέ' εἰλιπόδεσσι διέρχεαι οὐδὲ θάλασσαν
δειμαίνεις; νηυσὶν γὰρ ἐπίδρομός ἐστι θάλασσα
ὠκυάλοις, ταῦροι δ' ἁλίην τρομέουσιν ἀταρπόν.
ποῖον σοὶ ποτὸν ἡδύ, τίς ἐξ ἁλὸς ἔσσετ' ἐδωδή;
ἦ ἄρα τις θεὸς ἐσσί; θεοῖς γ' ἐπεοικότα ῥέζεις.
οὔθ' ἅλιοι δελφῖνες ἐπὶ χθονὸς οὔτε τι ταῦροι
ἐν πόντῳ στιχόωσι, σὺ δὲ χθόνα καὶ κατὰ πόντον
ἄτρομος ἀίσσεις, χηλαὶ δέ τοί εἰσιν ἐρετμά.
ἦ τάχα καὶ γλαυκῆς ὑπὲρ ἠέρος ὑψόσ' ἀερθείς
εἴκελος αἰψηροῖσι πετήσεαι οἰωνοῖσιν.
ὤμοι ἐγὼ μέγα δή τι δυσάμμορος, ἥ ῥά τε δῶμα
πατρὸς ἀποπρολιποῦσα καὶ ἑσπομένη βοῒ τῷδε
ξείνην ναυτιλίην ἐφέπω καὶ πλάζομαι οἴη.
ἀλλὰ σύ μοι, μεδέων πολιῆς ἁλὸς Ἐννοσίγαιε,

auf dem Rücken großer Wassertiere sitzend, in Reih und Glied. [120] Und dumpftosend diente über die Salzflut hinweg der Erderschütterer selbst – die Wogen lenkend – auf salzigen Wegen dem eigenen Bruder als Führer. Um ihn herum aber sammelten sich Tritonen, die tieftönenden Flötenspieler des Meeres, und bliesen auf ihren langgestreckten Meerschneckenmuscheln das Hochzeitslied. [125] Währenddessen saß Europa auf des Zeus Rinderrücken, hielt sich mit der einen Hand am langen Horn des Stieres fest und hob in der anderen die Purpurfalten ihres Gewands zu einem Bausch hoch, damit das unermessliche Wasser der grauen Salzflut es nicht durchnässte, wenn es nachgezogen wurde: So blähte sich an den Schultern das Gewand Europas [130] wie ein Schiffssegel weit auf und machte das Mädchen leicht. Als sie nun weit entfernt von ihrem heimatlichen Land war – zu sehen war weder irgendeine salzflutumbrauste Küste noch ein steiler Berg, sondern nur Luft oben und unten das unendliche Meer –, da blickte sie um sich und erhob so ihre Stimme: [135] »Wohin bringst du mich, du Gottesstier? Wer bist du überhaupt? Wie schaffst du es nur, durchzukommen auf den Wegen, die für euch Schleppfüßler anstrengend sind, und zugleich das Meer nicht zu fürchten? Für Schiffe ist das Meer ja befahrbar, für schnelle; aber Stiere zittern doch vor dem Salzflutweg. Was für einen frischen Trank, welche Speise wirst du aus der Salzflut haben? [140] Oder bist du vielleicht ein Gott? Immerhin tust du ja, was zu Göttern passt: Delfine aus der Salzflut bewegen sich nicht auf dem Land, Stiere auch nicht im Meer! Du aber wieselst zu Lande und zu Wasser furchtlos herum: Hufe sind deine Ruder. Bald wirst du gewiss noch – über die blaue Luft in die Höhe gehoben – [145] wie schnelle Vögel fliegen. O weh, was bin ich für ein Riesenunglückskind, habe ich doch das Haus meines Vaters hinter mir gelassen, bin diesem Stier gefolgt, mache jetzt eine abenteuerliche Seefahrt und werde herumgewirbelt, allein! – Du aber, Herrscher über die graue Salzflut, Erd-

ἵλαος ἀντιάσειας, ὃν ἔλπομαι εἰσοράασθαι
τόνδε κατιθύνοντα πλόον προκέλευθον ἐμεῖο·
οὐκ ἀθεεὶ γὰρ ταῦτα διέρχομαι ὑγρὰ κέλευθα."
    Ὣς φάτο· τὴν δ' ὧδε προσεφώνεεν ἠύκερως βοῦς·
"θάρσει παρθενική· μὴ δείδιθι πόντιον οἶδμα.
αὐτός τοι Ζεύς εἰμι, κεὶ ἐγγύθεν εἴδομαι εἶναι
ταῦρος, ἐπεὶ δύναμαί γε φανήμεναι ὅττι θέλοιμι.
σὸς δὲ πόθος μ' ἀνέηκε τόσην ἅλα μετρήσασθαι
ταύρῳ ἐειδόμενον. Κρήτη δέ σε δέξεται ἤδη
ἥ μ' ἔθρεψε καὶ αὐτόν, ὅπῃ νυμφήια σεῖο
ἔσσεται· ἐξ ἐμέθεν δὲ κλυτοὺς φιτύσεαι υἷας
οἳ σκηπτοῦχοι ἅπαντες ἐπιχθονίοισιν ἔσονται."
    Ὣς φάτο· καὶ τετέλεστο τά περ φάτο. φαίνετο μὲν δή
Κρήτη, Ζεὺς δὲ πάλιν σφετέρην ἀνελάζετο μορφήν,
λῦσε δέ οἱ μίτρην, καί οἱ λέχος ἔντυον Ὧραι.
ἡ δὲ πάρος κούρη Ζηνὸς γένετ' αὐτίκα νύμφη,
καὶ Κρονίδῃ τέκε τέκνα καὶ αὐτίκα γίνετο μήτηρ.

erschütterer, begegne mir gnädig, du, den ich zu sehen hoffe als den Lenker auf dieser Schifffahrt, als meinen Wegbereiter. Denn ohne göttliche Hilfe komme ich nicht durch diese nassen Wege.«

So sprach sie; ihr aber entgegnete der Stier mit den schönen Hörnern: »Keine Angst, mein Mädchen; fürchte dich nicht vor dem Meeresgewoge. Ich bin ja Zeus selbst, auch wenn es sogar aus der Nähe so aussieht, als wäre ich ein Stier; denn ich kann als alles erscheinen, was ich will. Verlangen nach dir hat mich dazu gebracht, diese gewaltige Salzflut in der Gestalt eines Stiers zu durchmessen. Kreta wird dich nun aufnehmen, das auch mich selbst ernährt hat, da wird deine Hochzeit stattfinden. Von mir wirst du berühmte Söhne empfangen, die alle über Menschen herrschen werden.«

So sprach er. Und es erfüllte sich alles, was er gesagt hatte: Tatsächlich zeigte sich Kreta, und Zeus nahm wieder seine eigene Gestalt an; er löste ihr den Gürtel, und das Lager bereiteten ihr die Horen. Sie aber, zuvor ein Mädchen, wurde sogleich die Braut von Zeus, gebar dem Kroniden Kinder und wurde sogleich Mutter.

Übersetzung: Horst Sitta

[ΟΜΗΡΟΥ] ΒΑΤΡΑΧΟΜΥΟΜΑΧΙΑ

Ἀρχόμενος πρώτης σελίδος χορὸν ἐξ Ἑλικῶνος
ἐλθεῖν εἰς ἐμὸν ἦτορ ἐπεύχομαι εἵνεκ' ἀοιδῆς,
ἣν νέον ἐν δέλτοισιν ἐμοῖς ἐπὶ γούνασι θῆκα,
δῆριν ἀπειρεσίην, πολεμόκλονον ἔργον Ἄρηος,
εὐχόμενος μερόπεσσιν ἐς οὔατα πᾶσι βαλέσθαι
πῶς μύες ἐν βατράχοισιν ἀριστεύσαντες ἔβησαν,
γηγενέων ἀνδρῶν μιμούμενοι ἔργα Γιγάντων –
ὡς λόγος ἐν θνητοῖσιν ἔην· τοίην δ' ἔχεν ἀρχήν.
  Μῦς ποτε διψαλέος γαλέης κίνδυνον ἀλύξας,
πλησίον ἐν λίμνῃ λίχνον προσέθηκε γένειον,
ὕδατι τερπόμενος μελιηδέϊ· τὸν δὲ κατεῖδε
λιμνόχαρις πολύφημος, ἔπος δ' ἐφθέγξατο τοῖον·
  "Ξεῖνε τίς εἶ; πόθεν ἦλθες ἐπ' ἠϊόνας; τίς ὁ φύσας;
πάντα δ' ἀλήθευσον, μὴ ψευδόμενόν σε νοήσω.
εἰ γάρ σε γνοίην φίλον ἄξιον ἐς δόμον ἄξω·
δῶρα δέ τοι δώσω ξεινήϊα πολλὰ καὶ ἐσθλά.
εἰμὶ δ' ἐγὼ βασιλεὺς Φυσίγναθος, ὃς κατὰ λίμνην
τιμῶμαι βατράχων ἡγούμενος ἤματα πάντα·
καί με πατὴρ Πηλεὺς ἀνεθρέψατο, Ὑδρομεδούσῃ
μιχθεὶς ἐν φιλότητι παρ' ὄχθας Ἠριδανοῖο.
καὶ σὲ δ' ὁρῶ καλόν τε καὶ ἄλκιμον ἔξοχον ἄλλων,
σκηπτοῦχον βασιλῆα καὶ ἐν πολέμοισι μαχητὴν
ἔμμεναι· ἀλλ' ἄγε θᾶσσον ἑὴν γενεὴν ἀγόρευε."
  Τὸν δ' αὖ Ψιχάρπαξ ἀπαμείβετο φώνησέν τε·
"τίπτε γένος τοὐμὸν ζητεῖς; δῆλον δ' ἐν ἅπασιν
ἀνθρώποις τε θεοῖς τε καὶ οὐρανίοις πετεηνοῖς.
Ψιχάρπαξ μὲν ἐγὼ κικλήσκομαι· εἰμὶ δὲ κοῦρος
Τρωξάρταο πατρὸς μεγαλήτορος· ἡ δέ νυ μήτηρ

[HOMER], FROSCHMÄUSEKRIEG

Am Anfang meiner ersten Seite bete ich dafür, dass der Chor vom Helikon in mein Herz komme um des Gesanges willen, den ich jüngst auf meinen Knien in den Schreibtafeln eingetragen habe, und ich bete dafür, dass das endlose Gefecht, das kriegserfüllte Werk des Ares, allen sprachmächtigen Menschen um die Ohren geschleudert werde, wie die Mäuse inmitten der Frösche sehr tapfer voranschritten, sich die Taten erdgeborener Männer zum Vorbild nehmend, der Giganten – so wurde die Geschichte unter den Sterblichen erzählt, und sie hatte den folgenden Anfang:

Einst tauchte ein durstiger Mäuserich, der einem gefährlichen Wiesel entkommen war, ganz in der Nähe sein Naschmaul in einen Teich und genoss das honigsüße Wasser. Ihn erblickte ein gesprächsfreudiger Sumpfliebhaber und richtete so das Wort an ihn:

»Fremder, wer bist du? Woher bist du an diesen Strand gekommen? Wer ist dein Vater? Erzähle alles der Wahrheit gemäß, damit ich dich ja nicht beim Lügen ertappe. Denn wenn ich in dir einen zuverlässigen Freund erkenne, werde ich dich in mein Haus führen; und Gastgeschenke werde ich dir geben, viele und erlesene. Ich selbst bin König Blasdiebacke, der im Teich als Führer der Frösche für alle Zeiten geehrt wird; mich hat Schlämmler, mein Vater, aufgezogen, nachdem er sich mit Wasserkönigin in Liebe vereinigt hatte, an den Ufern des Eridanos. Wie ich sehe, bist auch du schön, stark und besser als die anderen, ein zeptertragender König und in Kriegen ein Kämpfer. Jetzt aber auf, nenne mir schnell deine Herkunft.«

Ihm antwortete darauf Raubdiekrümel und sagte: »Warum fragst du nach meiner Herkunft? Die ist doch bekannt unter allen Menschen, Göttern und Vögeln im Himmel: Raubdiekrümel werde ich genannt; ich bin der Sohn von Nagdasbrot, meinem hochherzigen Vater; meine Mutter ist Leckdenmühlstein, die Tochter

Λειχομύλη, θυγάτηρ Πτερνοτρώκτου βασιλῆος.
γείνατο δ' ἐν καλύβῃ με καὶ ἐξεθρέψατο βρωτοῖς,
σύκοις καὶ καρύοις καὶ ἐδέσμασι παντοδαποῖσιν.
πῶς δὲ φίλον ποιῇ με, τὸν ἐς φύσιν οὐδὲν ὁμοῖον;
σοὶ μὲν γὰρ βίος ἐστὶν ἐν ὕδασιν· αὐτὰρ ἔμοιγε
ὅσσα παρ' ἀνθρώποις τρώγειν ἔθος· οὐδέ με λήθει
ἄρτος τρισκοπάνιστος ἀπ' εὐκύκλου κανέοιο,
οὐδὲ πλακοῦς τανύπεπλος ἔχων πολὺ σησαμότυρον,
οὐ τόμος ἐκ πτέρνης, οὐχ ἥπατα λευκοχίτωνα,
οὐ τυρὸς νεόπηκτος ἀπὸ γλυκεροῖο γάλακτος,
οὐ χρηστὸν μελίτωμα, τὸ καὶ μάκαρες ποθέουσιν,
οὐδ' ὅσα πρὸς θοίνας μερόπων τεύχουσι μάγειροι,
κοσμοῦντες χύτρας ἀρτύμασι παντοδαποῖσιν.
[οὐδέποτε πτολέμοιο κακὴν ἀπέφυγον ἀϋτήν,
ἀλλ' εὐθὺς μετὰ μῶλον ἰὼν προμάχοισιν ἐμίχθην.
ἄνθρωπον οὐ δέδια καί περ μέγα σῶμα φοροῦντα,
ἀλλ' ἐπὶ λέκτρον ἰὼν ἄκρον δάκτυλον δάκνω,
καὶ πτέρνης λαβόμην, καὶ οὐ ὕπνος ἵκανεν ἄνδρα,
νήδυμος οὐκ ἀπέφυγεν πόνος δάκνοντος ἐμεῖο.
ἀλλὰ δύω μάλα πάντα τὰ δείδια πᾶσαν ἐπ' αἶαν,
κίρκον καὶ γαλέην, οἵ μοι μέγα πένθος ἄγουσιν,
καὶ παγίδα στονόεσσαν, ὅπου δολόεις πέλε πότμος·
πλεῖστον δὴ γαλέην περιδείδια, ἥ τις ἀρίστη,
ἣ καὶ τρωγλοδύνοντα κατὰ τρώγλην ἐρεείνει.]
οὐ τρώγω ῥαφάνους, οὐ κράμβας, οὐ κολοκύντας,
οὐ σεύτλοις χλωροῖς ἐπιβόσκομαι, οὐδὲ σελίνοις·
ταῦτα γὰρ ὑμέτερ' ἐστὶν ἐδέσματα τῶν κατὰ λίμνην."
Πρὸς τάδε μειδήσας Φυσίγναθος ἀντίον ηὔδα·
"ξεῖνε λίην αὐχεῖς ἐπὶ γαστέρι· ἔστι καὶ ἡμῖν

von König Nagamschinken. Geboren hat sie mich in einer Hütte und mit Nahrungsmitteln versorgt: mit Feigen, Nüssen und allerlei Speisen. Wie kannst du mich für einen Freund halten, wo ich dir doch in meiner Natur in nichts ähnlich bin? Denn dein Leben findet im Wasser statt. Ich hingegen bin es gewohnt, an dem zu nagen, was es bei den Menschen gibt. Nicht unbekannt ist mir dreifachgeknetetes Brot aus einem wohlgerundeten Korb, auch nicht langgekleideter Kuchen mit viel Sesamkäse, nicht ein Stück vom Schinken, nicht weißgewandete Leber, nicht frisch geronnener Käse von süßer Milch, nicht leckerer Honigkuchen, den auch die glückseligen Götter lieben, und auch nicht, was die Köche für die festlichen Mahlzeiten der sprachmächtigen Menschen zubereiten, wenn sie die Töpfe mit allerlei Gewürzen verfeinern. [Niemals bin ich vor dem schlimmen Geschrei des Krieges geflohen, sondern ich habe mich immer sogleich in den Tumult gestürzt und unter die Vorkämpfer gemischt. Den Menschen fürchte ich nicht, auch wenn er einen großen Körper hat, sondern gehe auf sein Bett und beiße ihm in die Fingerspitze – auch an seiner Ferse habe ich ihn schon einmal gepackt: Und nicht vermochte der Schlaf den Mann zu überwältigen, nicht verließ ihn der süße Schmerz, da ich ihn gebissen hatte. Allerdings gibt es zwei, die ich alle beide über die ganze Erde hinweg sehr fürchte: den Habicht und das Wiesel, die mir großes Leid zufügen; dazu die qualvolle Mausefalle, in der das tückische Todesschicksal lauert. Wirklich am allermeisten fürchte ich das Wiesel, welches das Raffinierteste ist, weil es sogar im Loch nach einer Lochkriecherin sucht.] Nicht nage ich am Rettich, nicht am Kohl, nicht am Kürbis, nicht ernähre ich mich vom grünen Mangold und auch nicht vom Sellerie: Das nämlich sind die Speisen von euch Teichbewohnern.«

Darauf lächelte Blasdiebacke und erwiderte: »Fremder, viel zu sehr prahlst du mit deiner Gefräßigkeit. Es gibt auch für uns sehr

πολλὰ μάλ᾽ ἐν λίμνῃ καὶ ἐπὶ χθονὶ θαύματ᾽ ἰδέσθαι.
ἀμφίβιον γὰρ ἔδωκε νομὴν βατράχοισι Κρονίων,
σκιρτῆσαι κατὰ γαῖαν, ἐν ὕδασι σῶμα καλύψαι,
στοιχείοις διττοῖς μεμερισμένα δώματα ναίειν.
εἰ δ᾽ ἐθέλεις καὶ ταῦτα δαήμεναι εὐχερές ἐστι·
βαῖνέ μοι ἐν νώτοισι, κράτει δέ με μήποτ᾽ ὀλίσθῃς,
ὅππως γηθόσυνος τὸν ἐμὸν δόμον εἰσαφίκηαι."
Ὣς ἄρ᾽ ἔφη καὶ νῶτ᾽ ἐδίδου· ὁ δ᾽ ἔβαινε τάχιστα
χεῖρας ἔχων τρυφεροῖο κατ᾽ αὐχένος ἅμματι κούφῳ.
καὶ τὸ πρῶτον ἔχαιρεν ὅτ᾽ ἔβλεπε γείτονας ὅρμους,
νήξει τερπόμενος Φυσιγνάθου· ἀλλ᾽ ὅτε δή ῥα
κύμασι πορφυρέοισιν ἐκλύζετο πολλὰ δακρύων
ἄχρηστον μετάνοιαν ἐμέμφετο, τίλλε δὲ χαίτας,
καὶ πόδας ἔσφιγγεν κατὰ γαστέρος, ἐν δέ οἱ ἦτορ
πάλλετ᾽ ἀηθείῃ καὶ ἐπὶ χθόνα βούλεθ᾽ ἱκέσθαι·
δεινὰ δ᾽ ὑπεστενάχιζε φόβου κρυόεντος ἀνάγκῃ.
οὐρὴν μὲν πρῶτ᾽ ἔπλασ᾽ ἐφ᾽ ὕδασιν ἠΰτε κώπην
σύρων, εὐχόμενος δὲ θεοῖς ἐπὶ γαῖαν ἱκέσθαι
ὕδασι πορφυρέοισιν ἐκλύζετο, πολλὰ δ᾽ ἐβώστρει·
καὶ τοῖον φάτο μῦθον ἀπὸ στόματός τ᾽ ἀγόρευσεν·
"Οὐχ οὕτω νώτοισιν ἐβάστασε φόρτον ἔρωτος
ταῦρος ὅτ᾽ Εὐρώπην διὰ κύματος ἦγ᾽ ἐπὶ Κρήτην
ὡς μῦν ἁπλώσας ἐπινώτιον ἦγεν ἐς οἶκον
βάτραχος ὑψώσας ὠχρὸν δέμας ὕδατι λευκῷ."
Ὕδρος δ᾽ ἐξαίφνης ἀνεφαίνετο, πικρὸν ὅραμα
ἀμφοτέροις· ὀρθὸν δ᾽ ὑπὲρ ὕδατος εἶχε τράχηλον.
τοῦτον ἰδὼν κατέδυ Φυσίγναθος, οὔ τι νοήσας
οἷον ἑταῖρον ἔμελλεν ἀπολλύμενον καταλείπειν.

viel Wunderbares im Teich und auf dem Land zu sehen. Denn der Kronide gab den Fröschen ein Weidegebiet in zwei Lebenswelten: [60] über das Land zu hüpfen, den Leib im Wasser zu verbergen, auf zwei Elemente verteilte Häuser zu bewohnen. Wenn du dies auch kennen lernen willst, ist das kein Problem: Steig auf meinen Rücken, halte dich aber an mir fest, um nicht wegzurutschen, damit du voll Freude in mein Haus gelangst.«

[65] So also sprach er und bot ihm seinen Rücken an; Raubdiekrümel stieg sogleich auf und hielt die Arme mit einer leichten Umklammerung um dessen weichen Hals. Anfangs freute er sich, als er die benachbarten Anlegeplätze sah, und hatte sein Vergnügen am Schwimmen von Blasdiebacke. Aber als er dann von purpurroten Wellen umspült wurde, weinte er bitterlich [70] und verfluchte seinen Sinneswandel vergeblich; er raufte sich die Haare, presste seine Füße um des anderen Bauch, in seinem Innern pochte das Herz wegen der ungewohnten Situation, und er wollte an Land zurückkehren. Schrecklich stöhnte er unter dem Zwang seiner schauerlichen Furcht auf. Zuerst formte er seinen Schwanz auf dem Wasser wie ein Ruder [75] und zog ihn hinter sich her; als er aber zu den Göttern dafür betete, auf die Erde zurückkehren zu dürfen, wurde er von purpurroten Wassermassen überspült und rief laut um Hilfe. Die folgenden Worte sprach er und verkündete aus seinem Mund laut:

»Nicht so trug der Stier auf dem Rücken seine Liebeslast, als er Europa durch das Gewoge nach Kreta führte, [80] wie der Frosch den Mäuserich in sein Haus führte, nachdem er ihn auf seinem Rücken platziert und seine blasse Gestalt im weißen Wasser aufgerichtet hatte.«

Da tauchte plötzlich eine Wasserschlange auf, ein grässlicher Anblick für beide: Senkrecht über dem Wasser hielt sie ihren Hals. Als er sie sah, tauchte Blasdiebacke unter, ohne darüber nachzudenken, [85] wie er gerade dabei war, seinen Begleiter dem Unter-

δῦ δὲ βάθος λίμνης καὶ ἀλεύατο κῆρα μέλαιναν.
κεῖνος δ' ὡς ἀφέθη, πέσεν ὕπτιος εὐθὺς ἐφ' ὕδωρ,
καὶ χεῖρας ἔσφιγγε καὶ ὀλλύμενος κατέτριζε.
πολλάκι μὲν κατέδυνεν ὑφ' ὕδατι, πολλάκι δ' αὖτε
λακτίζων ἀνέδυνε· μόρον δ' οὐκ ἦν ὑπαλύξαι.
δευόμεναι δὲ τρίχες πλεῖον βάρος εἷλκον ἐπ' αὐτῷ·
ὕδασι δ' ὀλλύμενος τοίους ἐφθέγξατο μύθους·
"Οὐ λήσεις δολίως Φυσίγναθε ταῦτα ποιήσας,
ναυηγὸν ῥίψας ἀπὸ σώματος ὡς ἀπὸ πέτρης.
οὐκ ἄν μου κατὰ γαῖαν ἀμείνων ἦσθα κάκιστε
παγκρατίῳ τε πάλῃ τε καὶ εἰς δρόμον· ἀλλὰ πλανήσας
εἰς ὕδωρ μ' ἔρριψας. ἔχει θεὸς ἔκδικον ὄμμα·
ποινὴν σὺ τίσεις μυῶν στρατῷ οὐδ' ὑπαλύξεις."
Ὣς εἰπὼν ἀπέπνευσεν ἐν ὕδασι· τὸν δὲ κατεῖδεν
Λειχοπίναξ ὄχθῃσιν ἐφεζόμενος μαλακῇσιν·
δεινὸν δ' ἐξολόλυξε, δραμὼν δ' ἤγγειλε μύεσσιν.
ὡς δ' ἔμαθον τὴν μοῖραν ἔδυ χόλος αἰνὸς ἅπαντας.
καὶ τότε κηρύκεσσιν ἑοῖς ἐκέλευσαν ὑπ' ὄρθρον
κηρύσσειν ἀγορήνδ' ἐς δώματα Τρωξάρταο,
πατρὸς δυστήνου Ψιχάρπαγος, ὃς κατὰ λίμνην
ὕπτιος ἐξήπλωτο νεκρὸν δέμας, οὐδὲ παρ' ὄχθαις
ἦν ἤδη τλήμων, μέσσῳ δ' ἐπενήχετο πόντῳ.
ὡς δ' ἦλθον σπεύδοντες ἅμ' ἠοῖ, πρῶτος ἀνέστη
Τρωξάρτης ἐπὶ παιδὶ χολούμενος, εἶπέ τε μῦθον·
"Ὦ φίλοι εἰ καὶ μοῦνος ἐγὼ κακὰ πολλὰ πέπονθα
ἐκ βατράχων, ἡ πεῖρα κακὴ πάντεσσι τέτυκται.
εἰμὶ δ' ἐγὼ δύστηνος ἐπεὶ τρεῖς παῖδας ὄλεσσα.

gang preiszugeben. Vielmehr tauchte er in die Tiefe des Teichs hinab und entkam dem schwarzen Tod. Als Raubdiekrümel aber abgeworfen wurde, fiel er sofort rücklings auf das Wasser, presste seine Hände zusammen, und sterbend piepste er. Immer wieder tauchte er unter Wasser, immer wieder [90] tauchte er strampelnd noch einmal auf, aber dem Todesschicksal zu entkommen, war ihm nicht möglich. Vom Nass vollgesogen lasteten seine Haare mit zu großem Gewicht auf ihm. Im Wasser sterbend schrie er die folgenden Worte:

»Es wird nicht verborgen bleiben, Blasdiebacke, dass du das mit Hinterlist getan hast: Du hast mich, einen Schiffbrüchigen, von deinem Körper geworfen wie von einem Felsen. [95] Keineswegs wärst du an Land besser als ich, du Mistkerl, weder im Mehrkampf noch im Ringen noch im Wettlauf. Du aber hast mich in die Irre geführt und ins Wasser geworfen. Gott hat ein rachsüchtiges Auge: Das wirst du dem Heer der Mäuse büßen, und du wirst nicht entkommen.«

So sprach er und hauchte im Wasser sein Leben aus. Ihn aber sah [100] Leckdenteller, der am weichen Ufer saß. Schrecklich jammerte er, lief los und meldete es den Mäusen. Als sie von Raubdiekrümels Todesschicksal erfuhren, ergriff alle schrecklicher Zorn. Da befahlen sie ihren Herolden, bei Morgengrauen eine Versammlung im Haus von Nagdasbrot einzuberufen, [105] dem unglücklichen Vater von Raubdiekrümel, dessen Leichnam rücklings auf dem Teich hingestreckt lag: Der Arme war jetzt nicht am Ufer, sondern schwamm mitten auf dem Gewässer. Als man bei Sonnenaufgang eilends zusammenkam, stand als Erster Nagdasbrot auf, wegen seines Sohnes aufgebracht, und hielt die folgende Rede:

[110] »Meine Freunde, auch wenn ich allein viel Unheil von den Fröschen erlitten habe, so ist es doch ein übler Angriff auf uns alle. Ich bin zutiefst unglücklich, weil ich drei Söhne verloren

καὶ τὸν μὲν πρῶτόν γε κατέκτανεν ἁρπάξασα
ἔχθιστος γαλέη, τρώγλης ἔκτοσθεν ἑλοῦσα.
τὸν δ' ἄλλον πάλιν ἄνδρες ἀπηνέες ἐς μόρον εἷλξαν
καινοτέραις τέχναις ξύλινον δόλον ἐξευρόντες,
ἣν παγίδα καλέουσι, μυῶν ὀλέτειραν ἐοῦσαν·
ὃ τρίτος ἦν ἀγαπητὸς ἐμοὶ καὶ μητέρι κεδνῇ,
τοῦτον ἀπέπνιξεν Φυσίγναθος ἐς βυθὸν ἄξας.
ἀλλ' ἄγεθ' ὁπλίζεσθε καὶ ἐξέλθωμεν ἐπ' αὐτοὺς
σώματα κοσμήσαντες ἐν ἔντεσι δαιδαλέοισιν."
    Ταῦτ' εἰπὼν ἀνέπεισε καθοπλίζεσθαι ἅπαντας.
καὶ τοὺς μέν ῥ' ἐκόρυσσεν Ἄρης πολέμοιο μεμηλώς·
κνημῖδας μὲν πρῶτον ἐφήρμοσαν εἰς δύο μηρούς,
ῥήξαντες κυάμους χλωρούς, εὖ δ' ἀσκήσαντες,
οὓς αὐτοὶ διὰ νυκτὸς ἐπιστάντες κατέτρωξαν.
θώρηκας δ' εἶχον καλαμοστεφέων ἀπὸ βυρσῶν,
οὓς γαλέην δείραντες ἐπισταμένως ἐποίησαν.
ἀσπὶς δ' ἦν λύχνου τὸ μεσόμφαλον· ἡ δέ νυ λόγχη
εὐμήκης βελόνη, παγχάλκεον ἔργον Ἄρηος·
ἡ δὲ κόρυς τὸ λέπυρον ἐπὶ κροτάφοις ἐρεβίνθου.
    Οὕτω μὲν μύες ἦσαν ἔνοπλοι· ὡς δ' ἐνόησαν
βάτραχοι ἐξανέδυσαν ἀφ' ὕδατος, ἐς δ' ἕνα χῶρον
ἐλθόντες βουλὴν ξύναγον πολέμοιο κακοῖο.
σκεπτομένων δ' αὐτῶν πόθεν ἡ στάσις ἢ τίς ὁ θρύλλος,
κῆρυξ ἐγγύθεν ἦλθε φέρων ῥάβδον μετὰ χερσίν,
Τυρογλύφου υἱὸς μεγαλήτορος Ἐμβασίχυτρος,
ἀγγέλλων πολέμοιο κακὴν φάτιν, εἶπέ τε τοῖα·
    "Ὦ βάτραχοι, μύες ὔμμιν ἀπειλήσαντες ἔπεμψαν
εἰπεῖν ὁπλίζεσθαι ἐπὶ πτόλεμόν τε μάχην τε.
εἶδον γὰρ καθ' ὕδωρ Ψιχάρπαγα ὅν περ ἔπεφνεν

habe: Den ersten raubte und tötete das verhasste Wiesel, als es ihn außerhalb des Lochs erwischt hatte. [115] Den zweiten rissen grobe Menschen ins Todesschicksal, als sie sich mit neueren Kunstgriffen eine hölzerne List ausdachten, die man Mausefalle nennt, eine Mausvernichterin. Den dritten, der von mir und der fürsorglichen Mutter geliebt wurde, ertränkte Blasdiebacke, als er ihn in die Tiefe führte. [120] Jetzt aber auf, bewaffnet euch, und lasst uns gegen sie ausrücken, nachdem wir unsere Körper ausgerüstet haben mit kunstvollen Waffen.«

Mit diesen Worten überzeugte er alle davon, sich bis an die Zähne zu bewaffnen: Ares rüstete sie aus, dem Krieg am Herzen liegt. Sie streiften sich zuerst Beinschienen über ihre beiden Schenkel [125] nach dem Auseinanderbrechen und geschickten Verarbeiten von grünen Bohnen, die sie benagt hatten, die ganze Nacht hindurch über ihnen stehend. Brustpanzer hatten sie aus halmvernähten Fellen, die sie nach der Häutung eines Wiesels kundig hergestellt hatten. Der Schild war das gewölbte Mittelstück einer Lampe, die Lanze [130] eine lange Nadel, ein gänzlich bronzenes Werk des Ares, der Helm die Schote einer Kichererbse auf den Schläfen.

So waren die Mäuse bewaffnet. Als die Frösche dies sahen, tauchten sie aus dem Wasser auf, kamen an einem Ort zusammen und hielten eine Ratsversammlung über den schlimmen Krieg ab. [135] Während sie sich umschauten, woher die Unruhe kam oder was das für ein Lärm war, trat ein Herold in ihre Nähe, der einen Stab in seinen Händen trug, der Sohn des hochherzigen Käsehöhler, Steigindentopf, der eine schlimme Kriegserklärung verkündete mit folgenden Worten:

»Frösche, die Mäuse haben euch gedroht und mich geschickt, [140] um euch mitzuteilen, dass ihr euch für Krieg und Kampf rüsten solltet. Denn sie haben Raubdiekrümel auf dem Wasser ge-

ὑμέτερος βασιλεὺς Φυσίγναθος. ἀλλὰ μάχεσθε
οἵ τινες ἐν βατράχοισιν ἀριστῆες γεγάατε."
Ὣς εἰπὼν ἀπέφηνε· λόγος δ' εἰς οὔατα πάντων
εἰσελθὼν ἐτάραξε φρένας βατράχων ἀγερώχων·
μεμφομένων δ' αὐτῶν Φυσίγναθος εἶπεν ἀναστάς·
"Ὦ φίλοι οὐκ ἔκτεινον ἐγὼ μῦν, οὐδὲ κατεῖδον
ὀλλύμενον· πάντως δ' ἐπνίγη παίζων παρὰ λίμνην,
νήξεις τὰς βατράχων μιμούμενος· οἱ δὲ κάκιστοι
νῦν ἐμὲ μέμφονται τὸν ἀναίτιον· ἀλλ' ἄγε βουλὴν
ζητήσωμεν ὅπως δολίους μύας ἐξολέσωμεν.
τοιγὰρ ἐγὼν ἐρέω ὥς μοι δοκεῖ εἶναι ἄριστα.
σώματα κοσμήσαντες ἐν ὅπλοις στῶμεν ἅπαντες
ἄκροις πὰρ χείλεσσιν, ὅπου κατάκρημνος ὁ χῶρος·
ἡνίκα δ' ὁρμηθέντες ἐφ' ἡμέας ἐξέλθωσι,
δραξάμενοι κορύθων, ὅς τις σχεδὸν ἀντίος ἔλθῃ,
ἐς λίμνην αὐτοὺς σὺν ἐκείναις εὐθὺ βάλωμεν.
οὕτω γὰρ πνίξαντες ἐν ὕδασι τοὺς ἀκολύμβους
στήσομεν εὐθύμως τὸ μυοκτόνον ὧδε τρόπαιον."
Ὣς εἰπὼν ἀνέπεισε καθοπλίζεσθαι ἅπαντας.
φύλλοις μὲν μαλαχῶν κνήμας ἑὰς ἀμφεκάλυψαν,
θώρηκας δ' εἶχον καλῶν χλοερῶν ἀπὸ σεύτλων,
φύλλα δὲ τῶν κραμβῶν εἰς ἀσπίδας εὖ ἤσκησαν,
ἔγχος δ' ὀξύσχοινος ἑκάστῳ μακρὸς ἀρήρει,
καί ῥα κέρα κοχλιῶν λεπτῶν ἐκάλυπτε κάρηνα.
φραξάμενοι δ' ἔστησαν ἐπ' ὄχθαις ὑψηλαῖσι
σείοντες λόγχας, θυμοῦ δ' ἔμπλητο ἕκαστος.
Ζεὺς δὲ θεοὺς καλέσας εἰς οὐρανὸν ἀστερόεντα,
καὶ πολέμου πληθὺν δείξας κρατερούς τε μαχητάς,
πολλοὺς καὶ μεγάλους ἠδ' ἔγχεα μακρὰ φέροντας,
οἷος Κενταύρων στρατὸς ἔρχεται ἠὲ Γιγάντων,
ἡδὺ γελῶν ἐρέεινε· "τίνες βατράχοισιν ἀρωγοὶ
ἢ μυσὶν ἀθανάτων;" καὶ Ἀθηναίην προσέειπεν·

sehen, den euer König Blasdiebacke getötet hat. Also soll von euch kämpfen, wer unter den Fröschen sehr tapfer ist.«

So sprach und verkündete er. Seine Rede drang in die Ohren aller ein und erschütterte die Herzen der erhabenen Frösche. Da sie ihn tadelten, stand Blasdiebacke auf und sagte:

»Freunde, ich habe keine Maus getötet und auch keine sterben sehen. Sicherlich ist sie beim Spielen am Teich ertrunken, als sie das Schwimmen der Frösche nachgeahmt hat. Diese Gauner geben nun mir die Schuld, einem Unschuldigen! Jetzt aber auf, lasst uns gemeinsam nach einem Plan suchen, wie wir die hinterlistigen Mäuse ausrotten können! Ich werde euch also sagen, wie es mir am besten zu sein scheint: Wir wollen unsere Körper mit Waffen ausrüsten und uns alle ganz außen am Uferrand aufstellen, wo das Gelände abschüssig ist. Wenn sie dann losgestürmt sind und gegen uns ausrücken, wollen wir jeden, der uns im Kampf Mann gegen Mann begegnet, am Helm packen und sogleich mitsamt dem Helm in den Teich werfen. Und sobald wir diese Nichtschwimmer so im Wasser ertränkt haben, werden wir hier feierlich ein Mäusevernichtungsmonument errichten.«

So sprach er und überzeugte alle, sich zu rüsten. Mit Malvenblättern umhüllten sie ihre Schienbeine, Brustpanzer trugen sie aus schönem, grünem Mangold, Kohlblätter hatten sie geschickt zu Schilden verarbeitet, eine lange Spitzbinse war jedem als Speer angepasst und feine Schneckenhäuser verhüllten ihre Köpfe. In Schlachtreihen geordnet standen sie am hohen Ufer, schwangen ihre Lanzen, und ein jeder war voller Mut.

Da rief Zeus die Götter in den sternenreichen Himmel, zeigte auf die Kriegsmenge sowie die starken Kämpfer – die vielen, großen und mächtige Speere tragenden, genau so, wie das Heer der Kentauren voranschreitet oder das der Giganten – und fragte mit einem süßen Lächeln: »Wer von den Unsterblichen hilft den Fröschen oder den Mäusen?« Und zu Athene sagte er:

"Ὦ θύγατερ μυσὶν ἦ ῥα βοηθήσουσα πορεύσῃ;
καὶ γὰρ σοῦ κατὰ νηὸν ἀεὶ σκιρτῶσιν ἅπαντες
κνίσῃ τερπόμενοι καὶ ἐδέσμασι παντοδαποῖσιν."
Ὣς ἄρ' ἔφη Κρονίδης· τὸν δὲ προσέειπεν Ἀθήνη·
"ὦ πάτερ οὐκ ἄν πώ ποτ' ἐγὼ μυσὶ τειρομένοισιν
ἐλθοίμην ἐπαρωγός, ἐπεὶ κακὰ πολλά μ' ἔοργαν
στέμματα βλάπτοντες καὶ λύχνους εἵνεκ' ἐλαίου.
τοῦτο δέ μοι λίην ἔδακε φρένας οἷον ἔρεξαν·
πέπλον μου κατέτρωξαν ὃν ἐξύφηνα καμοῦσα
ἐκ ῥοδάνης λεπτῆς καὶ στήμονα μακρὸν ἔνησα,
τρώγλας τ' ἐμποίησαν· ὁ δ' ἠπητής μοι ἐπέστη
καὶ πράσσει με τόκον· τὸ δὲ ῥίγιον ἀθανάτοισιν.
χρησαμένη γὰρ ἔνησα καὶ οὐκ ἔχω ἀνταποδοῦναι.
ἀλλ' οὐδ' ὧς βατράχοισιν ἀρηγέμεναι βουλήσω.
εἰσὶ γὰρ οὐδ' αὐτοὶ φρένας ἔμπεδοι, ἀλλά με πρῴην
ἐκ πολέμου ἀνιοῦσαν ἐπεὶ λίην ἐκοπώθην,
ὕπνου δευομένην οὐκ εἴασαν θορυβοῦντες
οὐδ' ὀλίγον καταμῦσαι· ἐγὼ δ' ἄϋπνος κατεκείμην·
τὴν κεφαλὴν ἀλγοῦσαν, ἕως ἐβόησεν ἀλέκτωρ.
ἀλλ' ἄγε παυσώμεσθα θεοὶ τούτοισιν ἀρήγειν,
μή κέ τις ὑμείων τρωθῇ βέλει ὀξυόεντι·
εἰσὶ γὰρ ἀγχέμαχοι, εἰ καὶ θεὸς ἀντίον ἔλθοι·
πάντες δ' οὐρανόθεν τερπώμεθα δῆριν ὁρῶντες."
Ὣς ἄρ' ἔφη· καὶ τῇ γε θεοὶ ἐπεπείθοντ' ἄλλοι,
πάντες δ' αὖτ' εἰσῆλθον ἀολλέες εἰς ἕνα χῶρον.
καὶ τότε κώνωπες μεγάλας σάλπιγγας ἔχοντες
δεινὸν ἐσάλπιγξαν πολέμου κτύπον· οὐρανόθεν δὲ
Ζεὺς Κρονίδης βρόντησε, τέρας πολέμοιο κακοῖο.

»Tochter, wirst du vielleicht den Mäusen zu Hilfe eilen? [175] Denn sie hüpfen immer alle in deinem Tempel herum und erfreuen sich am Geruch des Opferfleischs und an allerlei Speisen.«

So sprach der Kronide. Ihm antwortete darauf Athene: »Vater, niemals könnte ich wohl als Helferin zu den Mäusen gehen, wenn ihnen zugesetzt wird, denn sie haben mir viel Unheil angetan, [180] indem sie meine Kränze beschädigt haben und meine Lampen wegen des Öls. Dies aber hat mir vollends das Herz zerfleischt, was sie sich geleistet haben: Mein Kleid haben sie angenagt, das ich mühsam aus feinem Schussfaden gewoben hatte; ich hatte einen langen Kettfaden gesponnen – und sie haben Löcher hineingemacht! Jetzt bedrängt mich der Schneider [185] und treibt von mir Zinsen ein: Das ist furchtbar für Unsterbliche! Ich habe nämlich mit geliehenem Geld genäht und kann das nicht zurückzahlen. Aber nicht einmal unter diesen Umständen will ich den Fröschen helfen. Denn sie sind auch überhaupt nicht zuverlässig; vielmehr lärmten sie kürzlich bei meiner Rückkehr von einem Kampf, als ich völlig ausgelaugt war [190] und Schlaf brauchte, und ließen mich nicht einmal ein bisschen einnicken – schlaflos lag ich da! –, mein Kopf schmerzte, bis der Hahn krähte. Jetzt aber auf, wir Götter sollten aufhören, denen da zu helfen, damit nicht einer von euch durch ein scharfes Geschoss verletzt wird. [195] Denn sie scheuen den Nahkampf nicht, auch wenn ihnen ein Gott entgegentritt. Eher sollten wir alle uns daran erfreuen, vom Himmel herab das Gefecht anzuschauen.«

So also sprach sie; die anderen Götter ließen sich von ihr überzeugen und gingen alle dicht gedrängt an den gleichen Ort. Darauf trompeteten die Stechmücken mit ihren mächtigen Trompeten [200] das gewaltige Kriegssignal, und vom Himmel herunter donnerte Zeus, der Kronide, als Zeichen für den schlimmen Krieg.

Πρῶτος δ' Ὑψιβόας Λειχήνορα οὔτασε δουρὶ
ἑσταότ' ἐν προμάχοις κατὰ γαστέρα ἐς μέσον ἧπαρ·
κὰδ δ' ἔπεσεν πρηνής, ἁπαλὰς δ' ἐκόνισεν ἐθείρας.
δούπησεν δὲ πεσών, ἀράβησε δὲ τεύχε' ἐπ' αὐτῷ.
Τρωγλοδύτης δὲ μετ' αὐτὸν ἀκόντισε Πηλείωνος,
πῆξεν δ' ἐν στέρνῳ στιβαρὸν δόρυ· τὸν δὲ πεσόντα
εἷλε μέλας θάνατος, ψυχὴ δ' ἐκ σώματος ἔπτη.
Σευτλαῖον δ' ἂρ ἔπεφνε βαλὼν κέαρ Ἐμβασίχυτρος.
[Ἀρτοφάγος δὲ Πολύφωνον κατὰ γαστέρα τύψε·
ἤριπε δὲ πρηνής, ψυχὴ δὲ μελέων ἐξέπτη.
Λιμνόχαρις δ' ὡς εἶδεν ἀπολλύμενον Πολύφωνον,
Τρωγλοδύτην ἁπαλοῖο δι' αὐχένος τρῶσεν ἐπιφθὰς
πέτρῳ μυλοειδέϊ· τὸν δὲ σκότος ὄσσε κάλυψε·
Ὠκιμίδην δ' ἄχος εἷλε καὶ ἤλασεν ὀξέϊ σχοίνῳ
οὐδ' ἐξέσπασεν ἔγχος ἐναντίον· ὡς δ' ἐνόησε
Λειχήνωρ δ' αὐτοῖο τιτύσκετο δουρὶ φαεινῷ
καὶ βάλεν, οὐδ' ἀφάμαρτε καθ' ἧπαρ· ὡς δ' ἐνόησε
Κοστοφάγον φεύγοντα βαθείαις ἔμπεσεν ὄχθαις.
ἀλλ' οὐδ' ὧς ἀπέληγε μάχης, ἀλλ' ἤλασεν αὐτόν·
κάππεσε δ', οὐκ ἀνένευσεν, ἐβάπτετο δ' αἵματι λίμνη
πορφυρέῳ, αὐτὸς δὲ παρ' ἠιόν' ἐξετανύσθη,
†χορδῇσιν λιπαρῇσί τ' ἐπορνύμενος λαγόνεσσιν†.]
... Τυροφάγον δ' αὐτῇσιν ἐπ' ὄχθαις ἐξενάριξεν.
Πτερνογλύφον δὲ ἰδὼν Καλαμίνθιος ἐς φόβον ἦλθεν,
ἥλατο δ' ἐς λίμνην φεύγων τὴν ἀσπίδα ῥίψας.
Λιτραῖον δ' ἀρ' ἔπεφνεν ἀμύμων Βορβοροκοίτης,
χερμαδίῳ πλήξας κατὰ βρέγματος· ἐγκέφαλος δὲ
ἐκ ῥινῶν ἔσταξε, παλάσσετο δ' αἵματι γαῖα.
Λειχοπίνακα δ' ἔκτεινεν ἀμύμων Βορβοροκοίτης,
ἔγχει ἐπαΐξας· τὸν δὲ σκότος ὄσσε κάλυψεν.

Zuerst traf Lautschreier mit einem Speer Leckmann, der unter den Vorkämpfern stand, am Bauch mitten in die Leber: Der fiel kopfüber nieder und machte dabei seine feinen Helmbuschhaare staubig; [205] dröhnend stürzte er zu Boden, und seine Waffen klirrten auf ihm. Sodann schleuderte Kriechinsloch einen Speer nach Schlämmlerson: Der wuchtige Speer blieb in dessen Brust stecken. Nachdem er gestürzt war, ergriff ihn der schwarze Tod, und die Seele flog aus seinem Körper. Den Mangolder aber traf hierauf Steigindentopf ins Herz und tötete ihn. [[210] Frissdasbrot traf Vielschwatzer in den Bauch: Der stürzte kopfüber, und die Seele entflog seinen Gliedern. Als Sumpfliebhaber den sterbenden Vielschwatzer sah, kam er Kriechinsloch zuvor und verwundete ihn durch den weichen Nacken hindurch mit einem mühlsteinartigen Stein: Seine beiden Augen umhüllte Dunkelheit. Den Basilikumson aber ergriff Trauer: Er schleuderte eine scharfe Binse [215] und zog den Speer beim Gegner nicht wieder heraus. Als Leckmann dies sah, zielte er mit einem glänzenden Speer auf ihn, traf und verfehlte ihn nicht an der Leber. Als er dann Kostwurzfresser sah, wie er floh, fiel er das tiefe Ufer hinunter. Aber auch so hörte Leckmann nicht auf mit dem Kampf, sondern schlug auf ihn ein: [220] Der fiel zu Boden, hob den Kopf nicht mehr, und der Teich färbte sich mit purpurrotem Blut; er selbst lag am Strand ausgestreckt †und wurde von seinem eigenen Darm und seinen schimmernden Flanken angegriffen†.] … und dem Käsefresser raubte er unmittelbar am Ufer die Waffen. Als Minzling Schinkenhöhler sah, packte ihn die Furcht: [225] Er sprang in den Teich, nachdem er auf der Flucht seinen Schild weggeworfen hatte. Den Einpfünder tötete danach der herausragende Schlammschläfer, indem er ihm mit einem Felsbrocken auf die Stirn schlug: Sein Hirn tropfte aus den Nasenlöchern, und die Erde wurde mit Blut besprengt. [230] Den Leckdenteller tötete dann der herausragende Schlammschläfer, der mit einem Speer auf ihn losgestürmt war:

Πρασσαῖος δὲ ἰδὼν ποδὸς εἵλκυσε νεκρὸν ἐόντα,
ἐν λίμνῃ δ' ἀπέπνιξε κρατήσας χειρὶ τένοντα.
Ψιχάρπαξ δ' ἤμυν' ἑτάρου περὶ τεθνειῶτος
καὶ βάλε Πρασσαῖον κατὰ νηδύος ἐς μέσον ἧπαρ,
πῖπτε δέ οἱ πρόσθεν, ψυχὴ δ' Ἀϊδόσδε βεβήκει.
Κραμβοβάτης δὲ ἰδὼν πηλοῦ δράκα ῥίψεν ἐπ' αὐτόν,
καὶ τὸ μέτωπον ἔχρισε καὶ ἐξετύφλου παρὰ μικρόν.
ὠργίσθη δ' ἄρ' ἐκεῖνος, ἑλὼν δ' ἄρα χειρὶ παχείῃ
κείμενον ἐν δαπέδῳ λίθον ὄβριμον, ἄχθος ἀρούρης,
τῷ βάλε Κραμβοβάτην ὑπὸ γούνατα· πᾶσα δ' ἐκλάσθη
κνήμη δεξιτερή, πέσε δ' ὕπτιος ἐν κονίῃσι.
Κραυγασίδης δ' ἤμυνε καὶ αὖθις βαῖνεν ἐπ' αὐτόν,
τύψε δέ οἱ μέσσην κατὰ γαστέρα· πᾶς δέ οἱ εἴσω
ὀξύσχοινος ἔδυνε, χαμαὶ δ' ἔκχυντο ἅπαντα
ἔγκατ' ἐφελκομένῳ ὑπὸ δούρατι χειρὶ παχείῃ·
Τρωγλοδύτης δ' ὡς εἶδεν ἐπ' ὄχθῃσιν ποταμοῖο,
σκάζων ἐκ πολέμου ἀνεχάζετο, τείρετο δ' αἰνῶς·
ἥλατο δ' ἐς τάφρους, ὅππως φύγῃ αἰπὺν ὄλεθρον.
Τρωξάρτης δ' ἔβαλεν Φυσίγναθον ἐς ποδὸς ἄκρον.
Πρασσαῖος δ' ὡς εἶδεν ἔθ' ἡμίπνουν προπεσόντα,
ἦλθε διὰ προμάχων καὶ ἀκόντισεν ὀξύσχοινον·
οὐδ' ἔρρηξε σάκος, σχέτο δ' αὐτοῦ δουρὸς ἀκωκή·
οὐδ' ἔβαλε τρυφάλειαν ἀμύμονα καὶ τετράχυτρον
δῖος Ὀριγανίων, μιμούμενος αὐτὸν Ἄρηα,
ὃς μόνος ἐν βατράχοισιν ἀρίστευεν καθ' ὅμιλον·
ὥρμησεν δ' ἄρ' ἐπ' αὐτόν· ὁ δ' ὡς ἴδεν οὐχ ὑπέμεινεν.
Ἦν δέ τις ἐν μυσὶ παῖς Μεριδάρπαξ ἔξοχος ἄλλων,
Κναίσωνος φίλος υἱὸς ἀμύμονος ἀρτεπιβούλου·
οἴκαδ' ἴεν, πολέμου δὲ μετασχεῖν παῖδ' ἐκέλευεν·

Seine beiden Augen umhüllte Dunkelheit. Als Lauchling dies sah, packte er ihn mit der Hand am Knöchel, schleppte den Toten an einem Fuß und versenkte ihn im Teich. Raubdiekrümel leistete im Kampf um seinen toten Gefährten Hilfe: [235] Er traf Lauchling am Bauch mitten in die Leber; dieser fiel vor ihm zu Boden, und seine Seele ging in den Hades. Als Laufdurchdenkohl dies sah, warf er eine Handvoll Lehm auf ihn, verschmierte damit dessen Gesicht und machte ihn beinahe blind. Hierauf wurde jener wütend und ergriff mit der festen Hand [240] einen auf dem Boden liegenden wuchtigen Stein, eine Last für den Acker, mit dem er Laufdurchdenkohl unterhalb der Knie traf: Ganz zerbrach sein rechtes Schienbein, und er fiel rücklings in den Staub. Da eilte Quakson zu Hilfe und ging nunmehr gegen ihn vor: Er traf ihn mitten in den Bauch; die ganze [245] Spitzbinse tauchte in ihn ein, und auf den Boden ergoss sich sein ganzes Inneres wegen des Speers, den er mit seiner festen Hand herauszog. Als Kriechinsloch dies am Ufer des Flusses sah, zog er sich hinkend aus dem Krieg zurück: Er war sehr geschwächt und sprang in die Gräben, um dem blanken Verderben zu entkommen. [250] Nagdasbrot traf danach Blasdiebacke in die Spitze des Fußes. Als Lauchling sah, dass dieser – noch halbatmend – vornüber gefallen war, eilte er durch die Vorkämpfer und schleuderte eine Spitzbinse: Doch er zerschmetterte dessen Schild nicht; vielmehr blieb die Lanzenspitze darin stecken. [255] Auch nicht traf Nagdasbrots vollkommenen und viertöpfigen Helm der göttliche Majoranson, der Ares selbst nacheiferte; als Einziger unter den Fröschen war dieser sehr tapfer in der Menge. Majoranson stürmte auf Nagdasbrot los: Als dieser ihn sah, blieb er nicht stehen.

[260] Es gab bei den Mäusen einen Jungen, Raubdasstückchen, der besser als die anderen war, der liebe Sohn Kratzers, des herausragenden Brotjägers: Dieser ging nach Hause und befahl seinem Sohn die Teilnahme am Krieg; der drohte nun an, dass er das

οὗτος ἀναρπάξαι βατράχων γενεὴν ἐπαπείλει·
ἀγχοῦ δ' ἕστηκεν μενεαίνων ἶφι μάχεσθαι
καὶ ῥήξας καρύοιο μέσην ῥάχιν εἰς δύο μοίρας
φράγδην ἀμφοτέροισι κενώμασι χεῖρας ἔθηκεν·
οἱ δὲ τάχος δείσαντες ἔβαν πάντες κατὰ λίμνην·
καί νύ κεν ἐξετέλεσσεν ἐπεὶ μέγα οἱ σθένος ἦεν,
εἰ μὴ ἄρ' ὀξὺ νόησε πατὴρ ἀνδρῶν τε θεῶν τε.
καὶ τότ' ἀπολλυμένους βατράχους ᾤκτειρε Κρονίων,
κινήσας δὲ κάρη τοίην ἐφθέγξατο φωνήν·
"Ὢ πόποι ἦ μέγα θαῦμα τόδ' ὀφθαλμοῖσιν ὁρῶμαι·
οὐ μικρὸν πλήσσει Μεριδάρπαξ ὃς κατὰ λίμνην
ἅρπαξ ἐν βατράχοισιν ἀμείβεται· ἀλλὰ τάχιστα
Παλλάδα πέμψωμεν πολεμόκλονον ἢ καὶ Ἄρηα,
οἵ μιν ἐπισχήσουσι μάχης κρατερόν περ ἐόντα."
Ὣς ἄρ' ἔφη Κρονίδης· Ἄρης δ' ἀπαμείβετο μύθῳ·
"οὔτ' ἄρ' Ἀθηναίης Κρονίδη σθένος οὔτε Ἄρηος
ἰσχύει βατράχοισιν ἀμυνέμεν αἰπὺν ὄλεθρον.
ἀλλ' ἄγε πάντες ἴωμεν ἀρηγόνες· ἢ τὸ σὸν ὅπλον
κινείσθω· οὕτω γὰρ ἁλώσεται ὅς τις ἄριστος, 284
ὥς ποτε καὶ Καπανῆα κατέκτανες ὄβριμον ἄνδρα 282
καὶ μέγαν Ἐγκελάδοντα καὶ ἄγρια φῦλα Γιγάντων."
Ὣς ἄρ' ἔφη· Κρονίδης δὲ λαβὼν ἀργῆτα κεραυνὸν –
πρῶτα μὲν ἐβρόντησε, μέγαν δ' ἐλέλιξεν Ὄλυμπον –
ἧκ' ἐπιδινήσας· ὁ δ' ἄρ' ἔπτατο χειρὸς ἄνακτος. 288
πάντας μέν ῥ' ἐφόβησε βαλὼν βατράχους τε μύας τε·
ἀλλ' οὐδ' ὧς ἀπέληγε μυῶν στρατός, ἀλλ' ἔτι μᾶλλον
ἔλπετο πορθήσειν βατράχων γένος αἰχμητάων,

Geschlecht der Frösche dahinraffen werde. Ganz nahe stand er da, begierig, mit brutaler Gewalt zu kämpfen, und nachdem er eine Nuss entlang ihrer Fuge in der Mitte in zwei Teile zerbrochen hatte, legte er seine Hände gewappnet in die beiden Hohlräume. Die Frösche aber packte die Angst, und sie rannten alle schnell zum Teich: Er hätte sein Ziel erreicht, weil er über gewaltige Kraft verfügte, wenn dies der Vater der Menschen und Götter nicht scharf beobachtet hätte. Da hatte der Kronide Mitleid mit den todgeweihten Fröschen, schüttelte seinen Kopf und erhob so seine Stimme:

»O weh! Wahrhaftig! Was für ein gewaltiges Wunder sehe ich da mit meinen eigenen Augen! Nicht wenig schlägt Raubdasstückchen zu, der im Teich wie ein Räuber an den Fröschen Rache übt! Da wollen wir schnellstens Pallas schicken, die Kriegsstiftende, oder auch Ares, die ihn vom Kampf abhalten werden, auch wenn er stark ist.«

So also sprach der Kronide, doch Ares antwortete ihm mit folgender Rede: »Weder die Kraft von Athene, Kronide, noch die von Ares ist stark genug, um die Frösche vor dem blanken Verderben zu retten. Jetzt aber auf, wir wollen alle als Helfer einschreiten, oder deine Waffe soll eingesetzt werden: Denn so wird derjenige gefangen genommen, der am tapfersten ist, wie du einst auch Kapaneus getötet hast, den gewaltigen Mann, sowie den großen Enkelados und die wilden Völker der Giganten.«

So also sprach er; der Kronide aber griff daraufhin nach einem glänzenden Blitz – zuerst allerdings donnerte er und erschütterte den großen Olymp –, schwang ihn, schleuderte ihn hinab, und schon war er der Hand des Herrschers entflohen. Alle erschreckte er mit seinem Wurf, Frösche und Mäuse. Aber dennoch gab das Heer der Mäuse nicht auf, sondern es wiegte sich vielmehr noch stärker in der Hoffnung, das Geschlecht der lanzentragenden Frösche zu vernichten, wenn sich der Kronide

εἰ μὴ ἀπ' Οὐλύμπου βατράχους ἐλέησε Κρονίων,
ὅς ῥα τότ' ἐν βατράχοισιν ἀρωγοὺς εὐθὺς ἔπεμψεν.
Ἦλθον δ' ἐξαίφνης νωτάκμονες, ἀγκυλοχεῖλαι,
λοξοβάται, στρεβλοί, ψαλιδόστομοι, ὀστρακόδερμοι,
ὀστοφυεῖς, πλατύνωτοι, ἀποστίλβοντες ἐν ὤμοις,
βλαισοί, χειλοτένοντες, ἀπὸ στέρνων ἐσορῶντες,
ὀκτάποδες, δικάρηνοι, ἀχειρέες, οἱ δὲ καλεῦνται
καρκίνοι, οἵ ῥα μυῶν οὐρὰς στομάτεσσιν ἔκοπτον
ἠδὲ πόδας καὶ χεῖρας· ἀνεγνάμπτοντο δὲ λόγχαι.
τοὺς δὴ ὑπέδεισαν δειλοὶ μύες οὐδ' ἔτ' ἔμειναν,
ἐς δὲ φυγὴν ἐτράποντο· ἐδύετο δ' ἥλιος ἤδη,
καὶ πολέμου τελετὴ μονοήμερος ἐξετελέσθη.

nicht vom Olymp herab der Frösche erbarmt hätte: Da schickte er sogleich Helfer zu den Fröschen.

Diese kamen plötzlich: Ambossrückig, krummklauig, schräggehend, schielend, scherenmundig, scherbenhäutig, knochengestaltig, breitrückig, auf den Schultern glänzend, krummbeinig, klauenvorstreckend, von der Brust aus schauend, achtfüßig, zweiköpfig, handlos – Krebse werden sie genannt. Mit ihren Mündern schnappten sie nach den Schwänzen der Mäuse und auch nach deren Füßen und Händen: Ihre Lanzen bogen sich zurück. Vor diesen fürchteten sich die feigen Mäuse und hielten nicht mehr stand, sondern wandten sich zur Flucht. Schon ging die Sonne unter, und das eintägige Kriegsfest kam an sein Ende.

Übersetzung: Fabian Zogg

ΤΡΙΦΙΟΔΩΡΟΥ ΙΛΙΟΥ ΑΛΩΣΙΣ

Τέρμα πολυκμήτοιο μεταχρόνιον πολέμοιο
καὶ λόχον Ἀργείης ἱππήλατον ἔργον Ἀθήνης,
αὐτίκα μοι σπεύδοντι πολὺν διὰ μῦθον ἀνεῖσα
ἔννεπε, Καλλιόπεια, καὶ ἀρχαίην ἔριν ἀνδρῶν
κεκριμένου πολέμοιο ταχείῃ λῦσον ἀοιδῇ.
ἤδη μὲν δεκάτοιο κυλινδομένου λυκάβαντος
γηραλέη τετάνυστο φόνων ἀκόρητος Ἐνυὼ
Τρωσί τε καὶ Δαναοῖσιν· ἐναιρομένων δ' ἄρα φωτῶν
δούρατα κεκμήκει, ξιφέων δ' ἔθνῃσκον ἀπειλαί,
σβέννυτο θωρήκων ἐνοπή, μινύθεσκε δ' ἑλικτὴ
ἁρμονίη ῥηχθεῖσα φερεσσακέων τελαμώνων,
ἀσπίδες οὐκ ἀνέχοντο μένειν ἔτι δοῦπον ἀκόντων,
λύετο καμπύλα τόξα, κατέρρεον ὠκέες ἰοί.
ἵπποι δ' οἱ μὲν ἄνευθεν ἀεργηλῆς ἐπὶ φάτνης
οἰκτρὰ κάτω μύοντες ὁμόζυγας ἔστενον ἵππους,
οἱ δ' αὐτοὺς ποθέοντες ὀλωλότας ἡνιοχῆας.
κεῖτο δὲ Πηλείδης μὲν ἔχων ἅμα νεκρὸν ἑταῖρον,
Ἀντιλόχῳ δ' ἐπὶ παιδὶ γέρων ὠδύρετο Νέστωρ,
Αἴας δ' αὐτοφόνῳ βριαρὸν δέμας ἕλκεϊ λύσας
φάσγανον ἐχθρὸν ἔλουσε μεμηνότος αἵματος ὄμβρῳ.
Τρωσὶ δὲ λωβητῆρσιν ἐφ' Ἕκτορος ἑλκυθμοῖσι
μυρομένοις οὐ μοῦνον ἔην ἐπιδήμιον ἄλγος,
ἀλλὰ καὶ ἀλλοθρόοις ἐπὶ πένθεσι κωκύοντες
δάκρυσιν ἠμείβοντο πολυγλώσσων ἐπικούρων.
κλαῖον μὲν Λύκιοι Σαρπηδόνα, τόν ποτε μήτηρ
ἐς Τροίην μὲν ἔπεμψεν ἀγαλλομένη Διὸς εὐνῇ,
δουρὶ δὲ Πατρόκλοιο Μενοιτιάδαο πεσόντα
αἵματι δακρύσας ἐχύθη πατρώιος ἀήρ.

TRIPHIODOR, EROBERUNG TROJAS

Den lang hinausgeschobenen Wendepunkt des sehr mühevollen Krieges und den Hinterhalt der argivischen Athene, den Bau eines Pferdes, verkünde sogleich mir Eifrigem ohne lange Rede, Kalliope, und bring den alten Streit der Männer, da der Krieg ja nun entschieden ist, in raschem Gesang zu seiner Lösung.

Schon lief das zehnte Jahr, und die nach Mord unersättliche Enyo war für die Trojaner und auch für die Danaer alt geworden; die Speere waren vom Töten der Männer ermattet, es erstarben die Drohungen der Schwerter, das Klirren der Brustpanzer legte sich, die gewundene Fügung der schildtragenden Riemen war abgenutzt und gerissen, die Schilde konnten dem Getöse der Wurfspieße nicht mehr standhalten, die gekrümmten Bogen erschlafften, und zu Boden fielen die schnellen Pfeile. Ein Teil der Pferde beklagte, ohne von der Futterkrippe zu fressen, jämmerlich am Boden mit geschlossenem Maul seine Pferde-Gefährten im Gespann; andere klagten aus Verlangen nach den gefallenen Wagenlenkern selbst.

Da lag der Peleus-Sohn zusammen mit seinem toten Gefährten; um seinen Sohn Antilochos klagte Nestor, der Greis, und Aias, der seinen starken Körper durch eine sich selbst zugefügte tödliche Wunde gelöst hatte, hatte das Schwert des Feindes im Schwall seines rasenden Blutes gewaschen. Die Trojaner, die über Hektors schmachvolle Schleifung weinten, empfanden nicht nur Schmerz über ihr eigenes Volk, sondern klagten auch über fremdes Leid und antworteten auf die Tränen ihrer Verbündeten, die aus vielen verschiedenen Sprachräumen stammten: Die Lykier beklagten Sarpedon, den einst seine Mutter, stolz auf ihr Beilager mit Zeus, nach Troja geschickt hatte und den, als er durch den Speer des Patroklos, des Sohnes des Menoitios, gefallen war, ein vom Vater geschickter Nebel mit Blut beweint und um-

καὶ δολίην ὑπὸ νύκτα κακῷ πεπεδημένον ὕπνῳ
Ῥῆσον μὲν Θρήικες ἐκώκυον· ἡ δ᾽ ἐπὶ πότμῳ
Μέμνονος οὐρανίην νεφέλην ἀνεδήσατο μήτηρ
φέγγος ὑποκλέψασα κατηφέος ἤματος Ἠώς.
αἱ δ᾽ ἀπὸ Θερμώδοντος ἀρηιφίλοιο γυναῖκες
κοπτόμεναι περίκυκλον ἀθηλέος ὄμφακα μαζοῦ
παρθένον ὠδύροντο δαΐφρονα Πενθεσίλειαν,
ἥτε πολυξείνοιο χορὸν πολέμοιο μολοῦσα
θηλείης ὑπὸ χειρὸς ἀπεσκέδασεν νέφος ἀνδρῶν
νῆας ἐς ἀγχιάλους· μελίῃ δέ ἑ μοῦνος ὑποστὰς
καὶ κτάνε καὶ σύλησε καὶ ἐκτερέιξεν Ἀχιλλεύς.
εἱστήκει δ᾽ ἔτι πᾶσα θεοδμήτων ὑπὸ πύργων
Ἴλιος ἀκλινέεσσιν ἐπεμβεβαυῖα θεμέθλοις,
ἀμβολίῃ δ᾽ ἤσχαλλε δυσαχθέι λαὸς Ἀχαιῶν.
καί νύ κεν ὑστατίοισιν ἐποκνήσασα πόνοισιν
ἀκάματός περ ἐοῦσα μάτην ἵδρωσεν Ἀθήνη,
εἰ μὴ Δηιφόβοιο γαμοκλόπον ὕβριν ἐάσας
Ἰλιόθεν Δαναοῖσιν ἐπὶ ξένος ἤλυθε μάντις,
οἷα δέ που μογέοντι χαριζόμενος Μενελάῳ
ὀψιτέλεστον ὄλεθρον ἑῇ μαντεύσατο πάτρῃ.
οἱ δὲ βαρυζήλοιο θεοπροπίῃς Ἑλένοιο
αὐτίκα μηκεδανοῖο μόθου τέλος ἠρτύναντο·
καὶ Σκῦρον μὲν ἔβαινε λιπὼν εὐπάρθενον ἄστυ
υἱὸς Ἀχιλλῆος καὶ ἐπαινῆς Δηιδαμείης·
μήπω δ᾽ εὐφυέεσσιν ἰουλίζων κροτάφοισιν
ἀλκὴν πατρὸς ἔφαινε νέος περ ἐὼν πολεμιστής.
ἦλθε δὲ καὶ Δαναοῖσιν ἑὸν βρέτας ἁγνὸν ἄγουσα
ληιστὴ μὲν ἐοῦσα, φίλοις δ᾽ ἐπίκουρος Ἀθήνη.

geben hatte; den in einer trügerischen Nacht durch unheilvollen Schlaf gefesselten Rhesos bejammerten die Thraker; beim Tod des Memnon hatte sich seine Mutter Eos in eine himmlische Wolke zurückgezogen und das Licht des trüben Tages gestohlen; die Frauen, die aus der Gegend des von Ares geliebten Thermodon gekommen waren, schlugen sich gegen ihre runde jungfräuliche Brust, die noch nicht gestillt hatte, und beklagten die kriegerische Jungfrau Penthesileia, die zum Reigen des gastreichen Krieges gekommen war und mit weiblicher Hand eine Wolke von Männern bis zu den Schiffen am Meer getrieben hatte; nur einer hatte ihr mit seiner Eschenlanze standgehalten, sie getötet, ihr die Rüstung abgenommen und sie bestattet: Achilleus.

Aber noch stand Troja wegen seiner von Göttern gebauten Mauern ganz und ruhte auf unerschütterlichen Fundamenten. Wegen der schwer zu ertragenden Verzögerung war das Volk der Achaier unwillig, und zu diesem Zeitpunkt wäre selbst Athene, so unermüdlich sie war, vor den letzten Mühen zurückgeschreckt und hätte vergeblich Schweiß vergossen, wenn sich nicht ein Seher vom ehestehlenden Frevel des Deiphobos abgewandt hätte und von Troja als Gastfreund zu den Danaern gekommen wäre. Und als ob er dem leidenden Menelaos einen Gefallen tun wollte, prophezeite er seiner Vaterstadt den letztendlichen Untergang. Wegen dieser Weissagungen des zutiefst eifersüchtigen Helenos bereiteten die Danaer sofort das Ende des langwierigen Schlachtgetümmels vor: Die Stadt Skyros mit ihren schönen Jungfrauen verlassend kam der Sohn des Achilleus und der rühmlichen Deidameia; auch wenn auf den schönen Schläfen noch kein Bart spross, zeigte er die Stärke seines Vaters, obwohl er noch ein junger Kämpfer war. Und zu den Danaern kam auch Athene, die ihr heiliges Götterbild – zwar ein Beutestück, aber ihren Schützlingen gleichwohl helfend – brachte.

ἤδη καὶ βουλῇσι θεῆς ὑποεργὸς Ἐπειὸς
Τροίης ἐχθρὸν ἄγαλμα πελώριον ἵππον ἐποίει.
καὶ δὴ τέμνετο δοῦρα καὶ ἐς πεδίον κατέβαινεν
Ἴδης ἐξ αὐτῆς, ὁπόθεν καὶ πρόσθε Φέρεκλος
νῆας Ἀλεξάνδρῳ τεκτήνατο, πήματος ἀρχήν.
ποίει δ' εὐρυτάτῃς μὲν ἐπὶ πλευρῇς ἀραρυῖαν
γαστέρα κοιλήνας, ὁπόσον νεὸς ἀμφιελίσσης
ὀρθὸν ἐπὶ στάθμην μέγεθος τορνώσατο τέκτων.
αὐχένα δὲ γλαφυροῖσιν ἐπὶ στήθεσσιν ἔπηξε
ξανθῷ πορφυρόπεζαν ἐπιρρήνας τρίχα χρυσῷ·
ἡ δ' ἐπικυμαίνουσα μετήορος αὐχένι κυρτῷ
ἐκ κορυφῆς λοφόεντι κατεσφρηγίζετο δεσμῷ.
ὀφθαλμοὺς δ' ἐνέθηκε λιθώπεας ἐν δυσὶ κύκλοις
γλαυκῆς βηρύλλοιο καὶ αἱμαλέης ἀμεθύσσου·
τῶν δ' ἐπιμισγομένων διδύμης ἀμαρύγματι χροιῆς
γλαυκῶν φοινίσσοντο λίθων ἑλίκεσσιν ὀπωπαί.
ἀργυφέους δ' ἐχάραξεν ἐπὶ γναθμοῖσιν ὀδόντας
ἄκρα δακεῖν σπεύδοντας ἐυστρέπτοιο χαλινοῦ·
καὶ στόματος μεγάλοιο λαθὼν ἀνέῳξε κελεύθους
ἀνδράσι κευθομένοισι παλίρροον ἆσθμα φυλάσσων,
καὶ διὰ μυκτήρων φυσίζοος ἔρρεεν ἀήρ.
οὔατα δ' ἀκροτάτοισιν ἐπὶ κροτάφοισιν ἄρηρεν
ὀρθὰ μάλ', αἰὲν ἑτοῖμα μένειν σάλπιγγος ἀκουήν.
νῶτα δ' ὁμοῦ λαγόνεσσι συνήρμοσε καὶ ῥάχιν ὑγρήν,
ἰσχία δὲ γλουτοῖσιν ὀλισθηροῖσι συνῆψε.
σύρετο δὲ πρυμνοῖσιν ἐπ' ἴχνεσιν ἔκλυτος οὐρὴ
ἄμπελος ὣς γναμπτοῖσι καθελκομένη θυσάνοισιν.
οἱ δὲ πόδες βαλίοισιν ἐπερχόμενοι γονάτεσσιν
εὔπτερον ὥσπερ ἔμελλον ἐπὶ δρόμον ὁπλίζεσθαι,
οὕτως ἠπείγοντο· μένειν δ' ἐκέλευεν ἀνάγκη.
οὐ μὲν ὑπὸ κνήμῃσιν ἀχαλκέες ἔξεχον ὁπλαί,
μαρμαρέης δ' ἑλίκεσσι κατεσφήκωντο χελώνης

Schon baute auf Ratschlag der Göttin ihr Gehilfe Epeios eine trojafeindliche Weihgabe, ein riesiges Pferd: Stämme wurden geschnitten und kamen in die Ebene herab von eben dem Idagebirge, von dem auch schon früher Phereklos das Holz für die Fertigung der Schiffe für Alexandros genommen hatte, die der Anfang des Unheils waren! Er baute einen mit sehr breiten Seiten gefügten Bauch und machte ihn hohl in dem Maße, wie ein Zimmermann nach der geraden Richtschnur die Größe eines beidseitig geschweiften Schiffes formt. Dann fügte er den Hals an die hohle Brust und besprenkelte die am Ansatz purpurfarbige Mähne mit gelbem Gold. Sie wogte hoch in der Luft auf dem gewölbten Nacken und war vom Kopf her befestigt mit einem Helmbuschband. In zwei Kreise setzte er edelsteinfunkelnde Augen von hellgrünem Beryll und blutrotem Amethyst. Durch die Windungen der hellgrünen Steine, die sich in schneller Bewegung beider Farben vereinigten, waren die Pupillen rot gefärbt. In die Kiefer schnitzte er silberne Zähne, die versuchten, in die Enden des wohlgeformten Zaumzeugs zu beißen. Heimlich öffnete er Wege in dem großen Mund, womit er für die verborgenen Männer hin- und herfließendes Atmen sicherstellte, und durch die Nüstern floss lebenspendende Luft. Die Ohren waren an den Spitzen der Schläfen angebracht, ganz spitz und stets bereit, auf den Ton der Trompete zu warten. Den Rücken und das geschmeidige Rückgrat fügte er mit den Flanken zusammen und verband die Hüften mit dem glatten Hinterteil. Lose schwang der Schwanz bis zu den Enden der Hufe, wie ein Weinstock, der durch gebogene Ranken zu Boden gezogen wird. Die Beine aber, die mit flinken Knien liefen, eilten so, als wollten sie sich für einen geflügelten Lauf bereitmachen – aber die Notwendigkeit zwang sie zum Verweilen. Nicht ohne Erz ragten die Hufe unter den Unterschenkeln hervor; sie waren hineingeschnürt in Windungen aus glänzendem Schildkrötenpanzer und berührten mit

ἁπτόμεναι πεδίοιο μόγις κρατερώνυχι χαλκῷ.
κληιστὴν δ' ἐνέθηκε θύρην καὶ κλίμακα τυκτήν,
ἡ μὲν ὅπως ἀίδηλος ἐπὶ πλευρῇς ἀραρυῖα
ἔνθα καὶ ἔνθα φέρῃσι λόχον κλυτόπωλον Ἀχαιῶν,
ἡ δ' ἵνα λυομένη τε καὶ ἔμπεδον εἰς ἓν ἰοῦσα
εἴη σφιν καθύπερθεν ὁδὸς καὶ νέρθεν ὀροῦσαι.
ἀμφὶ δέ μιν λευκοῖο κατ' αὐχένος ἠδὲ γενείων
ἄνθεσι πορφυρέοισι πέριξ ἔζωσεν ἱμάντων
καὶ σκολιῇς ἑλίκεσσιν ἀναγκαίοιο χαλινοῦ
κολλήσας ἐλέφαντι καὶ ἀργυροδίνεϊ χαλκῷ.
αὐτὰρ ἐπειδὴ πάντα κάμεν μενεδήιον ἵππον,
κύκλον ἐυκνήμιδα ποδῶν ὑπέθηκεν ἑκάστῳ,
ἑλκόμενος πεδίοισιν ὅπως πειθήνιος εἴη
μηδὲ βιαζομένοισι δυσέμβατον οἶμον ὁδεύῃ.
    ὣς ὁ μὲν ἐξήστραπτε φόβῳ καὶ κάλλεϊ πολλῷ
εὐρύς θ' ὑψηλός τε· τὸν οὐδέ κεν ἀρνήσαιτο,
εἴ μιν ζωὸν ἔτετμεν, ἐλαυνέμεν ἵππιος Ἄρης.
ἀμφὶ δέ μιν μέγα τεῖχος ἐλήλατο, μή τις Ἀχαιῶν
πρίν μιν ἐσαθρήσειε, δόλον δ' ἀνάπυστον ἀνάψῃ.
οἱ δὲ Μυκηναίης Ἀγαμέμνονος ἐγγύθι νηὸς
λαῶν ὀρνυμένων ὅμαδον καὶ κῦμα φυγόντες
ἐς βουλὴν βασιλῆες ἀολλίσθησαν Ἀχαιῶν.
ἡ δὲ τανυφθόγγοιο δέμας κήρυκος ἑλοῦσα
συμφράδμων Ὀδυσῆι παρίστατο θοῦρις Ἀθήνη
ἀνδρὸς ἐπιχρίουσα μελίχροϊ νέκταρι φωνήν.
αὐτὰρ ὁ δαιμονίῃσι νόον βουλῇσιν ἑλίσσων
πρῶτα μὲν εἱστήκει κενεόφρονι φωτὶ ἐοικὼς
ὄμματος ἀτρέπτοιο βολὴν ἐπὶ γαῖαν ἐρείσας,
ἄφνω δ' ἀενάων ἐπέων ὠδῖνας ἀνοίξας
δεινὸν ἀνεβρόντησε καὶ ἠερίης ἅτε πηγῆς
ἐξέχεεν μέγα λαῖτμα μελισταγέος νιφετοῖο·

ihrem hufstarken Erz kaum den Boden. [90] Epeios baute noch eine verschließbare Tür und eine gut gefertigte Leiter ein – Erstere, damit sie, unsichtbar an die Rippen angepasst, den durch das Pferd berühmten Trupp der Achaier hierhin und dorthin führe, und Letztere, damit sie ausgebreitet und fest zusammengefügt für sie ein Weg sei, sich herab und hinauf zu bewegen. [95] Rings umgürtete er das Pferd um den weißen Hals und die Schläfen herum mit purpurnen Blumenriemen und den gebogenen Windungen des zwingenden Zaumzeugs, das er mit Elfenbein und silberglänzendem Erz verbunden hatte. Nachdem Epeios das standhafte Pferd ganz vollendet hatte, [100] setzte er ein Rad mit schönen Speichen unter jeden Fuß, damit es – wenn es über die Ebene gezogen würde – den Zügeln gehorchen und für die, die es in ihrer Gewalt hätten, keinen schwerbegehbaren Weg nehmen würde.

So glänzte es furchteinflößend und in großer Schönheit, breit und hoch. Und nicht hätte der rosseliebende Ares es abgelehnt, auf ihm zu reiten, [105] wenn er es lebendig angetroffen hätte. Um das Pferd herum war eine große Mauer gezogen, damit keiner der Achaier es vorher anschauen und die List bekannt machen könnte. Und neben dem aus Mykene stammenden Schiff des Agamemnon versammelten sich – den Lärm und die Woge der geschäftigen Scharen meidend – [110] die Könige der Achaier zu einer Beratung. Die kampfeslustige Athene aber nahm die Gestalt eines hellstimmigen Herolds an, stellte sich als Beraterin dem Odysseus zur Seite und salbte die Stimme des Helden mit honigsüßem Nektar. Der aber wälzte seine Gedanken aufgrund der göttlichen Ratschläge hin und her; [115] zuerst stand er einem geistlosen Mann ähnelnd da und hatte den Blick seiner teilnahmslosen Augen auf den Boden gerichtet. Aber plötzlich öffnete er den Schoß immerfließender Worte, donnerte fürchterlich los und ergoss wie aus einer luftigen Quelle einen großen Schwall von honigtropfendem Schneegestöber:

“ὦ φίλοι, ἤδη μὲν κρύφιος λόχος ἐκτετέλεσται
χερσὶ μὲν ἀνδρομέῃσιν, ἀτὰρ βουλῇσιν Ἀθήνης.
ὑμεῖς δ’, οἵτε μάλιστα πεποίθατε κάρτεϊ χειρῶν,
πρόφρονες ἀλκήεντι νόῳ καὶ τλήμονι θυμῷ
σπέσθε μοι· οὐ γὰρ ἔοικε πολὺν χρόνον ἐνθάδ’ ἐόντας
μοχθίζειν ἀτέλεστα καὶ ἀχρέα γηράσκοντας,
ἀλλὰ χρὴ ζώοντας ἀοίδιμον ἔργον ἀνύσσαι
ἢ θανάτῳ βροτόεντι κακοκλεὲς αἶσχος ἀλύξαι.
ἡμῖν θαλπωραὶ προφερέστεραι ἤπερ ἐκείνοις,
εἰ μήπω στρουθοῖο καὶ ἀρχαίοιο δράκοντος
καὶ καλῆς πλατάνοιο καὶ ὠκυμόροις ἐπὶ τέκνοις
μητέρος ἑλκομένης ἁπαλῶν τ’ ἐλάθεσθε νεοσσῶν.
εἰ δὲ θεοπροπίῃσι γέρων ἀνεβάλλετο Κάλχας,
ἀλλὰ καὶ ὣς Ἑλένοιο μετήλυδος ὀμφητῆρος
μαντοσύναι καλέουσιν ἑτοιμοτάτην ἐπὶ νίκην.
τούνεκά μοι πείθεσθε, καὶ ἱππείην ἐπὶ νηδὺν
θαρσαλέοι σπεύδωμεν, ὅπως αὐτάγρετον ἄλγος
Τρῶες ἀταρβήτοιο θεῆς ἀπατήνορα τέχνην
Ἴλιον εἰσανάγωσιν ἑὸν κακὸν ἀμφαγαπῶντες.
οἱ δ’ ἄλλοι πρυμναῖα μεθίετε πείσματα νηῶν
πῦρ ἴδιον πλεκτῇσιν ἐνὶ κλισίῃσι βαλόντες·
Ἰλιάδος δὲ λιπόντες ἐρημαίην χθονὸς ἀκτὴν
πλώετε πασσυδίῃ ψευδώνυμον οἴκαδε νόστον,
εἰσόκεν εὐόρμου τετανυσμένον ἐκ περιωπῆς
ὔμμι συναγρομένοις ἐπὶ γείτονος αἰγιαλοῖο
σημαίνῃ παλίνορσον ἐπὶ πλόον ἑσπέριον πῦρ.
καὶ τότε μήτε τις ὄκνος ἐπειγομένων ἐρετάων
γινέσθω μήτ’ ἄλλο φόβου νέφος, οἷά τε νύκτες
ἀνθρώποισι φέρουσιν ἐλαφροῦ δείματα θυμοῦ.
ἔστω δὲ προτέρης ἀρετῆς ἐμφύλιος αἰδώς,
μηδέ τις αἰσχύνειεν ἑὸν κλέος, ὥς κεν ἕκαστος

»Freunde, nun ist der geheime Hinterhalt vollendet – von menschlichen Händen, aber nach den Plänen Athenes. Ihr aber, die ihr besonders stark auf die Kraft eurer Hände vertraut, folgt mir entschlossen mit tapferem Sinn und beständigem Mut. Denn es ziemt sich nicht, lange Zeit hier zu verweilen, endlos zu leiden und nutzlos zu altern, sondern es ist nötig, entweder lebend ein des Gesanges würdiges Werk zu vollenden oder durch einen blutigen Tod der rufschädigenden Schande zu entrinnen. Für uns gibt es bessere Ermutigung als für jene, sofern ihr nicht den Sperling, die alte Schlange, die schöne Platane, die bei ihren rasch sterbenden Kindern gepackte Mutter und die zarten Jungvögel vergessen habt. Und wenn der alte Kalchas in seinen Prophezeiungen Verzögerungen nannte, dann werden uns auch so die Weissagungen des zu uns gekommenen Helenos zum unmittelbar bevorstehenden Sieg rufen. Deshalb folgt mir und lasst uns mutig und schnell in den Bauch des Pferdes steigen, damit die Trojaner das trügerische Kunstwerk der furchtlosen Göttin als von ihnen selbst ergriffenes Leid nach Troja hineinbringen und ihr eigenes Unglück liebevoll aufnehmen! Ihr anderen aber macht die Haltetaue am Heck der Schiffe los, nachdem ihr selbst Feuer in den geflochtenen Hütten gelegt habt. Wenn ihr die Küste des trojanischen Landes menschenleer zurückgelassen habt, segelt so schnell wie möglich auf dem vermeintlichen Weg in Richtung Heimat, bis euch, die ihr am benachbarten Strand versammelt seid, ein abendliches Feuer, das sich von einer Warte mit guten Ankerplätzen her ausgebreitet hat, die Rückfahrt anzeigt. Und dann darf es kein Zögern der eilenden Ruderer geben und keine andere Wolke der Furcht, welche die Nächte den Menschen bringen als Schrecken für schwankenden Mut. In jedem Stamm soll Achtung vor früherer Tapferkeit herrschen und niemand soll seinem guten Ruf Schande machen, so dass jeder ein Ehrenge-

ἄξιον ὧν ἐμόγησε λάβῃ γέρας ἱπποσυνάων."
ὣς φάμενος βουλῆς ἐξήρχετο· τοῖο δὲ μύθοις
πρῶτος ἐφωμάρτησε Νεοπτόλεμος θεοειδής,
πῶλος ἅτε δροσόεντος ἐπειγόμενος πεδίοιο,
ὅστε νεοζυγέεσσιν ἀγαλλόμενος φαλάροισιν
ἔφθασε καὶ μάστιγα καὶ ἡνιοχῆος ἀπειλήν.
Τυδείδης δ' ἐπόρουσε Νεοπτολέμῳ Διομήδης
θαυμάζων, ὅτι τοῖος ἔην καὶ πρόσθεν Ἀχιλλεύς.
ἕσπετο καὶ Κυάνιππος, ὃν εὐπατέρεια Κομαιθὼ
Τυδηὶς θαλάμοιο μινυνθαδίοιο τυχοῦσα
ὠκυμόρῳ τέκε παῖδα σακεσπάλῳ Αἰγιαλῆι.
ἔστη καὶ Μενέλαος· ἄγεν δέ μιν ἄγριος ὁρμὴ
Δηιφόβου ποτὶ δῆριν, ἀπηνέι δ' ἔζεε θυμῷ
δεύτερον ἁρπακτῆρα γάμου λελιημένος εὑρεῖν.
τῷ δ' ἐπὶ Λοκρὸς ὄρουσεν Ὀιλῆος ταχὺς Αἴας,
εἰσέτι θυμὸν ἔχων πεπνυμένον οὐδ' ἐπὶ κούραις
μαργαίνων ἀθέμιστον· ἀνέστησεν δὲ καὶ ἄλλον,
Κρητῶν Ἰδομενῆα μεσαιπόλιον βασιλῆα.
Νεστορίδης δ' ἅμα τοῖσιν ἔβη κρατερὸς Θρασυμήδης,
καὶ Τελαμώνιος υἱὸς ἑκηβόλος ἤιε Τεῦκρος·
τοῖσι δ' ἐπ' Ἀδμήτοιο πάις πολύιππος ἀνέστη
Εὔμηλος· μετὰ τὸν δὲ θεοπρόπος ἔσσυτο Κάλχας
εὖ εἰδώς, ὅτι μόχθον ἀμήχανον ἐκτελέσαντες
ἤδη Τρώιον ἄστυ καθιππεύσουσιν Ἀχαιοί.
οὐδὲ μὲν οὐδ' οἳ ἔλειφθεν ἀποστρεφθέντες ἀρωγῆς
Εὐρύπυλός τ' Εὐαιμονίδης ἀγαθός τε Λεοντεύς,
Δημοφόων τ' Ἀκάμας τε, δύω Θησήια τέκνα,
Ὀρτυγίδης τ' Ἄντικλος, ὃν αὐτόθι τεθνειῶτα
ἵππῳ δακρύσαντες ἐνεκτερέιξαν Ἀχαιοί,
Πηνέλεώς τε Μέγης τε καὶ Ἀντιφάτης ἀγαπήνωρ

schenk erhält, das den Mühen der Wagenkämpfe, die er erduldet hat, angemessen ist.«

Mit dieser Rede begann er die Beratung. Seinen Worten folgte als Erster der gottgleiche Neoptolemos wie ein Fohlen, das über eine tauige Ebene stürmt [155] und, stolz auf den neu angelegten Pferdeschmuck, der Peitsche und dem Drohen des Wagenlenkers zuvorkommt. Dann sprang der Sohn des Tydeus, Diomedes, dem Neoptolemos zur Seite und staunte darüber, dass dieser ebenso aussah wie vormals Achilleus. Auch Kyanippos folgte, den die von einem edlen Vater abstammende Komaitho, [160] die Tochter des Tydeus, der nur eine kurze Ehe beschieden war, dem Schildschwinger Aigialeus, der früh sterben sollte, als Kind geboren hatte. Auch Menelaos trat hinzu – ihn trieb wilder Drang zum Kampf mit Deiphobos, und es brodelte in seinem harten Herzen, weil er den zweiten Räuber seiner Ehe unbedingt finden wollte. [165] Und ihm sprang der Lokrer Aias, der schnelle Sohn des Oileus, zur Seite, der noch bei klarem Verstand war und nicht auf frevelhafte Weise nach Jungfrauen gierte. Er spornte auch einen anderen an: Idomeneus, den halbergrauten König der Kreter. Zusammen mit ihnen ging der starke Nestor-Sohn Thrasymedes, [170] und auch des Telamon Sohn, der ferntreffende Teukros, kam mit. Und nach diesen erhob sich der an Pferden reiche Sohn des Admetos, Eumelos. Nach diesem wiederum setzte sich der Seher Kalchas in Bewegung, wohl wissend, dass die Achaier die nicht enden wollende Mühe beenden und die Stadt Troja schon bald niederreiten würden. [175] Und auch diese blieben nicht zurück und verweigerten ihren Beistand im Kampf nicht: Eurypylos, der Sohn des Euaimon, und der tüchtige Leonteus, Demophoon und Akamas, die beiden Söhne des Theseus, sowie Antiklos, der Sohn des Ortyx, den die Achaier, nachdem er ebendort getötet werden sollte, im Pferd beklagen und bestatten würden; [180] ferner Peneleos, Meges, der mannhafte Antiphates, Iphidamas und

Ἰφιδάμας τε καὶ Εὐρυδάμας, Πελίαο γενέθλη,
τόξῳ δ' Ἀμφιδάμας κεκορυθμένος· ὕστατος αὖτε
τέχνης ἀγλαόμητις ἑῆς ἐπέβαινεν Ἐπειός.
εὐξάμενοι δὴ ἔπειτα Διὸς γλαυκώπιδι κούρῃ
ἱππείην ἔσπευδον ἐς ὁλκάδα· τοῖσι δ' Ἀθήνη
ἀμβροσίῃ κεράσασα θεῶν ἐκόμισσεν ἐδωδὴν
δεῖπνον ἔχειν, ἵνα μή τι πανημέριοι λοχόωντες
τειρόμενοι βαρύθοιεν ἀτερπέι γούνατα λιμῷ.
ὣς δ' ὁπότε κρυμοῖσιν ἀελλοπόδων νεφελάων
ἠέρα παχνώσασα χιὼν ἐπάλυνεν ἀρούρας,
τηκομένη δ' ἀνέηκε πολὺν ῥόον· οἱ δ' ἀπὸ πέτρης
ὀξὺ καταθρῴσκοντα κυβιστητῆρι κυδοιμῷ
δοῦπον ὑποπτήξαντες ὀριτρεφέος ποταμοῖο
θῆρες ἐρωήσαντες ὑπὸ πτύχα κοιλάδος εὐνῆς
σιγῇ φρικαλέῃσιν ἐπὶ πλευρῇσι μένουσι,
πικρὰ δὲ πεινάοντες ὀιζυρῆς ὑπ' ἀνάγκης
τλήμονες ἐκδέχαται, πότε παύεται ὄβριμον ὕδωρ·
ὣς οἵγε γλαφυροῖο διὰ ξυλόχοιο θορόντες
ἀτλήτους ἀνέχοντο πόνους ἀκμῆτες Ἀχαιοί.
τοῖσι δ' ἐπεκλήισσε θύρην ἐγκύμονος ἵππου
πιστὸς ἀτεκμάρτοιο δόλου πυλαωρὸς Ὀδυσσεύς.
αὐτὸς δ' ἐν κεφαλῇ σκοπὸς ἕζετο· τὼ δέ οἱ ἄμφω
ὀφθαλμὼ ποθέοντες ἐλάνθανον ἐκτὸς ἐόντας.
Ἀτρείδης δ' ἐκέλευσεν ὑποδρηστῆρας Ἀχαιοὺς
λῦσαι λάινον ἕρκος ἐυγνάμπτοισι μακέλλαις,
ἵππος ὅπερ κεκάλυπτο· θέλεν δέ ἑ γυμνὸν ἐᾶσαι,
τηλεφανὴς ἵνα πᾶσιν ἑὴν χάριν ἀνδράσι πέμποι.
καὶ τὸ μὲν ἐξελάχαινον ἐφημοσύνῃ βασιλῆος.
ἠέλιος δ' ὅτε νύκτα παλίνσκιον ἀνδράσιν ἕλκων
ἐς δύσιν ἀχλυόπεζαν ἐκηβόλον ἔτραπεν ἠῶ,
δὴ τότε κηρύκων ἀπεκίδνατο λαὸν ἀυτὴ
φεύγειν ἀγγελέουσα καὶ ἑλκέμεν εἰς ἅλα κοίλην

Eurydamas, die Nachkommen des Pelias, sowie der mit einem Bogen ausgerüstete Amphidamas. Als Letzter aber betrat der an Geschicklichkeit herausragende Epeios sein Kunstwerk.

Dann beteten sie zur helläugigen Tochter des Zeus [185] und eilten in das pferdeförmige Lastschiff. Und Athene mischte ihnen Wein mit Ambrosia und gab ihnen die Speise der Götter zum Mahl, damit sie nicht, wenn sie den ganzen Tag im Hinterhalt lägen, durch schrecklichen Hunger entkräftet schwere Knie haben würden. Und wie wenn Schnee durch die Kälte der sturmfüßigen Wolken [190] die Luft gefrieren lässt, die Felder bedeckt und schmelzend einen großen Strom verursacht und wilde Tiere sich furchtsam vor dem von einem Felsen jäh in einem sich überschlagenden Getöse herabstürzenden Lärm des sich aus dem Gebirge nährenden Flusses unter der Deckung ihrer gewölbten Lagerstätte verkriechen, [195] still mit zitternden Flanken ausharren und – obwohl sie bitter Hunger leiden – unter jammervollem Zwang standhaft darauf warten, dass der Regenstrom aufhört: So sprangen die unermüdlichen Achaier in das gewölbte Holzversteck und nahmen unerträgliche Mühen auf sich. [200] Ihnen schloss Odysseus als sorgsamer Torwächter der nicht zu erahnenden List die Tür des trächtigen Pferdes. Er selbst nahm den Platz als Späher im Kopf ein. Seine begierigen Augen blieben denen, die außerhalb waren, verborgen. Der Atreus-Sohn aber befahl den Dienern der Achaier [205] mit gutgebogenen Hacken die steinerne Mauer einzureißen, durch die das Pferd verborgen gewesen war. Er wollte es schutzlos zurücklassen, damit es seine Schönheit weithin sichtbar allen Menschen zusende. Und man zerstörte die Mauer auf Anordnung des Königs.

Als aber die Sonne den Menschen die schattige Nacht heranzog [210] und das ferntreffende Tageslicht dem dunkelumrandeten Untergang zuwandte, da verbreitete sich der laute Ruf der Herolde, der dem Heer befahl, zu fliehen, die schön gehörnten Schiffe

νῆας ἐυκραίρους ἀνά τε πρυμνήσια λῦσαι.
ἔνθα δὲ πευκήεντος ἀνασχόμενοι πυρὸς ὁρμὴν
ἕρκεά τε πρήσαντες ἐυσταθέων κλισιάων
νηυσὶν ἀνεπλώεσκον ἀπὸ Ῥοιτειάδος ἀκτῆς
ὅρμον ἐς ἀντιπέραιον ἐυστεφάνου Τενέδοιο
γλαυκὸν ἀναπτύσσοντες ὕδωρ Ἀθαμαντίδος Ἕλλης.
μοῦνος δὲ πληγῇσιν ἑκούσια γυῖα χαραχθεὶς
Αἰσιμίδης ἐλέλειπτο Σίνων, ἀπατήλιος ἥρως,
κρυπτὸν ἐπὶ Τρώεσσι δόλον καὶ πήματα κεύθων.
ὡς δ᾽ ὁπότε σταλίκεσσι λίνον περικυκλώσαντες
θηρσὶν ὀριπλανέεσσι λόχον πολυωπὸν ἔπηξαν
ἀνέρες ἀγρευτῆρες· ὁ δ᾽ ἔκκριδὸν οἶος ἀπ᾽ ἄλλων,
λαθρίδιος πυκινοῖσιν ὑπὸ πτόρθοισι δεδυκώς,
δίκτυα παπταίνων ἔλαθεν θηροσκόπος ἀνήρ·
ὣς τότε λωβητοῖσι περίστικτος μελέεσσι
Τροίῃ λυγρὸν ὄλεθρον ἐμήδετο. κὰδ δέ οἱ ὤμους
ἕλκεσι ποιητοῖσι κατέρρεε νήχυτον αἷμα.
ἡ δὲ περὶ κλισίῃσιν ἐμαίνετο παννυχίη φλὸξ
καπνὸν ἐρευγομένη περιδινέα φοιτάδι ῥιπῇ·
Ἥφαιστος δ᾽ ἐκέλευεν ἐρίβρομος· ἐκ δὲ θυέλλας
παντοίας ἐτίνασσεν ἐπιπνείουσα καὶ αὐτή,
μήτηρ ἀθανάτοιο πυρός, φαεσίμβροτος Ἥρη.
ἤδη δὲ Τρώεσσι καὶ Ἰλιάδεσσι γυναιξὶν
ὄρθρον ὑπὸ σκιόεντα πολύθροος ἤλυθε φήμη
δήιον ἀγγέλλουσα φόβον σημάντορι καπνῷ.
αὐτίκα δ᾽ ἐξέθορον πυλέων πετάσαντες ὀχῆας
πεζοί θ᾽ ἱππῆές τε καὶ ἐς πεδίον προχέοντο
διζόμενοι, μή πού τις ἔην δόλος ἄλλος Ἀχαιῶν.
οἱ δὲ θοοὺς οὐρῆας ὑποζεύξαντες ἀπήναις
ἐκ πόλιος κατέβαινον ἅμα Πριάμῳ βασιλῆι

in das gewölbte Meer zu ziehen und die Haltetaue zu lösen. Da hielten sie hochloderndes Feuer von Fichtenholzfackeln empor, [215] setzten die Umzäunungen ihrer wohlgefertigten Lagerstätten in Brand und fuhren mit ihren Schiffen von der rhöteischen Küste zum gegenüberliegenden Hafen von Tenedos mit seinen schönen Mauerkränzen, wobei sie das blaue Wasser der Helle, der Tochter des Athamas, aufwühlten. Als einziger war Sinon, der Sohn des Aisimos, der mit seinem Einverständnis durch Schläge am Körper verletzt worden war, [220] zurückgeblieben – ein betrügerischer Held, der eine heimliche List und Unheil gegen die Trojaner verbarg. So wie wenn Jäger ein Netz über Stäbe spannen und für die im Gebirge herumirrenden Tiere einen vielmaschigen Hinterhalt legen und einer allein und getrennt von den anderen [225] heimlich als Wildspäher unter dichten Zweigen untergetaucht ist und verborgen auf die Fangnetze blickt: So hat er damals mit Flecken an seinen misshandelten Gliedern für Troja den schmerzlichen Untergang ersonnen. Von seinen Schultern herab rann ihm das aus den selbst zugefügten Wunden strömende Blut. [230] Die ganze Nacht hindurch aber wütete in den Hütten das Feuer und spie Rauch aus, der durch das bewegliche Flackern herumgewirbelt wurde – der laut dröhnende Hephaistos hatte es befohlen. Und Hera, die den Menschen das Licht bringt, stieß alle Arten von Sturmwinden heraus und blies auch selbst hinein, die Mutter des unsterblichen Feuers. [235] Und schon war in der schattigen Dämmerung zu den Trojanern und den Frauen Ilions das lautstarke Gerücht gekommen, das die Flucht der Feinde durch ein Rauchzeichen meldete. Sofort liefen die Fußsoldaten und die Reiter durch die Tore heraus, nachdem sie die Riegel geöffnet hatten, und ergossen sich in die Ebene, [240] prüfend, dass dies nicht etwa eine weitere List der Achaier sei. Die anderen Ältesten im Volk aber spannten schnelle Maultiere vor ihre Wagen und kamen zusammen mit König Priamos aus der Stadt. Zutiefst erleichtert

ἄλλοι δημογέροντες· ἐλαφρότατοι δ᾽ ἐγένοντο
θαλπόμενοι περὶ παισίν, ὅσους λίπε φοίνιος Ἄρης,
ὀσσόμενοι καὶ γῆρας ἐλεύθερον· οὐ μὲν ἔμελλον
γηθήσειν ἐπὶ δηρόν, ἐπεὶ Διὸς ἤθελε βουλή.
οἱ δ᾽ ὅτε τεχνήεντος ἴδον δέμας αἰόλον ἵππου,
θαύμασαν ἀμφιχυθέντες, ἅτ᾽ ἠχήεντες ἰδόντες
αἰετὸν ἀλκήεντα περικλάζουσι κολοιοί.
τοῖσι δὲ τετρηχυῖα καὶ ἄκριτος ἔμπεσε βουλή·
οἱ μὲν γὰρ πολέμῳ βαρυπενθέι κεκμηῶτες,
ἵππον ἀπεχθήραντες, ἐπεὶ πέλεν ἔργον Ἀχαιῶν,
ἤθελον ἢ δολιχοῖσιν ἐπὶ κρημνοῖσιν ἀράξαι
ἠὲ καὶ ἀμφιτόμοισι διαρρῆξαι πελέκεσσιν·
οἱ δὲ νεοξέστοιο πεποιθότες ἔργμασι τέχνης
ἀθανάτοις ἐκέλευον ἀρήιον ἵππον ἀνάψαι,
ὕστερον Ἀργείοιο μόθου σημήιον εἶναι.
φραζομένοις δ᾽ ἐπὶ τοῖσι παναίολα γυῖα κομίζων
γυμνὸς ὑπὲρ πεδίοιο φάνη κεκακωμένος ἀνήρ·
αἵματι δὲ σμώδιγγες ἀεικέϊ βεβριθυῖαι
ἴχνια λωβήεντα θοῶν ἀνέφαινον ἱμάντων.
αὐτίκα δὲ Πριάμοιο ποδῶν προπάροιθεν ἐλυσθεὶς
ἱκεσίαις παλάμῃσι παλαιῶν ἥψατο γούνων,
λισσόμενος δὲ γέροντα δολοπλόκον ἴαχε μῦθον·
  "ἄνδρα μὲν Ἀργείοισιν ὁμόπλοον εἴ μ᾽ ἐλεαίρεις,
Τρώων δὲ ῥυστῆρα καὶ ἄστεος εἴ με σαώσεις,
Δαρδανίδη σκηπτοῦχε, καὶ ὕστατον ἐχθρὸν Ἀχαιῶν –
οἷά με λωβήσαντο θεῶν ὄπιν οὐκ ἀλέγοντες
οὐδὲν ἀλιτραίνοντα, κακοὶ καὶ ἀπηνέες αἰεί·
ὣς μὲν Ἀχιλλῆος γέρας ἥρπασαν Αἰακίδαο,
ὣς δὲ Φιλοκτήτην ἔλιπον πεπεδημένον ὕδρῳ,
ἔκτειναν δὲ καὶ αὐτὸν ἀγασσάμενοι Παλαμήδην.
καὶ νῦν οἷά μ᾽ ἔρεξαν ἀτάσθαλοι, οὕνεκα φεύγειν

waren sie und beruhigt wegen ihrer Kinder, die der todbringende Ares am Leben gelassen hatte, und sie malten sich ein Alter in Freiheit aus. Aber sie sollten sich nicht lange freuen, denn so wollte es der Plan des Zeus. Als sie die glänzende Gestalt des kunstvollen Pferdes sahen, umgaben sie es staunend, wie lärmende Dohlen einen wehrhaften Adler, wenn sie ihn gesehen haben, umtönen. Unter ihnen aber erhob sich eine erregte und unentschiedene Beratung. Denn die einen waren vom Krieg, der so schweres Leid brachte, ermüdet, hassten das Pferd, weil es ein Werk der Achaier war, und wollten es entweder auf den hohen Klippen zerschmettern oder mit zweischneidigen Streitäxten zerstören. Die anderen aber hatten Vertrauen in das eben erst geglättete Kunstwerk und forderten nachdrücklich, das Kriegsross den Unsterblichen zu weihen, damit es später ein Denkmal des argivischen Schlachtgetümmels sei. Da erschien bei ihnen mitten in der Beratung, seine glänzenden Glieder über die Ebene schleppend, ein nackter, geschundener Mann. Seine Striemen waren voll von Schandblut und zeigten Spuren von Misshandlung durch schnelle Riemen. Sofort warf er sich vor die Füße des Priamos und umfasste mit flehenden Händen die alten Knie, wobei er den Greis anflehte und eine listig gesponnene Rede ertönen ließ:

»Wenn du mich, einen Mann, der zwar zusammen mit den Argivern gesegelt ist, bemitleidest, der aber ein Helfer der Trojaner und der Stadt ist, wenn du mich retten wirst, zeptertragender Sohn des Dardanos, und der schließlich ein Feind der Achaier ist – wie sie mich misshandelt haben ohne Rücksicht auf die Ehrfurcht vor den Göttern, obwohl ich keinen Frevel begangen habe, sie, die stets schlecht und hartherzig sind. So haben sie das Ehrengeschenk des Aiakiden Achilleus geraubt, so den Philoktetes, der wegen einer Wasserschlange festgehalten wurde, im Stich gelassen, und auch Palamedes selbst töteten sie aus Wut. Und nun – was haben sie mir angetan, die Frevler, weil ich nicht zusam-

οὐκ ἔθελον σὺν τοῖσι, μένειν δ' ἐκέλευον ἑταίρους·
οἱ δὲ νοοπλήγεσσιν ἀτασθαλίῃσι δαμέντες
εἵματα μέν μ' ἀπέδυσαν, ἀεικελίῃσι δ' ἱμάσθλαις
πᾶν δέμας οὐτήσαντες ἐπὶ ξείνῃ λίπον ἀκτῇ.
ἀλλά, μάκαρ, πεφύλαξο Διὸς σέβας ἱκεσίοιο·
χάρμα γὰρ Ἀργείοισι γενήσομαι, εἴ κεν ἐάσῃς
χερσὶν ὕπο Τρώων ἱκέτην καὶ ξεῖνον ὀλέσθαι.
αὐτὰρ ἐγὼ πάντεσσιν ἐπάρκιος ἔσσομαι ὑμῖν
μηκέτι δειμαίνειν πόλεμον παλίνορσον Ἀχαιῶν."
ὣς φάτο· τὸν δ' ὁ γέρων ἀγανῇ μειλίξατο φωνῇ·
"ξεῖνε, σὲ μὲν Τρώεσσι μεμιγμένον οὐκέτ' ἔοικε
τάρβος ἔχειν· ἔφυγες γὰρ ἀνάρσιον ὕβριν Ἀχαιῶν.
αἰεὶ δ' ἡμέτερος φίλος ἔσσεαι, οὐδέ σε πάτρης
οὐδὲ πολυκτεάνων θαλάμων γλυκὺς ἵμερος αἱρεῖ.
ἀλλ' ἄγε καὶ σύ μοι εἰπέ, τί τοι τόδε θαῦμα τέτυκται,
ἵππος, ἀμειλίκτοιο φόβου τέρας· εἰπὲ δὲ σεῖο
οὔνομα καὶ γενεήν, ὁπόθεν δέ σε νῆες ἔνεικαν."
τὸν δ' ἐπιθαρσήσας προσέφη πολυμήχανος ἥρως·
"ἐξερέω καὶ ταῦτα· σὺ γάρ μ' ἐθέλοντα κελεύεις.
Ἄργος μοι πόλις ἐστί, Σίνων δέ μοι οὔνομα κεῖται·
Αἴσιμον αὖ καλέουσιν ἐμὸν πολιὸν γενετῆρα·
ἵππον δ' Ἀργείοισι παλαίφατον εὗρεν Ἐπειός·
εἰ μὲν γάρ μιν ἐᾶτε μένειν αὐτοῦ ἐνὶ χώρῃ,
Τροίην θέσφατόν ἐστιν ἑλεῖν πόλιν ἔγχος Ἀχαιῶν·
εἰ δέ μιν ἁγνὸν ἄγαλμα λάβῃ νηοῖσιν Ἀθήνη,
φεύξονται προφυγόντες ἀνηνύστοις ἐπ' ἀέθλοις.
ἀλλ' ἄγε δὴ σειρῇσι περίπλοκον ἀμφιβαλόντες
ἕλκετ' ἐς ἀκρόπολιν μεγάλην χρυσήνιον ἵππον·

men mit ihnen fliehen wollte, sondern die Gefährten nachdrücklich bat zu bleiben! Sie aber waren von kopflosem Frevel ergriffen, zogen mir die Kleider aus, verwundeten meinen ganzen Körper mit schmachvollen Peitschenschlägen und ließen mich an der fremden Küste zurück. Du aber, Glücklicher, bewahre dir die Scheu vor Zeus, der die Schutzflehenden beschützt. Denn mein Fall würde den Argivern eine Freude bereiten, wenn du zuließest, dass in den Händen von Trojanern ein schutzflehender Fremder zugrunde geht. Ich jedoch werde euch allen der Garant dafür sein, dass ihr nicht länger den Ausbruch eines neuen Krieges von den Achaiern fürchten müsst.«

So sprach er. Der Greis aber besänftigte ihn mit freundlicher Stimme: »Fremder, du brauchst keine Furcht zu haben, weil du dich unter die Trojaner gemischt hast. Du bist ja dem feindlichen Frevel der Achaier entkommen. Immer wirst du unser Freund sein und weder wird dich das süße Verlangen nach der Heimat noch nach den mit Besitz gefüllten Kammern ergreifen. Jetzt aber auf, sage mir, was ist dieses Wunderding hier, das Pferd, das Zeichen unbeugsamer Flucht! Nenne auch deinen Namen, deine Abstammung und woher dich die Schiffe gebracht haben.«

Zu ihm aber sprach ermuntert der listenreiche Held: »Ich werde auch dieses sagen. Du befiehlst es einem Willigen. Argos ist meine Heimatstadt, Sinon mein Name. Aisimos nennen sie meinen ergrauten Vater. Das Pferd, das schon in alter Zeit erwähnt wird, hat Epeios für die Argiver ersonnen. Wenn ihr es hier auf dem Land stehen lasst, dann – so lautet der Götterspruch – wird der Speer der Achaier die Stadt Troja einnehmen. Wenn aber Athene es als heilige Weihgabe in ihrem Tempelbezirk empfängt, dann werden sie sich fliehend zur Flucht wenden mit erfolglosen Mühen. Aber auf! Umwerft es mit Stricken und zieht das ringsumflochtene Pferd mit den goldenen Zügeln auf die

ἄμμι δ' Ἀθηναίη ἐρυσίπτολις ἡγεμονεύοι
δαιδάλεον σπεύδουσα λαβεῖν ἀνάθημα καὶ αὐτή."
ὣς ἄρ' ἔφη· καὶ τὸν μὲν ἄναξ ἐκέλευσε λαβόντα
ἕσσασθαι χλαῖνάν τε χιτῶνά τε, τοὶ δέ, βοείαις
δησάμενοι σειρῇσιν, ἐυπλέκτοισι κάλωσιν
εἷλκον ὑπὲρ πεδίοιο, θοῶν ἐπιβήτορα κύκλων,
ἵππον ἀριστήεσσι βεβυσμένον· οἱ δὲ πάροιθεν
αὐλοὶ καὶ φόρμιγγες ὁμὴν ἐλίγαινον ἀοιδήν.
σχέτλιον ἀφραδέων μερόπων γένος, οἷσιν ὁμίχλη
ἄσκοπος ἐσσομένων· κενεῷ δ' ὑπὸ χάρματι πολλοὶ
πολλάκις ἀγνώσσουσι περιπταίοντες ὀλέθρῳ.
οἵη καὶ Τρώεσσι τότε φθισίμβροτος ἄτη
ἐς πόλιν αὐτοκέλευθος ἐκώμασεν· οὐδέ τις ἀνδρῶν
ᾔδεεν, οὕνεκα λάβρον ἐφέλκετο πένθος ἄλαστον.
ἄνθεα δὲ δροσόεντος ἀμησάμενοι ποταμοῖο
ἔστεφον αὐχενίους πλοκάμους σφετέροιο φονῆος.
γαῖα δὲ χαλκείοισιν ἐρεικομένη περὶ κύκλοις
δεινὸν ὑπεβρυχᾶτο, σιδήρειοι δὲ δι' αὐτῶν
τριβόμενοι τρηχεῖαν ἀνέστενον ἄξονες ἠχήν·
τετρίγει δὲ κάλων ξυνοχή, καὶ πᾶσα ταθεῖσα
λιγνὺν αἰθαλόεσσαν ἕλιξ ἀνεκήκιε σειρή.
πολλὴ δ' ἑλκόντων ἐνοπὴ καὶ κόμπος ὀρώρει·
ἔβρεμε νυμφαίῃσιν ἅμα δρυσὶ δάσκιος Ἴδη,
ἴαχε καὶ Ξάνθου ποταμοῦ κυκλούμενον ὕδωρ,
καὶ στόμα κεκλήγει Σιμοείσιον· οὐρανίη δὲ
ἐκ Διὸς ἑλκόμενον πόλεμον μαντεύετο σάλπιγξ.
οἱ δ' ἦγον προπάροιθεν· ὁδὸς δ' ἐβαρύνετο μακρὴ
σχιζομένη ποταμοῖσι καὶ οὐ πεδίοισιν ὁμοίη.
εἵπετο δ' αἰόλος ἵππος ἀρηιφίλους ἐπὶ βωμοὺς
κυδιόων ὑπέροπλα, βίην δ' ἐπέρεισεν Ἀθήνη
χεῖρας ἐπιβρίσασα νεογλυφέων ἐπὶ μηρῶν.
ὧδε θέων ἀκίχητος ἐπέδραμε θᾶσσον ὀιστοῦ

stattliche Akropolis. Athene, die Behüterin der Stadt, die auch selbst begierig ist, die kunstvolle Weihgabe zu empfangen, sei unsere Führerin.«

So sprach er. Und der Herrscher befahl ihm, [305] einen Mantel und ein Gewand zu nehmen und anzuziehen; die Trojaner aber umwanden das Pferd, das auf schnellen Rädern befestigt und mit den Besten angefüllt war, mit Stricken aus Rindsleder und zogen es an gut geflochtenen Seilen über die Ebene. Vorn spielten Flöten und Harfen ein gemeinsames Lied. [310] Elendes Geschlecht törichter Menschen, für die ein undurchschaubarer Nebel auf der Zukunft liegt! Unter dem Einfluss nichtiger Freude stürzen viele oft, ohne es zu ahnen, ins Verderben. Eine solche, auch für die Trojaner männervernichtende Verblendung stürmte damals auf eigenem Weg in die Stadt; und keiner der Männer [315] wusste, dass er gewaltiges, unerträgliches Leid hinter sich herzog. Vielmehr sammelten sie Blumen vom tauigen Fluss und bekränzten damit die Locken am Nacken ihres Mörders. Die Erde aber, die rings um die ehernen Räder aufbrach, brüllte fürchterlich auf, und die durch die Räder [320] beanspruchten eisernen Achsen ließen ein raues Geräusch erdröhnen. Die Verbindung der Stricke knirschte, und jedes angespannte gewundene Seil ließ rauchigen Qualm aufsteigen. Viel Geschrei und Lärm erhob sich auf Seiten der Ziehenden; der schattige Ida rauschte zusammen mit den Eichen, die den Nymphen heilig waren, [325] es brauste das wirbelnde Wasser des Flusses Xanthos, auch die Mündung des Simois lärmte, und die himmlische Trompete von Zeus prophezeite heranziehenden Krieg. Die Männer aber gingen vorwärts. Der lange Weg war beschwerlich, war er doch von Flüssen zerschnitten und uneben. [330] Das schnelle Pferd folgte ihnen zu den von Ares geliebten Altären, stolz und übermütig; Athene aber verlieh ihm Kraft, indem sie ihre Hände auf die frisch geschnitzten Schenkel legte. So rannte es uneinholbar, schneller als ein Pfeil, und verfolgte die Trojaner in

Τρῶας ἐυσκάρθμοισιν ὁδοιπορίῃσι διώκων,
εἰσόκε δὴ πυλέων ἐπεβήσατο Δαρδανιάων.
αἱ δέ οἱ ἐρχομένῳ θυρέων πτύχες ἐστείνοντο·
ἀλλ' Ἥρη μὲν ἔλυσεν ἐπὶ δρόμον αὖθις ὁδοῖο
πρόσθεν ἀναστέλλουσα, Ποσειδάων δ' ἀπὸ πύργων
σταθμὸν ἀνοιγομένων πυλέων ἀνέκοπτε τριαίνῃ.
Τρωιάδες δὲ γυναῖκες ἀνὰ πτόλιν ἄλλοθεν ἄλλαι,
νύμφαι τε πρόγαμοί τε καὶ ἴδμονες Εἰλειθυίης,
μολπῇ τ' ὀρχηθμῷ τε περὶ βρέτας εἱλίσσοντο·
ἄλλαι δὲ χνοόωσαν ἀμελγόμεναι χάριν ὄμβρου
ὁλκῷ δουρατέῳ ῥοδέους στορέσαντο τάπητας.
αἱ δὲ θαλασσαίης ἐπιμάζια νήματα μίτρης
λυσάμεναι κλωστοῖσι κατέπλεκον ἄνθεσιν ἵππον.
καί τις ἀπειρεσίοιο πίθου κρήδεμνον ἀνεῖσα
χρυσείῳ προχέουσα κρόκῳ κεκερασμένον οἶνον
γαῖαν ἀνεκνίσσωσε χυτὴν εὐώδεϊ πηλῷ.
ἀνδρομέῃ δὲ βοῇ συνεβάλλετο θῆλυς ἰωή,
καὶ παίδων ἀλαλητὸς ἐμίσγετο γήραος ἠχῇ.
οἷαι δ' ἀφνειοῖο μετήλυδες Ὠκεανοῖο,
χείματος ἀμφίπολοι, γεράνων στίχες ἠεροφώνων,
κύκλον ἐπογμεύουσιν ἀλήμονος ὀρχηθμοῖο
γειοπόνοις ἀρότῃσιν ἀπεχθέα κεκληγυῖαι·
ὣς οἵγε κλαγγῇ τε δι' ἄστεος ἠδὲ κυδοιμῷ
ἦγον ἐς ἀκρόπολιν βεβαρημένον ἔνδοθεν ἵππον.
κούρη δὲ Πριάμοιο θεήλατος οὐκέτι μίμνειν
ἤθελεν ἐν θαλάμοισι· διαρρήξασα δ' ὀχῆας
ἔδραμεν ἠύτε πόρτις ἀήσυρος, ἥντε τυπεῖσαν
κέντρον ἀνεπτοίησε βοορραίσταο μύωπος·
ἡ δ' οὐκ εἰς ἀγέλην ποτιδέρκεται οὐδὲ βοτῆρι
πείθεται οὐδὲ νομοῖο λιλαίεται, ἀλλὰ βελέμνῳ
ὀξέι θηγομένη βοέων ἐξήλυθε θεσμῶν·
τοίη μαντιπόλοιο βολῆς ὑπὸ νύγματι κούρη

leichtfüßigem Galopp, bis es das Dardanische Tor erreicht hatte. Die Türflügel waren für das ankommende Pferd zu schmal. Doch Hera gab es wieder frei zum Lauf seines Weges, indem sie vorne öffnete, und Poseidon stieß mit seinem Dreizack von den Türmen herab den Pfosten des aufgehenden Tores zurück. Da umringten trojanische Frauen in der ganzen Stadt, von hier und dort kommend – Bräute, Unverheiratete und solche, die Eileithyia schon kannten – mit Gesang und Tanz die hölzerne Götterstatue. Andere aber pflückten die frische Gabe des Regens und streuten vor dem hölzernen Zugtier Rosenteppiche aus. Wieder andere lösten die auf der Brust liegenden Fäden des purpurfarbenen Bandes und umwickelten das Pferd mit Blumenkränzen. Und manch eine öffnete den Verschluss eines unermesslich großen Vorratsgefäßes, vergoss mit goldenem Safran gemischten Wein und erfüllte die übergossene Erde mit wohlduftendem Schlamm. Das Gekreische der Frauen vereinigte sich mit dem Lärmen der Männer, und das Schreien der Kinder vermischte sich mit dem Geräusch der Alten. So wie die Zugvögel des reichhaltigen Okeanos, die Vorboten des Winters, die Reihen der in der Luft schreienden Kraniche, einen Kreis des schweifenden Tanzes ziehen und den Pflügern, die die Erde beackern, verhasste Laute ausstoßen – so geleiteten sie unter Geschrei und im Getümmel das im Innern beschwerte Pferd durch die Stadt zur Akropolis. Und nicht länger wollte die von einem Gott angetriebene Tochter des Priamos in ihren Gemächern bleiben. Sie zerriss die Türriegel und rannte wie eine hüpfende Färse, die der Stachel der rinderquälenden Bremse gestochen und aufgeschreckt hatte; diese schaut nicht zur Herde, gehorcht nicht dem Hirten und hat auch kein Verlangen nach der Weide, sondern aufgescheucht von der scharfen Spitze hat sie die Ordnung der Rinder verlassen. So wurde das Mädchen vom Stich des Weissagungsstachels im Her-

πλαζομένη κραδίην ἱερὴν ἀνεσείετο δάφνην.
πάντη δ' ἐβρυχᾶτο κατὰ πτόλιν· οὐδὲ τοκήων
οὐδὲ φίλων ἀλέγιζε· λίπεν δέ ἑ παρθένος αἰδώς.
οὐχ οὕτω Θρήισσαν ἐνὶ δρυμοῖσι γυναῖκα
νήδυμος αὐλὸς ἔτυψεν ὀρειμανέος Διονύσου,
ἥτε θεῷ πληγεῖσα παρήορον ὄμμα τιταίνει
γυμνὸν ἐπισσείουσα κάρη κυανάμπυκι κισσῷ,
ὡς ἦγε πτερόεντος ἀναΐξασα νόοιο
Κασσάνδρη θεόφοιτος ἐμαίνετο· πυκνὰ δὲ χαίτην
κοπτομένη καὶ στέρνον ἀνίαχε μαινάδι φωνῇ·
"ὦ μέλεοι, τίνα τοῦτον ἀνάρσιον ἵππον ἄγοντες
δαιμόνιοι μαίνεσθε καὶ ὑστατίην ἐπὶ νύκτα
σπεύδετε καὶ πολέμοιο πέρας καὶ νήγρετον ὕπνον;
δυσμενέων ὅδε κῶμος ἀρήιος· αἱ δέ που ἤδη
τίκτουσιν μογερῆς Ἑκάβης ὠδῖνες ὀνείρων,
λήγει δ' ἀμβολιεργὸν ἔτος πολέμοιο λυθέντος.
τοῖος ἀριστήων λόχος ἔρχεται, οὓς ἐπὶ χάρμην
τεύχεσιν ἀστράπτοντας ἀμαυροτάτην ὑπὸ νύκτα
τέξεται ὄβριμος ἵππος· ἐπὶ χθόνα δ' ἄρτι θορόντες
ἐς μόθον ὁρμήσουσι τελειότατοι πολεμισταί.
οὐ γὰρ ἐπ' ὠδίνεσσι μογοστόκον ἵππον ἀνεῖσαι
ἀνδράσι τικτομένοισιν ἐπισχήσουσι γυναῖκες,
αὐτὴ δ' Εἰλείθυια γενήσεται, ἥ μιν ἔτευξε·
γαστέρα δὲ πλήθουσαν ἀνακλίνασα βοήσει
μαῖα πολυκλαύτοιο τόκου πτολίπορθος Ἀθήνη.
καὶ δὴ πορφύρεον μὲν ἑλίσσεται ἔνδοθι πύργων
αἵματος ἐκχυμένου πέλαγος καὶ κῦμα φόνοιο,
δεσμά τε συμπαθέων πλέκεται περὶ χερσὶ γυναικῶν
νυμφία, φωλεύει δ' ὑπὸ δούρασι κευθόμενον πῦρ.
ὤμοι ἐμῶν ἀχέων, ὤμοι σέο, πάτριον ἄστυ,
αὐτίκα λεπταλέη κόνις ἔσσεαι, οἴχεται ἔργον
ἀθανάτων, προθέλυμνα θεμείλια Λαομέδοντος.

zen verwirrt und schüttelte den heiligen Lorbeerzweig; überall in der Stadt ertönte ihr Brüllen; sie kümmerte sich weder um ihre Eltern noch um ihre Freunde; verlassen hatte sie die jungfräuliche Scham. Nicht so heftig hat der bezaubernde Flötenton des auf den Bergen schwärmenden Dionysos die thrakische Frau im Gehölz getroffen, die vom Gott erschüttert ihre wahnsinnigen Augen rollt und ihr unbedecktes Haupt mit dunkelumrandetem Efeu schüttelt – wie die gottgelenkte Kassandra sich mit beflügeltem Verstand emporschwang und raste. Immer wieder schlug sie auf ihr Haar und ihre Brust und schrie mit rasender Stimme:

»Ihr Elenden, warum führt ihr dieses feindliche Pferd heran, rast besessen und eilt zur letzten Nacht, zum Ende des Krieges und zu einem Schlaf ohne Erwachen? Feindselig ist dieser Umzug des Ares. Jetzt führen die Wehen der leidvollen Hekabe aus meinen Träumen wohl zur Geburt, und das herausgezögerte Jahr des Kriegsendes ist vorbei. Solch eine Schar von Anführern kommt, die in Waffen prunkend in dunkelster Nacht das gewaltige Pferd zum Kampf gebären wird. Gerade erst zu Boden gesprungen, werden die vollendetsten Kämpfer sich ins Getümmel stürzen. Keinesfalls nämlich werden Frauen das bei der Geburt Schmerzen erleidende Pferd entbinden und sich um die geborenen Männer kümmern, sondern die, die es geschaffen hat, wird selbst zur Eileithyia: Den trächtigen Bauch öffnen und einen Schrei ausstoßen wird als Hebamme der vielbeweinten Geburt die Städtezerstörerin Athene. Und schon rollt innerhalb der Festung ein purpurfarbenes Meer von vergossenem Blut und eine Welle des Mordes, Brautfesseln werden um die Hände der mitleidenden Frauen gewunden, und unter den Balken lauert verborgenes Feuer. O weh, meine Leiden, weh dir, meine Vaterstadt, schon bald wirst du feiner Staub sein, verloren ist das Werk der Unsterblichen, die fest gebauten Grundmauern des Laomedon. Auch dich, Vater, und

καὶ σέ, πάτερ, καὶ μῆτερ, ὀδύρομαι, οἷά μοι ἤδη
ἀμφότεροι πείσεσθε· σὺ μέν, πάτερ, οἰκτρὰ δεδουπὼς
κείσεαι Ἑρκείοιο Διὸς μεγάλου παρὰ βωμῷ·
μῆτερ ἀριστοτόκεια, σὲ δὲ βροτέης ἀπὸ μορφῆς
λυσσαλέην ἐπὶ παισὶ θεοὶ κύνα ποιήσουσι.
δῖα Πολυξείνη, σὲ δὲ πατρίδος ἐγγύθι γαίης
κεκλιμένην ὀλίγον δακρύσομαι· ὡς ὄφελέν τις
Ἀργείων ἐπὶ σοῖσι γόοις ὀλέσαι με καὶ αὐτήν.
τίς γάρ μοι χρειὼ βιότου πλέον, εἴ με φυλάσσει
οἰκτροτάτῳ θανάτῳ, ξείνη δέ με γαῖα καλύψει;
τοιάδε μοι δέσποινα καὶ αὐτῷ δῶρον ἄνακτι
ἀντὶ τόσων καμάτων Ἀγαμέμνονι πότμον ὑφαίνει.
ἀλλ' ἤδη φράζεσθε – τὰ δὲ γνώσεσθε παθόντες –
καὶ νεφέλην ἀπόθεσθε, φίλοι, βλαψίφρονος ἄτης.
ῥηγνύσθω πελέκεσσι δέμας πολυχανδέος ἵππου
ἢ πυρὶ καιέσθω· δολόεντα δὲ σώματα κεῦθον
ὀλλύσθω, μεγάλη δὲ ποθὴ Δαναοῖσι γενέσθω.
καὶ τότε μοι δαίνυσθε καὶ ἐς χορὸν ὀτρύνεσθε
στησάμενοι κρητῆρας ἐλευθερίης ἐρατεινῆς."
ἡ μὲν ἔφη· τῇ δ' οὔτις ἐπείθετο· τὴν γὰρ Ἀπόλλων
ἀμφότερον μάντιν τ' ἀγαθὴν καὶ ἄπιστον ἔθηκεν.
τὴν δὲ πατὴρ ἐνένιπεν ὁμοκλήσας ἐπέεσσι·
"τίς σε πάλιν, κακόμαντι, δυσώνυμος ἤγαγε δαίμων,
θαρσαλέη κυνόμυια; μάτην ὑλάουσ' ἀπερύκεις.
οὔπω σοι κέκμηκε νόος λυσσώδεϊ νούσῳ,
οὐδὲ παλιμφήμων ἐκορέσσαο λαβροσυνάων;
ἀλλὰ καὶ ἡμετέρῃσιν ἐπαχνυμένη θαλίῃσιν
ἤλυθες, ὁππότε πᾶσιν ἐλεύθερον ἦμαρ ἀνῆψεν
ἡμῖν Ζεὺς Κρονίδης, ἐκέδασσε δὲ νῆας Ἀχαιῶν.

dich, Mutter, beklage ich! Was werdet ihr beide schon bald erdulden! Du, Vater, wirst jämmerlich zu Boden gestürzt [400] am Altar des großen Zeus, des Hüters des Hauses, liegen. Dich, Mutter der besten Kinder, werden die Götter aus der menschlichen Gestalt in eine Hündin verwandeln, die gegen Kinder wütet. Dich, göttliche Polyxena, werde ich nur kurz beweinen, weil du nahe der heimatlichen Erde begraben wirst. Würde doch ein [405] Argiver bei der Totenklage um dich auch mich selbst erschlagen! Denn was nützt mir ein längeres Leben, wenn es mich für den jämmerlichsten Tod aufspart und fremde Erde mich bedecken wird? Denn solches plant meine Herrin für mich, und für den Herrscher selbst, Agamemnon, plant sie den Tod als Dank für so große Mühen. [410] Jetzt aber beherzigt meine Worte – im Leiden werdet ihr es sonst erkennen – und legt, ihr Lieben, den Nebel der den Verstand verwirrenden Verblendung ab. Mit Äxten soll der Körper des weiträumigen Pferdes zerschlagen oder mit Feuer verbrannt werden! Weil er listige Körper verbirgt, soll er zugrunde gehen und für die Danaer zu einem großen Bedauern werden! [415] Dann könnt ihr meinetwegen schmausen, zum Tanz eilen und die Mischkrüge zu Ehren der ersehnten Freiheit aufstellen.«

So sprach sie. Ihr aber gehorchte niemand. Denn Apollon hatte sie zu beidem, zu einer guten und dabei unglaubwürdigen Seherin, gemacht. Stattdessen fuhr ihr Vater sie mit folgenden Worten tadelnd an:

[420] »Was für eine unselige Gottheit hat dich, du Unglücksseherin, wieder angetrieben, du freche Hundsfliege? Vergebens versuchst du uns mit deinem Bellen aufzuhalten. Ist dein Verstand noch nicht ermattet von der Krankheit der Raserei? Bist du noch nicht satt von unheilkündendem, verwegenem Sprechen? Vielmehr bist du gekommen, um uns unsere Festlichkeiten zu vermiesen, [425] und das in dem Moment, in dem Zeus der Kronide uns allen den Tag der Freiheit zuteil werden ließ und die Schiffe der Achaier

οὐδ’ ἔτι δούρατα μακρὰ τινάσσεται, οὐδ’ ἔτι τόξα
ἕλκεται, οὐ ξιφέων σελαγή, σιγῶσι δ’ ὀιστοί,
ἀλλὰ χοροὶ καὶ μοῦσα μελίπνοος, οὐδ’ ἔτι νείκη,
οὐ μήτηρ ἐπὶ παιδὶ κινύρεται, οὐδ’ ἐπὶ δῆριν
ἄνδρα γυνὴ πέμψασα νέκυν δακρύσατο χήρη·
ἵππον ἀνελκόμενον δέχεται πολιοῦχος Ἀθήνη.
παρθένε τολμήεσσα, σὺ δὲ πρὸ δόμοιο θοροῦσα
ψεύδεα θεσπίζουσα καὶ ἄγρια μαργαίνουσα
μοχθίζεις ἀτέλεστα καὶ ἱερὸν ἄστυ μιαίνεις.
ἔρρ’ οὕτως· ἡμῖν δὲ χοροὶ θαλίαι τε μέλονται.
οὐ γὰρ ἔτι Τροίης ὑπὸ τείχεσι δεῖμα λέλειπται,
οὐδ’ ἔτι μαντιπόλοιο τεῆς κεχρήμεθα φωνῆς.”
ὣς εἰπὼν ἐκέλευσεν ἄγειν ἑτερόφρονα κούρην
κεύθων ἐν θαλάμοισι· μόγις δ’ ἀέκουσα τοκῆι
πείθετο, παρθενίῳ δὲ περὶ κλιντῆρι πεσοῦσα
κλαῖεν ἐπισταμένη τὸν ἑὸν μόρον· ἔβλεπε δ’ ἤδη
πατρίδος αἰθομένης ἐπὶ τείχεσι μαρνάμενον πῦρ.
οἱ δὲ πολισσούχοιο θεῆς ὑπὸ νηὸν Ἀθήνης
ἵππον ἀναστήσαντες ἐυξέστων ἐπὶ βάθρων
ἔφλεγον ἱερὰ καλὰ πολυκνίσσων ἐπὶ βωμῶν·
ἀθάνατοι δ’ ἀνένευον ἀνηνύστους ἑκατόμβας.
εἰλαπίνη δ’ ἐπίδημος ἔην καὶ ἀμήχανος ὕβρις,
ὕβρις ἐλαφρίζουσα μέθην λυσήνορος οἴνου.
ἀφραδίῃ τε βέβυστο, μεθημοσύνῃ τε κεχήνει
πᾶσα πόλις, πυλέων δ’ ὀλίγοις φυλάκεσσι μεμήλει·
ἤδη γὰρ καὶ φέγγος ἐδύετο, δαιμονίη δὲ
Ἴλιον αἰπεινὴν ὀλεσίπτολις ἀμφέβαλεν νύξ.
Ἀργείῃ δ’ Ἑλένῃ πολιὸν δέμας ἀσκήσασα
ἦλθε δολοφρονέουσα πολυφράδμων Ἀφροδίτη,
ἐκ δὲ καλεσσαμένη προσέφη πειθήμονι φωνῇ·

zerstreute? Nicht mehr werden lange Speere geschwungen und auch keine Bögen gespannt, es gibt keinen Glanz der Schwerter mehr und die Pfeile schweigen, stattdessen gibt es Tänze und honigduftende Musik; keinen Streit gibt es mehr, [430] keine Mutter klagt um ihren Sohn, und keine Frau schickt ihren Mann in den Kampf und beweint als Witwe den Toten. Das heraufgezogene Pferd nimmt die Stadtbeschützerin Athene entgegen. Du aber, dreistes Mädchen, läufst vor das Haus, prophezeist Lügen, [435] mühst dich ab in wilder, endloser Raserei und befleckst unsere heilige Stadt. So geh nun fort! Uns aber liegen Tänze und Festlichkeiten am Herzen. Denn keine Furcht ist unten an den Mauern Trojas mehr geblieben, und nicht länger brauchen wir deine Seherinnenstimme.«

So sprach er und befahl, das von Verzückung ergriffene Mädchen [440] in seine Gemächer zu führen und zu verstecken. Ungern und widerwillig gehorchte sie ihrem Vater, ließ sich auf das jungfräuliche Bett fallen und weinte im Wissen um ihr Schicksal. Schon sah sie das Feuer, das gegen die Mauern ihrer brennenden Vaterstadt anstürmte. Die Trojaner aber stellten das Pferd unterhalb des Tempels der Stadtbeschützerin, der Göttin Athene, [445] auf wohl geglättete Fundamente und verbrannten schöne Opfergaben auf vielduftenden Altären. Aber die Unsterblichen verschmähten die erfolglosen Hekatomben. Im ganzen Volk gab es ein Festgelage und ungezähmten Übermut – Übermut, der die Trunkenheit durch männerschwächenden Wein steigerte. [450] Die ganze Stadt war mit Unvernunft erfüllt und stand durch ihre Nachlässigkeit offen, und die Tore lagen in der Obhut von nur wenigen Wächtern. Schon ging auch das Sonnenlicht unter, und schicksalshaft warf sich die städtezerstörende Nacht um das hochragende Ilion. Zur Argiverin Helena aber kam in Gestalt einer alten Frau [455] die listenreiche, redegewandte Athene; sie rief sie heraus und sprach sie mit überzeugenden Worten an:

“νύμφα φίλη, καλέει σε πόσις Μενέλαος ἀγήνωρ
ἵππῳ δουρατέῳ κεκαλυμμένος, ἀμφὶ δ’ Ἀχαιῶν
ἡγεμόνες λοχόωσι τεῶν μνηστῆρες ἀέθλων.
ἀλλ’ ἴθι, μηδ’ ἔτι τοι μελέτω Πριάμοιο γέροντος
μήτ’ ἄλλων Τρώων μήτ’ αὐτοῦ Δηιφόβοιο·
ἤδη γάρ σε δίδωμι πολυτλήτῳ Μενελάῳ.”
ὣς φαμένη θεὸς αὖθις ἀνέδραμεν· ἡ δὲ δόλοισι
θελγομένη κραδίην θάλαμον λίπε κηώεντα,
καί οἱ Δηίφοβος πόσις εἵπετο· τὴν δὲ κιοῦσαν
Τρῳάδες ἑλκεχίτωνες ἐθηήσαντο γυναῖκες.
ἡ δ’ ὁπόθ’ ὑψιμέλαθρον ἐς ἱερὸν ἦλθεν Ἀθήνης,
ἔστη παπταίνουσα φυὴν εὐήνορος ἵππου.
τρὶς δὲ περιστείχουσα καὶ Ἀργείους ἐρέθουσα
πάσας ἠυκόμους ἀλόχους ὀνόμαζεν Ἀχαιῶν
φωνῇ λεπταλέῃ· τοὶ δ’ ἔνδοθι θυμὸν ἄμυσσον
ἀλγεινοὶ κατέχοντες ἐεργμένα δάκρυα σιγῇ.
ἔστενε μὲν Μενέλαος, ἐπεὶ κλύε Τυνδαρεώνης,
κλαῖε δὲ Τυδείδης μεμνημένος Αἰγιαλείης,
οὔνομα δ’ ἐπτοίησεν Ὀδυσσέα Πηνελοπείης.
Ἄντικλος δ’ ὅτε κέντρον ἐδέξατο Λαοδαμείης,
μοῦνος ἀμοιβαίην ἀνεβάλλετο γῆρυν ἀνοίξας·
ἀλλ’ Ὀδυσεὺς κατέπαλτο καὶ ἀμφοτέρῃς παλάμῃσιν
ἀμφιπεσὼν ἐπίεζεν ἐπειγόμενον στόμα λῦσαι.
μάστακα δ’ ἀρρήκτοισιν ἀλυκτοπέδῃσι μεμαρπὼς
εἶχεν ἐπικρατέως· ὁ δ’ ἐπάλλετο χερσὶ πιεσθείς,
φεύγων ἀνδροφόνοιο πελώρια δεσμὰ σιωπῆς.
καὶ τὸν μὲν λίπεν ἆσθμα φερέσβιον· οἱ δέ μιν ἄλλοι
δάκρυσι λαθριδίοισι κατακλαύσαντες Ἀχαιοὶ
κοῖλον ἀποκρύψαντες ἐς ἰσχίον ἔνθεσαν ἵππου
καὶ χλαῖναν μελέεσσιν ἐπὶ ψυχροῖσι βαλόντες.
καί νύ κεν ἄλλον ἔθελγε γυνὴ δολόμητις Ἀχαιῶν,
εἰ μή οἱ βλοσυρῶπις ἀπ’ αἰθέρος ἀντήσασα

»Liebe Frau, dich ruft dein Gatte, der tapfere Menelaos, der sich im hölzernen Pferd verborgen hat; ringsum liegen die Führer der Achaier im Hinterhalt, die in den Kämpfen um dich geworben haben. [460] Auf, geh! Nicht mehr sollen dir der alte Priamos, die anderen Trojaner oder Deiphobos selbst am Herzen liegen – denn jetzt übergebe ich dich dem Menelaos, der viel erduldet hat.«

So sprach die Göttin und eilte wieder hinauf. Helena aber, im Herzen bezaubert von der List, verließ ihr duftendes Schlafgemach; [465] ihr folgte ihr Gatte Deiphobos. Auf ihrem Weg warfen ihr die trojanischen Frauen, die Schleppkleider trugen, Blicke zu. Als sie zum hochbedachten Tempel der Athene kam, blieb sie stehen und betrachtete die Gestalt des gut mit Männern gefüllten Pferdes. Dreimal schritt sie herum, reizte die Argiver [470] und nannte alle schönhaarigen Ehefrauen der Achaier mit zarter Stimme beim Namen. Diese aber zermarterten sich drinnen das Herz und hielten in ihrem Schmerz die unterdrückten Tränen schweigend zurück. Menelaos seufzte, als er die Tochter des Tyndareos hörte, der Sohn des Tydeus weinte in Erinnerung an Aigialeia, [475] und der Name der Penelope versetzte Odysseus in Leidenschaft. Als aber Antiklos den Stachel der Laodameia empfing, setzte er zu einer Erwiderung an und öffnete den Mund. Doch Odysseus schwang sich herab, fiel über ihn her und drückte ihm mit beiden Händen den Mund zu, der sich öffnen wollte. [480] Er hatte seine Wangen mit unzerbrechlichen, unlösbaren Bändern gepackt und hielt ihn mit Gewalt fest. Antiklos wand sich, bedrängt von den Händen, und versuchte, den riesigen Fesseln des menschentötenden Schweigens zu entrinnen. Doch ihn verließ der lebensspendende Atem. Die anderen Achaier beweinten ihn mit heimlichen Tränen, [485] verhüllten ihn, legten ihn in eine hohle Hüfte des Pferdes hinein und warfen einen Mantel über seine erkalteten Glieder. Und auch jetzt noch hätte die listenreiche Frau einen anderen der Achaier bezaubert, wenn nicht Pallas ihr mit furcht-

Παλλὰς ἐπηπείλησε, φίλου δ᾿ ἐξήγαγε νηοῦ
μούνῃ φαινομένη, στερεῇ δ᾿ ἀπεπέμψατο φωνῇ·
"δειλαίη, τέο μέχρις ἀλιτροσύναι σε φέρουσι
καὶ πόθος ἀλλοτρίων λεχέων καὶ Κύπριδος ἄτη;
οὔποτε δ᾿ οἰκτείρεις πρότερον πόσιν οὐδὲ θύγατρα
Ἑρμιόνην ποθέεις; ἔτι δὲ Τρώεσσιν ἀρήγεις;
χάζεο καὶ θαλάμων ὑπερώιον εἰσαναβᾶσα
σὺν πυρὶ μειλιχίῳ ποτιδέχνυσο νῆας Ἀχαιῶν."
ὣς φαμένη κενεὴν ἀπάτην ἐκέδασσε γυναικός.
καὶ τὴν μὲν θαλαμόνδε πόδες φέρον· οἱ δὲ χοροῖο
παυσάμενοι καμάτῳ ἀδδηκότες ἤριπον ὕπνῳ.
καὶ δή που φόρμιγξ ἀνεπαύσατο, κεῖτο δὲ κάμνων
αὐλὸς ἐπὶ κρητῆρι, κύπελλα δὲ πολλὰ χυθέντα
αὐτομάτως ῥείεσκε καθελκομένων ἀπὸ χειρῶν.
ἡσυχίη δὲ πόλιν κατεβόσκετο, νυκτὸς ἑταίρη,
οὐδ᾿ ὑλακὴ σκυλάκων ἠκούετο, πᾶσα δὲ σιγὴ
εἱστήκει καλέουσα φόνον πνείουσαν ἀυτήν.
ἤδη δὲ Τρώεσσιν ὀλέθριον εἷλκε τάλαντον
Ζεὺς ταμίης πολέμοιο, μόγις δ᾿ ἐλέλιξεν Ἀχαιούς·
χάζετο δ᾿ Ἰλιόθεν Λυκίης ἐπὶ πίονα νηὸν
ἀχνύμενος μεγάλοις ἐπὶ τείχεσι Φοῖβος Ἀπόλλων.
αὐτίκα δ᾿ Ἀργείοισιν Ἀχιλλῆος παρὰ τύμβον
ἀγγελίην ἀνέφαινε Σίνων εὐφεγγέι δαλῷ.
παννυχίη δ᾿ ἑτάροισιν ὑπὲρ θαλάμοιο καὶ αὐτὴ
εὐειδὴς Ἑλένη χρυσέην ἐπεδείκνυτο πεύκην.
ὡς δ᾿ ὁπότε πλήθουσα πυρὸς γλαυκοῖο σελήνη
οὐρανὸν αἰγλήεντα κατεχρύσωσε προσώπῳ·
οὐχ ὅτε που γλωχῖνας ἀποξύνουσα κεραίης
πρωτοφαὴς ὑπὸ μηνὸς ἀνίσταται ἄσκιον ἀχλύν,
ἀλλ᾿ ὅτε κυκλώσασα περίτροχον ὄμματος αὐγὴν

barem Blick vom Himmel herab entgegengetreten wäre, ihr nicht gedroht [490] und sie, der sie allein erschienen war, nicht aus dem Tempelbezirk herausgeführt und mit harter Stimme getadelt hätte:

»Elende, wie weit tragen dich deine Freveltaten, deine Begierde nach fremden Betten und deine Verblendung durch Kypris? Hast du nie Mitleid mit deinem früheren Gatten und keine Sehnsucht nach deiner Tochter Hermione? Stattdessen hilfst du weiterhin den Trojanern? [495] Weiche zurück, geh hinauf in das Obergemach deines Hauses und warte mit freundlichem Feuer auf die Schiffe der Achaier!«

So sprach sie und machte den erfolglosen Betrugsversuch der Frau zunichte; und ihre Füße trugen Helena zurück ins Frauengemach. Die Trojaner aber hatten ihren Tanz beendet und fielen vor Erschöpfung in Schlaf. [500] Schon ruhte mancherorts die Leier, die Flöte lag erschöpft auf dem Mischkrug, viele Becher entleerten sich und fielen von selbst aus erschlafften Händen. Ruhe legte sich über die Stadt, die Gefährtin der Nacht; kein Hundegebell war zu hören, es herrschte vollständige Stille, [505] die zu Blutbad atmendem Krieg einlud. Da wog Zeus, der Herr über den Krieg, die Waagschale, die den Trojanern den Untergang brachte, und sammelte zögernd die Achaier. Phoibos Apollon aber wich aus Ilion in seinen reichen Tempel in Lykien zurück und trauerte um die gewaltigen Mauern. [510] Sogleich sandte Sinon beim Grabhügel von Achilleus den Argivern sein Signal mit weit leuchtendem Feuer. Die ganze Nacht lang ließ auch die schöne Helena selbst für ihre Gefährten über ihrem Gemach eine golden leuchtende Fackel aus Fichtenholz scheinen: Wie wenn der Mond, mit glänzendem Feuer gefüllt, [515] den strahlenden Himmel mit seinem Antlitz vergoldet – nicht wenn er etwa die Enden seines Horns zuspitzt und sich, gerade erst aufgehend, zur Zeit des schattenlosen Monatsdunkels erhebt, sondern wenn er den kreisförmigen Glanz seines Auges rund gemacht hat und die entgegengesandten Strah-

ἀντιτύπους ἀκτῖνας ἐφέλκεται ἠελίοιο·
τοίη μαρμαίρουσα Θεραπναίη τότε νύμφη
οἴνοπα πῆχυν ἀνεῖλκε, φίλου πυρὸς ἡνιοχῆα.
οἱ δὲ σέλας πυρσοῖο μετήορον ἀθρήσαντες
νῆας ἀνεκρούσαντο παλιγγνάμπτοισι κελεύθοις
Ἀργεῖοι σπεύδοντες, ἅπας δ' ἠπείγετο ναύτης
δηναιοῦ πολέμοιο τέλος διζήμενος εὑρεῖν.
οἱ δ' αὐτοὶ πλωτῆρες ἔσαν κρατεροί τε μαχηταὶ
ἀλλήλοις τ' ἐκέλευον ἐλαυνέμεν· αἱ δ' ἄρα νῆες
ὠκύτεραι κραιπνῶν ἀνέμων ταχυπειθέι ῥιπῇ
Ἴλιον εἰσανάγοντο Ποσειδάωνος ἀρωγῇ.
ἐνθάδε δὴ πεζοὶ πρότεροι κίον, οἱ δ' ἐπέλειφθεν
ἱππῆες κατόπισθεν, ὅπως μὴ Τρώιον ἵπποι
λαὸν ἀναστήσωσιν ἀειρομένῳ χρεμετισμῷ.
οἱ δ' ἕτεροι γλαφυρῆς ἀπὸ γαστέρος ἔρρεον ἵππου,
τευχησταὶ βασιλῆες, ἀπὸ δρυὸς οἷα μέλισσαι,
αἵτ' ἐπεὶ οὖν ἔκαμον πολυχανδέος ἔνδοθι σίμβλου
κηρὸν ὑφαίνουσαι μελιηδέα ποικιλοτέχναι,
ἐς νομὸν εὐγυάλοιο κατ' ἄγγεος ἀμφιχυθεῖσαι
νύγμασι πημαίνουσι παραστείχοντας ὁδίτας·
ὣς Δαναοὶ κρυφίοιο λόχου κληῖδας ἀνέντες
θρῷσκον ἐπὶ Τρώεσσι καὶ εἰσέτι κοῖτον ἔχοντας
χαλκείου θανάτοιο κακοῖς ἐκάλυψαν ὀνείροις.
νήχετο δ' αἵματι γαῖα, βοὴ δ' ἄλληκτος ὀρώρει
Τρώων φευγόντων, ἐστείνετο δ' Ἴλιος ἱρὴ
πιπτόντων νεκύων, οἱ δ' ἀνδροφόνῳ κολοσυρτῷ
⟨ἔζεον⟩ ἔνθα καὶ ἔνθα μεμηνότες οἷα λέοντες
σώμασιν ἀρτιφάτοισι γεφυρώσαντες ἀγυιάς.
Τρωιάδες δὲ γυναῖκες ὑπὲρ τεγέων ἀίουσαι
αἱ μὲν ἐλευθερίης ἐρατῆς ἔτι διψώουσαι
αὐχένας ἐς θάνατον δειλοῖς ὑπέβαλλον ἀκοίταις,
αἱ δὲ φίλοις ἐπὶ παισί, χελιδόνες οἷάτε κοῦφαι,

len der Sonne an sich zieht – [520] ebenso funkelte damals die Braut aus Therapne, als sie ihren weinfarbenen Arm, den Führer des freundlichen Feuers, in die Höhe hob. Als die Argiver den hoch scheinenden Glanz des Signalfeuers erblickten, beeilten sie sich, die Schiffe auf umgekehrtem Weg zurück zu rudern, und jeder Seemann strengte sich an, [525] weil er das Ende dieses lang andauernden Krieges erreichen wollte. Dieselben Männer waren Schiffsleute und kräftige Kämpfer; sie trieben sich gegenseitig an zu rudern. Und die Schiffe wurden schneller als die raschen Winde durch willig gehorchende Ruderschläge mit Poseidons Hilfe nach Ilion zurückgebracht. [530] Dort gingen die Fußsoldaten voran, die Wagenlenker aber blieben dahinter zurück, damit die Pferde das trojanische Kriegsvolk nicht durch ihr lautes Gewieher aufweckten. Die anderen aber strömten aus dem hohlen Bauch des Pferdes heraus, die gerüsteten Könige, wie Bienen aus einer Eiche, [535] die – nachdem sie drinnen in ihrem geräumigen Bienenstock mit viel Mühe kunstvoll eine honigsüße Wabe gewoben haben – aus ihrem gut gewölbten Gehäuse ringsum auf die Weide strömen und vorbeigehenden Wanderern mit Stichen Leid zufügen: Ebenso stürzten sich die Danaer, nachdem sie die Riegel ihres geheimen Verstecks geöffnet hatten, [540] auf die Trojaner und bedeckten die noch Schlafenden mit dem Alptraum des eisernen Todes. In Blut schwamm die Erde, es erhob sich ein nicht endendes Geschrei fliehender Trojaner, und das heilige Ilion füllte sich mit fallenden Toten; die Achaier aber tobten im männermordenden Getümmel [545] hier und dort wie rasende Löwen und errichteten mit gerade getöteten Körpern Dämme in den Straßen. Die trojanischen Frauen auf den Dächern hörten es, und einige, die noch nach der geliebten Freiheit dürsteten, boten ihren Nacken den unglücklichen Ehemännern zum Todesstoß dar; [550] andere, Mütter, klagten wie die leichtflügeligen Schwalben um ihre lieben

μητέρες ὠδύροντο· νέη δέ τις ἀσπαίροντα
ἠίθεον κλαύσασα θανεῖν ἔσπευδε καὶ αὐτὴ
οὐδὲ δορυκτήτοισιν ὁμοῦ δεσμοῖσιν ἕπεσθαι
ἤθελεν, ἀλλ' ἐχόλωσε καὶ οὐκ ἐθέλοντα φονῆα
καὶ ξυνὸν λέχος ἔσχεν ὀφειλόμενον παρακοίτη.
πολλαὶ δ' ἠλιτόμηνα καὶ ἄπνοα τέκνα φέρουσαι
γαστέρος ὠμοτόκοιο χύδην ὠδῖνα μεθεῖσαι
ῥιγεδανῶς σὺν παισὶν ἀπεψύχοντο καὶ αὐταί.
παννυχίη δ' ἐχόρευσεν ἀνὰ πτόλιν, οἷα θύελλα,
κύμασι παφλάζουσα πολυφλοίσβου πολέμοιο
αἵματος ἀκρήτοιο μέθης ἐπίκωμος Ἐνυώ.
σὺν δ' Ἔρις οὐρανόμηκες ἀναστήσασα κάρηνον
Ἀργείους ὀρόθυνεν, ἐπεὶ καὶ φοίνιος Ἄρης
ὀψὲ μὲν ἀλλὰ καὶ ὣς πολέμων ἑτεραλκέα νίκην
ἦλθε φέρων Δαναοῖσι καὶ ἀλλοπρόσαλλον ἀρωγήν.
ἴαχε δὲ γλαυκῶπις ἐπ' ἀκροπόληος Ἀθήνη
αἰγίδα κινήσασα, Διὸς σάκος, ἔτρεμε δ' αἰθὴρ
Ἥρης σπερχομένης, ἐπὶ δ' ἔβραχε γαῖα βαρεῖα
παλλομένη τριόδοντι Ποσειδάωνος ἀκωκῇ,
ἔφριξεν δ' Ἀίδης, χθονίων δ' ἐξέδρακε θώκων
ταρβήσας, μή πού τι Διὸς μέγα χωσαμένοιο
πᾶν γένος ἀνθρώπων κατάγοι ψυχοστόλος Ἑρμῆς.
πάντα δ' ὁμοῦ κεκύκητο, φόνος δέ τις ἄκριτος ἦεν·
τοὺς μὲν γὰρ φεύγοντας ἐπὶ Σκαιῇσι πύλῃσι
κτεῖνον ἐφεστηῶτες, ὁ δ' ἐξ εὐνῆς ἀνορούσας
τεύχεα μαστεύων δνοφερῇ περικάππεσεν αἰχμῇ.
καί τις ὑπὸ σκιόεντι δόμῳ κεκρυμμένος ἀνήρ,
ξεῖνος ἐών, ἐκάλεσσεν ὀιόμενος φίλον εἶναι·
νήπιος, οὐ μὲν ἔμελλεν ἐνηέι φωτὶ μιγῆναι,
ξείνια δ' ἐχθρὰ κόμισσεν· ὑπὲρ τέγεος δέ τις ἄλλος
μήπω παπταίνων τι θοῷ διέπιπτεν ὀιστῷ.
καί τινες ἀλγεινῷ κραδίην βεβαρηότες οἴνῳ,

Kinder; manch junge Frau beklagte ihren noch zuckenden jungen Mann und wünschte auch selbst zu sterben; denn sie wollte nicht in die durch den Speer erworbenen Fesseln folgen, sondern erzürnte ihren – eigentlich unfreiwilligen – Mörder und erlangte so das gemeinsame Lager, das sie ihrem Gatten schuldig war. Viele Frauen, die mit noch nicht geburtsreifen und noch nicht von allein atmenden Kindern schwanger waren, gossen die Frucht ihres frühzeitig gebärenden Leibes heraus und starben auch selbst zusammen mit ihren Kindern auf entsetzliche Weise. Die ganze Nacht lang tanzte Enyo durch die Stadt wie ein Orkan und brauste auf den Wogen des laut tönenden Krieges – trunken von reinem Blut und feiernd. Zugleich erhob Eris ihr Haupt himmelhoch und feuerte die Argiver an. Da war auch der blutige Ares gekommen – spät zwar, aber auch so brachte er den Danaern den entscheidenden Sieg im Kriegsgeschehen und seine unberechenbare Hilfe. Auf der Akropolis ließ die helläugige Athene ihren Ruf ertönen und schwang die Ägis, den Schild des Zeus; das Himmelsgewölbe erzitterte unter dem Ansturm Heras, und die schwere Erde dröhnte, als sie vom Dreizack Poseidons erschüttert wurde. Hades aber erschauderte und schaute von seinem unterirdischen Thron auf, weil er fürchtete, dass Hermes, der Seelenführer, wegen des großen Zorns von Zeus das ganze Geschlecht der Menschen nach unten geleiten könnte. Alles zusammen war in Aufruhr, das Morden machte keinen Unterschied: Die Fliehenden töteten die Wachen beim Skäischen Tor; einer, der von seinem Lager aufstand und seine Waffen suchte, fiel durch eine Lanze aus dem Dunkeln. Ein Mann, der sich in einem schattigen Haus verborgen hielt, lud, weil er gastfreundlich war, jemanden ein im Glauben, dass es sein Freund sei – der Narr! Er sollte mit keinem freundlich gesinnten Menschen zusammentreffen, sondern erhielt feindliche Gastgeschenke. Ein anderer fiel auf seinem Dach, noch bevor er sich umschauen konnte, durch einen schnellen Pfeil. Und einige, deren

ἐκπλαγέες ποτὶ δοῦπον, ἐπειγόμενοι καταβῆναι,
κλίμακος ἐξελάθοντο καθ᾽ ὑψηλῶν τε μελάθρων
ἔκπεσον ἀγνώσσοντες, ἐπαυχενίους δὲ λυθέντες
ἀστραγάλους ἐάγησαν, ὁμοῦ δ᾽ ἐξήρυγον οἶνον.
πολλοὶ δ᾽ εἰς ἕνα χῶρον ἀολλέες ἐκτείνοντο
μαρνάμενοι, πολλοὶ δὲ διωκόμενοι κατὰ πύργων
ἤριπον εἰς Ἀίδαο πανύστατον ἅλμα θορόντες.
παῦροι δὲ στεινῆς διὰ κοιλάδος, οἷάτε φῶρες,
πατρίδος ὀλλυμένης ἔλαθον χειμῶνα φυγόντες.
οἱ δ᾽ ἔνδον πολέμῳ τε καὶ ἀχλύι κυμαίνοντες,
ἀνδράσιν οἰχομένοισι καὶ οὐ φεύγουσιν ὁμοῖοι,
πίπτον ἐπ᾽ ἀλλήλοισι· πόλις δ᾽ οὐ χάνδανε λύθρον
ἀνδρῶν χηρεύουσα, περιπλήθουσα δὲ νεκρῶν.
οὐδέ τι φειδωλή τις ἐγίνετο· φοιταλέῃ δὲ
σπερχόμενοι μάστιγι φιλαγρύπνοιο κυδοιμοῦ
οὐδὲ θεῶν ὄπιν εἶχον, ἀθεσμοτάτης δ᾽ ὑπὸ ῥιπῆς
ἀθανάτων ἔχραινον ἀπενθέας αἵματι βωμούς.
οἰκτρότατοι δὲ γέροντες ἀτιμοτάτοισι φόνοισιν
οὐδ᾽ ὀρθοὶ κτείνοντο, χαμαὶ δ᾽ ἱκετήσια γυῖα
τεινάμενοι πολιοῖσι κατεκλίνοντο καρήνοις.
πολλὰ δὲ νήπια τέκνα μινυνθαδίων ἀπὸ μαζῶν
μητέρος ἡρπάζοντο καὶ οὐ νοέοντα τοκήων
ἀμπλακίας ἀπέτινον, ἀνημέλκτου δὲ γάλακτος
παιδὶ μάτην ὀρέγουσα χοὰς ἐκόμισσε τιθήνη.
οἰωνοί τε κύνες τε κατὰ πτόλιν ἄλλοθεν ἄλλοι,
ἠέριοι πεζοί τε συνέστιοι εἰλαπινασταί,
αἷμα μέλαν πίνοντες ἀμείλιχον εἶχον ἐδωδήν,
καὶ τῶν μὲν κλαγγὴ φόνον ἔπνεεν, οἱ δ᾽ ὑλάοντες
ἄγρια κοπτομένοισιν ἐπ᾽ ἀνδράσιν ὠρύοντο,

Kopf durch schmerzbringenden Wein schwer geworden war und die sich – aufgeschreckt durch das Getöse – beeilten herabzusteigen, vergaßen die Treppe, [585] fielen, ohne es zu merken, aus den Obergeschossen herab, zertrennten und brachen sich die Halswirbel und erbrachen dabei den Wein. Viele, die an einem Platz dicht zusammengedrängt waren, wurden im Kampf getötet, und viele, die verfolgt wurden, stürzten von den Stadtmauern in den Hades mit ihrem allerletzten Sprung. [590] Wenige konnten heimlich wie Diebe durch eine schmale Höhle vor dem Sturm in ihrer untergehenden Vaterstadt entfliehen. Diejenigen aber, die im Innern der Stadt waren, wogten zwischen Kampf und Finsternis hin und her – eher getöteten und nicht fliehenden Männern ähnlich – und fielen übereinander nieder. Die Stadt konnte das Blut nicht mehr fassen, [595] sie war von Männern verwaist und von Toten überhäuft. Es gab nicht die geringste Schonung. Angetrieben durch die rasende Peitsche des Schlachtgetümmels, das schlaflose Nächte liebt, achteten die Achaier auch die Götter nicht und besudelten in einem gegen alle Sitten verstoßenden Ansturm die schuldlosen Altäre der Unsterblichen mit Blut. [600] Am bemitleidenswertesten aber wurden die Greise durch äußerst unehrenhaftes Morden getötet – nicht aufrecht, sondern sie hatten ihre Glieder schutzflehend ausgestreckt und lagen mit ergrauten Häuptern am Boden. Viele Kleinkinder wurden von der Brust ihrer Mutter, die sie nur kurz genährt hatte, gerissen und büßten, ohne es zu verstehen, für die Vergehen ihrer Eltern, [605] während die Amme vergeblich dem Kind die Brust bot und versuchte, Gaben von Milch zu geben, die nicht gesaugt wurde. An allen Ecken über die ganze Stadt verteilt schmausten Vögel und Hunde als fliegende und laufende Tischgenossen, tranken das schwarze Blut und hielten ein grausiges Mahl. [610] Das Gekrächze der Vögel hauchte Mord aus, und die kläffenden Hunde bellten wild bei den abgeschlachteten

νηλέες, οὐδ' ἀλέγιζον ἑοὺς ἐρύοντες ἄνακτας.
τὼ δὲ γυναιμανέος ποτὶ δώματα Δηιφόβοιο
στελλέσθην Ὀδυσεύς τε καὶ εὐχαίτης Μενέλαος
καρχαλέοισι λύκοισιν ἐοικότες, οἵθ' ὑπὸ νύκτα
χειμερίην φονόωντες ἀσημάντοις ἐπὶ μήλοις
οἴχονται, κάματον δὲ κατατρύχουσι νομήων.
ἔνθα δύω περ ἐόντες ἀπειρεσίοισιν ἔμιχθεν
ἀνδράσι δυσμενέεσσι· νέη δ' ἠγείρετο χάρμη
τῶν μὲν ἐπορνυμένων, τῶν δ' ὑψόθεν ἐκ θαλάμοιο
βαλλόντων λιθάκεσσι καὶ ὠκυμόροισιν ὀιστοῖς.
ἀλλὰ καὶ ὣς ὑπέροπλα καρήατα πυργώσαντες
ἀρρήκτοις κορύθεσσι καὶ ἀσπίσι κυκλώσαντες
εἰσέθορον μέγα δῶμα· καὶ ἀντίβιον μὲν ὅμιλον,
θῆρας δειμαλέους, ἐλάων ἐδάιξεν Ὀδυσσεύς,
Ἀτρείδης δ' ἑτέρωθεν ὑποπτήξαντα διώξας
Δηίφοβον κατέμαρψε, μέσην κατὰ γαστέρα τύψας
ἧπαρ ὀλισθηρῇσι συνεξέχεεν χολάδεσσιν.
ὣς ὁ μὲν αὐτόθι κεῖτο λελασμένος ἱπποσυνάων,
τῷ δ' ἕπετο τρομέουσα δορυκτήτη παράκοιτις
ἄλλοτε μὲν χαίρουσα κακῶν ἐπὶ τέρματι μόχθων,
ἄλλοτε δ' αἰδομένη, τοτὲ δ' ὀψέ περ ὡς ἐν ὀνείρῳ
λαθρίδιον στενάχουσα φίλης μιμνῄσκετο πάτρης.
Αἰακίδης δὲ γέροντα Νεοπτόλεμος βασιλῆα
πήμασι κεκμηῶτα παρ' Ἑρκείῳ κτάνε βωμῷ
οἶκτον ἀπωσάμενος πατρώιον· οὐδὲ λιτάων
ἔκλυεν, οὐ Πηλῆος ὁρώμενος ἥλικα χαίτην
ᾐδέσαθ', ἧς ὕπο θυμὸν ἀπέκλασεν ἠδὲ γέροντος
καίπερ ἐὼν βαρύμηνις ἐφείσατο τὸ πρὶν Ἀχιλλεύς.
σχέτλιος, ἦ μὲν ἔμελλε καὶ αὐτῷ πότμος ὁμοῖος
ἑσπέσθαι παρὰ βωμὸν ἀληθέος Ἀπόλλωνος

Männern – erbarmungslos waren sie, weil sie sich nicht daran störten, dass sie ihre eigenen Herren zerrissen.

Zum Haus des Frauenhelden Deiphobos aber brachen Odysseus und der schönhaarige Menelaos auf, [615] wilden Wölfen gleichend, die sich in stürmischer Nacht blutdürstend auf unbewachte Schafe stürzen und die Arbeit der Hirten zerstören. Dort gerieten sie, obwohl sie nur zu zweit waren, mit zahllosen feindlichen Männern in einen Kampf. Eine neue Schlacht entbrannte, [620] wobei die beiden anstürmten, die anderen aber von oben aus dem Schlafgemach mit Steinen und rasch tötenden Pfeilen schossen. Trotzdem drangen sie, weil sie ihr übermächtiges Haupt mit einem unzerbrechlichen Helm umtürmt und sich rings mit Schilden umgeben hatten, in das große Haus ein. Odysseus erschlug und tötete die feindliche Kriegerschaar, [625] diese furchtsamen Tiere, und von der anderen Seite her verfolgte der Atride den Deiphobos, der sich verkrochen hatte, ergriff ihn, durchbohrte ihn mitten durch den Bauch und ließ die Leber mit den glitschigen Eingeweiden herausquellen. So lag er dort, ohne noch ans Reiten zu denken. [630] Dem Atriden folgte zitternd die mit dem Speer erworbene Gattin, die sich bald über das Ende der schlimmen Mühsal freute, bald schämte, dann aber – spät und wie in einem Traum – heimlich seufzte und an ihre liebe Heimat dachte. Der Aiakide Neoptolemos tötete den alten, [635] von seinen Leiden erschöpften König beim Altar des hausbeschützenden Zeus, ohne das Mitleid, das sein Vater gezeigt hatte; er hörte nicht auf das Flehen und hatte keinerlei Ehrfurcht, als er dessen Haar sah, das so alt war wie das des Peleus – das Haar, dessentwegen Achilleus damals noch seine Erregung gebändigt und den Greis trotz seines tiefen Zorns verschont hatte. [640] Der Schändliche! Freilich sollte auch ihn später ein ähnliches Schicksal ereilen beim Altar des wahrhaften Apollon, als ihn, den Schänder des

ὕστερον, ὁππότε μιν ζαθέου δηλήμονα νηοῦ
Δελφὸς ἀνὴρ ἐλάσας ἱερῇ κατέπεφνε μαχαίρῃ.
ἡ δὲ κυβιστήσαντα διηερίων ἀπὸ πύργων –
χειρὸς Ὀδυσσείης ὀλοὸν βέλος – ἀθρήσασα
Ἀνδρομάχη μινύωρον ἐκώκυεν Ἀστυάνακτα.
Κασσάνδρην δ' ᾔσχυνεν Ὀιλῆος ταχὺς Αἴας
Παλλάδος ἀχράντοιο θεῆς ὑπὸ γοῦνα πεσοῦσαν·
ἡ δὲ βίην ἀνένευσε θεή, τὸ πρόσθεν ἀρηγὼν
ἀνθ' ἑνὸς Ἀργείοισιν ἐχώσατο πᾶσιν Ἀθήνη.
Αἰνείαν δ' ἔκλεψε καὶ Ἀγχίσην Ἀφροδίτη
οἰκτείρουσα γέροντα καὶ υἱέα, τῆλε δὲ πάτρης
Αὐσονίην ἀπένασσε· θεῶν δ' ἐτελείετο βουλὴ
Ζηνὸς ἐπαινήσαντος, ἵνα κράτος ἄφθιτον εἴη
παισὶ καὶ υἱωνοῖσιν ἀρηιφίλης Ἀφροδίτης.
τέκνα δὲ καὶ γενεὴν Ἀντήνορος ἀντιθέοιο
Ἀτρείδης ἐφύλαξε, φιλοξείνοιο γέροντος,
μειλιχίης προτέρης ⟨τίνων⟩ χάριν ἠδὲ τραπέζης
κείνης, ᾗ μιν ἔδεκτο γυνὴ πρηεῖα Θεανώ.
δειλὴ Λαοδίκη, σὲ δὲ πατρίδος ἐγγύθι γαίης
γαῖα περιπτύξασα κεχηνότι δέξατο κόλπῳ·
οὐδέ σε Θησείδης Ἀκάμας οὐδ' ἄλλος Ἀχαιῶν
ἤγαγε ληιδίην, ἔθανες δ' ἅμα πατρίδι γαίῃ.
πᾶσαν δ' οὐκ ἂν ἔγωγε μόθου χύσιν ἀείσαιμι
κρινάμενος τὰ ἕκαστα καὶ ἄλγεα νυκτὸς ἐκείνης·
Μουσάων ὅδε μόχθος, ἐγὼ δ' ἅπερ ἵππον ἐλάσσω
τέρματος ἀμφιέλισσαν ἐπιψαύουσαν ἀοιδήν.
ἄρτι γὰρ ἀντολίηθεν ἀπόσσυτος Ὠκεανοῖο
ἠρέμα λευκαίνουσα κατέγραφεν ἠέρα πολλήν,
νύκτα διαρρήξασα μιαιφόνον ἱππότις Ἠώς·
οἱ δ' ἐπαγαλλόμενοι πολέμων ὑπεραυχέι νίκῃ

geweihten Tempels, ein Mann aus Delphi mit einem heiligen Opfermesser niederstach und tötete.

Andromache sah Astyanax kopfüber von den hohen Stadtmauern stürzen als ein grausiges Geschoss aus der Hand des Odysseus – und beklagte ihn, der nur kurz gelebt hatte. Kassandra schändete der schnelle Aias, der Sohn des Oileus, obwohl sie sich bei den Knien der Pallas, der jungfräulichen Göttin, niedergeworfen hatte. Da wandte sich die Göttin von der Gewalttat ab und zürnte, obgleich sie ihnen zuvor geholfen hatte, wegen der Tat eines einzigen Mannes allen Argivern. Aineias und Anchises aber führte Aphrodite heimlich fort, weil sie mit dem Greis und seinem Sohn Mitleid hatte, und versetzte sie fern von der Heimat nach Ausonien. Und mit Zustimmung des Zeus erfüllte sich der Ratschluss der Götter, dass den Kindern und Enkeln der von Ares geliebten Aphrodite unvergängliche Herrschaft zukommen sollte. Die Kinder und das Geschlecht des gottgleichen Antenor, des gastfreundlichen Greises, beschützte der Atride aus Dankbarkeit für die vormals erwiesene Freundlichkeit und jene Bewirtung, mit der ihn dessen sanftmütige Gattin Theano empfangen hatte. Arme Laodike! Dich hat die Erde in der Nähe deines Vaterlandes umschlossen und in ihrem aufklaffenden Busen aufgenommen. Weder hat dich Akamas, der Sohn des Theseus, noch ein anderer der Achaier als Beute verschleppt, sondern du bist zusammen mit deinem Vaterland untergegangen.

Ich kann nicht alle Auswüchse des Kriegsgeschehens und Schmerzen jener Nacht im Einzelnen beurteilen und besingen – das ist die Aufgabe der Musen. Aber wie ein Pferd will ich meinen Gesang lenken, der beim Umkreisen die Wendemarke berühren soll.

Denn soeben war die Wagenlenkerin Eos vom Okeanos her im Osten aufgegangen, durchbrach sanft strahlend den dichten Dunst und vertrieb die blutbefleckte Nacht. Die Argiver aber, voller Stolz über den überragenden Sieg im Krieg, blickten su-

πάντοσε παπταίνεσκον ἀνὰ πτόλιν, εἴ τινες ἄλλοι
κλεπτόμενοι φεύγουσι φόνου πάνδημον ἀυτήν.
ἀλλ' οἱ μὲν δέδμηντο λίνῳ θανάτοιο πανάγρῳ,
ἰχθύες ὡς ἁλίῃσιν ἐπὶ ψαμάθοισι χυθέντες,
Ἀργεῖοι δ' ἀπὸ μὲν μεγάρων νεοτευχέα κόσμον
ἐξέφερον, νηῶν ἀναθήματα, πολλὰ δ' ἐρήμων
ἥρπαζον θαλάμων κειμήλια· σὺν δὲ γυναῖκας
ληιδίας σὺν παισὶν ἄγον ποτὶ νῆας ἀνάγκῃ.
τείχεσι δὲ πτολίπορθον ἐπὶ φλόγα θωρήξαντες
ἔργα Ποσειδάωνος ἰῇ συνέχευον ἀυτμῇ.
αὐτοῦ καὶ μέγα σῆμα φίλοις ἀστοῖσιν ἐτύχθη
Ἴλιος αἰθαλόεσσα· πυρὸς δ' ὀλεσίπτολιν ἄτην
Ξάνθος ἰδὼν ἔκλαυσε γόων ἁλιμυρέι πηγῇ,
Ἡφαίστῳ δ' ὑπόεικεν ἀτυζόμενος χόλον Ἥρης.
οἱ δὲ Πολυξείνης ἐπιτύμβιον αἷμα χέαντες,
μῆνιν ἱλασσάμενοι τεθνειότος Αἰακίδαο
Τρωιάδας τε γυναῖκας ἐλάγχανον, ἄλλα τε πάντα
χρυσὸν ἐμοιρήσαντο καὶ ἄργυρον· οἷσι βαθείας
νῆας ἐπαχθήσαντες ἐριγδούπου διὰ πόντου
ἐκ Τροίης ἀνάγοντο μόθον τελέσαντες Ἀχαιοί.

chend überall in der Stadt umher, ob sich irgendwelche anderen versteckt hielten und auf der Flucht waren vor dem Todeskampf, der das ganze Volk betraf. Aber die waren vom alles fangenden Netz des Todes bezwungen [675] wie Fische, die auf Meeresstränden ausgebreitet lagen. Die Argiver trugen ihren neu erlangten Reichtum aus den Hallen, Weihgaben für ihre Tempel, und raubten viele Kostbarkeiten aus den verlassenen Gemächern. Zusammen mit diesen Dingen führten sie die erbeuteten Frauen mit ihren Kindern mit Gewalt auf die Schiffe. [680] Dann richteten sie die städtezerstörende Flamme gegen die Mauern und machten die Werke Poseidons durch einen einzigen Gluthauch zunichte. Da wurde das rauchende Ilion auch zu einem großen Grab für seine Bürger. Als Xanthos das städtezerstörende Verderben des Feuers sah, klagte er mit einem ins Meer fließenden Tränenstrom, [685] vor Hephaistos jedoch wich er zurück aus Furcht vor dem Zorn Heras.

Die Achaier aber vergossen, um den Zorn des toten Aiakiden zu besänftigen, das Blut der Polyxena auf seinem Grab, verteilten durch Losentscheid die trojanischen Frauen und teilten alles andere auf, Gold wie Silber. Damit beluden sie ihre tiefen [690] Schiffe und segelten von Troja über das tosende Meer, nachdem sie den Kampf beendet hatten.

Übersetzung: Manuel Baumbach

ΚΟΛΛΟΥΘΟΥ ΑΡΠΑΓΗ ΤΗΣ ΕΛΕΝΗΣ

Νύμφαι Τρωιάδες, ποταμοῦ Ξάνθοιο γενέθλη,
αἳ πλοκάμων κρήδεμνα καὶ ἱερὰ παίγνια χειρῶν
πολλάκι πατρῴῃσιν ἐπὶ ψαμάθοισι λιποῦσαι
ἐς χορὸν Ἰδαίῃσιν ἐπεντύνασθε χορείαις,
δεῦτε, θεμιστοπόλοιο νοήματα μηλοβοτῆρος
εἴπατέ μοι, κελάδοντος ἀπορνύμεναι ποταμοῖο,
ἐξ ὀρέων πόθεν ἦλθεν ἀήθεα πόντον ἐλαύνων
ἀγνώσσων ἁλὸς ἔργα. τί δὲ χρέος ἔπλετο νηῶν
ἀρχεκάκων, ἵνα πόντον ὁμοῦ καὶ γαῖαν ὀρίνῃ
βουκόλος; ὠγυγίη δὲ τίς ἔπλετο νείκεος ἀρχή,
ὄφρα καὶ ἀθανάτοισι θεμιστεύσωσι νομῆες;
τίς δὲ δικασπολίη; πόθεν ἔκλυεν οὔνομα νύμφης
Ἀργείης; αὐταὶ γὰρ ἐθηήσασθε μολοῦσαι
Ἰδαίης τρικάρηνον ὑπὸ πρηῶνα Φαλάκρης
καὶ Πάριν οἰοπόλοισιν ἐφεδριόωντα θοώκοις
καὶ Χαρίτων βασίλειαν ἀγαλλομένην Ἀφροδίτην.
  ὣς ὁ μὲν ὑψιλόφοισιν ἐν οὔρεσιν Αἱμονιήων
νυμφιδίων Πηλῆος ἀειδομένων ὑμεναίων
Ζηνὸς ἐφημοσύνῃσιν ἐῳνοχόει Γανυμήδης·
πᾶσα δὲ κυδαίνουσα θεῶν ἔσπευσε γενέθλη
αὐτοκασιγνήτην λευκώλενον Ἀμφιτρίτης,
Ζεὺς μὲν ἀπ᾽ Οὐλύμποιο, Ποσειδάων δὲ θαλάσσης·
ἐκ δὲ Μελισσήεντος ἀπ᾽ εὐόδμου Ἑλικῶνος
Μουσάων λιγύφωνον ἄγων χορὸν ἦλθεν Ἀπόλλων·
χρυσείοις δ᾽ ἑκάτερθε τινασσόμενος πλοκάμοισι
βότρυς ἀκερσεκόμης ζεφύρῳ στυφελίζετο χαίτης.
τὸν δὲ μεθ᾽ ὡμάρτησε κασιγνήτη Διὸς Ἥρη.
οὐδ᾽ αὐτὴ βασίλεια καὶ ἁρμονίης Ἀφροδίτη
ἐρχομένη δήθυνεν ἐς ἄλσεα Κενταύροιο.
καὶ στέφος ἀσκήσασα γαμήλιον ἤλυθε Πειθώ,

KOLLUTHOS, RAUB DER HELENA

Nymphen aus Troja, Nachkommen des Flussgottes Xanthos, die ihr die Lockenbänder und das heilige Spielzeug eurer Hände oft am väterlichen Ufersand zurücklasst und euch für den Tanz auf idäischen Tanzplätzen vorbereitet, [5] kommt hierher! Die Entscheidung des Schafhirten, der in göttlichen Belangen Recht spricht, verkündet mir nach eurem Aufbruch vom rauschenden Fluss, weshalb er von den Bergen kam und das ihm unvertraute Meer durchfuhr, obwohl er die Seefahrt nicht kannte. Weshalb brauchte es unheilstiftende Schiffe, damit ein Rinderhirte Meer und Land zugleich in Aufruhr versetzen konnte? [10] Was war der Urbeginn des Streites, so dass Hirten sogar über Unsterbliche richten konnten? Wie lautete das Urteil? Woher erfuhr er den Namen der argivischen Braut? Denn ihr wart ja selbst gekommen und habt am Fuß des dreigipfligen Vorgebirges des idäischen Phalakra [15] sowohl den Paris gesehen, wie er auf seinem Hirtenstuhl saß, als auch die Königin der Chariten, die strahlende Aphrodite.

So verrichtete Ganymedes sein Amt als Mundschenk auf den hochwipfligen Gipfeln der haimonischen Berge, als für Peleus die Hochzeitslieder gesungen wurden, auf Befehl des Zeus. [20] Das ganze Geschlecht der Götter eilte herbei, um die weißarmige Schwester der Amphitrite zu ehren: Zeus vom Olymp, Poseidon aus dem Meer; und aus dem Gebiet von Melisseus vom wohlduftenden Helikon her kam Apollon und führte den helltönenden Chor der Musen herab; [25] das mit goldenen Locken auf beiden Seiten wallende Büschel seines ungeschnittenen Haares wurde von Zephyros bewegt. Ihm folgte die Schwester des Zeus, Hera. Und auch die Königin der Harmonie, Aphrodite selbst, zögerte nicht, in den Hain des Kentauren zu kommen. [30] Auch Peitho kam, die den Brautkranz gewunden hatte und den Köcher des Bogen-

τοξευτῆρος Ἔρωτος ἐλαφρίζουσα φαρέτρην.
καὶ βριαρὴν τρυφάλειαν ἀπὸ κροτάφοιο μεθεῖσα
ἐς γάμον ὡμάρτησε γάμων ἀδίδακτος Ἀθήνη.
οὐδὲ κασιγνήτη Λητωιὰς Ἀπόλλωνος
Ἄρτεμις ἠτίμησε καὶ ἀγροτέρη περ ἐοῦσα.
οἷος δ᾽ οὐ κυνέην, οὐ δήιον ἔγχος ἀείρων
ἐς δόμον Ἡφαίστοιο σιδήρεος ἔρχεται Ἄρης,
τοῖος ἄτερ θώρηκος, ἄτερ θηκτοῖο σιδήρου
μειδιόων ἐχόρευεν. Ἔριν δ᾽ ἀγέραστον ἐάσας
οὐ Χείρων ἀλέγιζε καὶ οὐκ ἐμπάζετο Πηλεύς.
ἡ δ᾽ ἅτε βησσήεντος ἀποπλαγχθεῖσα νομοῖο
πόρτις ἐρημαίῃσιν ἐνὶ ξυλόχοισιν ἀλᾶται
φοινήεντι μύωπι, βοῶν ἐλατῆρι, τυπεῖσα·
τοῖα βαρυζήλοισιν Ἔρις πληγῇσι δαμεῖσα
πλάζετο μαστεύουσα, θεῶν πῶς δαῖτας ὀρίνοι.
πολλάκι δ᾽ εὐλάιγγος ἀπὸ κλισμοῖο θοροῦσα
ἵστατο καὶ παλίνορσος ἐφέζετο· χειρὶ δὲ γαίης
οὔδεϊ κόλπον ἄραξε καὶ οὐκ ἐφράσσατο πέτρην·
ἤθελεν ὀρφναίων γυάλων κληῖδας ἀνεῖσα,
ἐκ χθονίων Τιτῆνας ἀναστήσασα βερέθρων
οὐρανὸν ὑψιμέδοντος ἀιστῶσαι Διὸς ἕδρην.
ἤθελεν ἠχήεντα πυρὸς πρηστῆρα τινάσσειν,
Ἡφαίστῳ δ᾽ ὑπόεικεν ἀμαιμακέτη περ ἐοῦσα,
καὶ πυρὸς ἀσβέστοιο καὶ ὀπτευτῆρι σιδήρου.
καὶ σακέων βαρύδουπον ἐμήσατο κόμπον ἀράσσειν,
εἴ ποτε δειμαίνοντες ἀναθρῴσκοιεν ἰωήν·
ἀλλὰ καὶ ὁπλοτέρης δολίης ἀνεχάσσατο βουλῆς
Ἄρεα δειμαίνουσα, σιδήρεον ἀσπιδιώτην.
ἤδη δ᾽ Ἑσπερίδων χρυσέων ἐμνήσατο μήλων·
ἔνθεν Ἔρις, πολέμοιο προάγγελον ἔρνος ἑλοῦσα
μῆλον, ἀριζήλων ἐφράσσατο δήνεα μόχθων.

schützen Eros trug. Und nachdem sie ihren schweren Helm vom Kopf genommen hatte, folgte zur Hochzeit Athene, die die Ehe nicht kennt. Und auch die Schwester Apollons, des Sohnes der Leto, Artemis, erwies ihm die Ehre, obwohl sie doch eine Jägerin war. Und so wie, ohne einen Helm und ohne einen todbringenden Speer zu tragen, der eiserne Ares in das Haus des Hephaistos zu gehen pflegt, so tanzt er lächelnd ohne einen Brustpanzer und ohne ein geschärftes Schwert. Der Eris jedoch schenkte Chiron keine Beachtung und kümmerte sich nicht um sie; auch Peleus beachtete sie nicht.

Aber Eris schweifte ebenso umher, wie eine von einer bewaldeten Wiese abgeschweifte junge Kuh im einsamen Dickicht umherirrt, die von der blutigen Bremse, der Rindertreiberin, gestochen wurde; bezwungen von den tiefen Schlägen der Eifersucht suchte sie nach Wegen, das Mahl der Götter zu stören. Oft sprang sie auf von ihrem schönsteinigen Stuhl, stand da und setzte sich dann wieder hin. Mit der Hand schlug sie am Boden auf den Schoß der Erde, ohne auf den Felsen zu achten. Sie wollte die Tore der dunklen Höhlen öffnen, aus den Schlünden der Erde die Titanen auferstehen lassen und den Himmel, den Sitz des hochherrschenden Zeus, zerstören. Sie wollte zischende Feuerblitze schleudern, doch vor Hephaistos, dem Hüter des unauslöschlichen Feuers und Stahls, wich sie zurück, obwohl sie unbezwingbar war. Dann sann sie darauf, mit Schlägen laut dröhnendes Schildgetöse zu erregen, um zu sehen, ob sie aus Furcht vor dem Lärm aufsprängen. Aber auch vor diesem, ihrem neuesten listigen Plan ließ sie ab aus Furcht vor dem eisernen Schildträger.

Schließlich erinnerte sie sich an die goldenen Äpfel der Hesperiden. Von dort nahm Eris den Krieg ankündigenden Spross, den Apfel, und schmiedete Pläne für unübersehbare Mühen. Mit einem schwungvollen Wurf ihrer Hand warf sie die erste Saat für

χειρὶ δὲ δινήσασα μόθου πρωτόσπορον ἀρχὴν
ἐς θαλίην ἔρριψε, χορὸν δ᾽ ὤρινε θεάων.
Ἥρη μὲν παράκοιτις ἀγαλλομένη Διὸς εὐνῇ
ἵστατο θαμβήσασα καὶ ἤθελε ληίζεσθαι·
πασάων δ᾽ ἅτε Κύπρις ἀρειοτέρη γεγαυῖα
μῆλον ἔχειν ἐπόθησεν, ὅτι κτέρας ἐστὶν Ἐρώτων·
Ἥρη δ᾽ οὐ μεθέηκε καὶ οὐχ ὑπόεικεν Ἀθήνη.
Ζεὺς δὲ θεῶν καὶ νεῖκος ἰδὼν καὶ παῖδα καλέσσας
τοῖον ὑφεδρήσσοντα προσέννεπεν Ἑρμάωνα·
  "εἴ τινά που Ξάνθοιο παρ᾽ Ἰδαίοιο ῥεέθροις
παῖδα Πάριν Πριάμοιο, τὸν ἀγλαὸν ἡβητῆρα,
Τροίης βουκολέοντα κατ᾽ οὔρεα, τέκνον, ἀκούεις,
κείνῳ μῆλον ὄπαζε· διακρίνειν δὲ θεάων
κέκλεο καὶ βλεφάρων ξυνοχὴν καὶ κύκλα προσώπων.
ἡ δὲ διακρινθεῖσα φέρειν περίπυστον ὀπώρην
κάρτος ἀρειοτέρης ἐχέτω καὶ κόσμον Ἐρώτων."
  ὣς ὁ μὲν Ἑρμάωνι πατὴρ ἐπέτελλε Κρονίων·
αὐτὰρ ὁ πατρῴῃσιν ἐφημοσύνῃσι πιθήσας
εἰς ὁδὸν ἡγεμόνευε καὶ οὐκ ἀμέλησε θεάων.
πᾶσα δὲ λωιτέρην καὶ ἀμείνονα δίζετο μορφήν.
Κύπρις μὲν δολόμητις ἀναπτύξασα καλύπτρην
καὶ περόνην θυόεντα διαστήσασα κομάων
χρυσῷ μὲν πλοκάμους, χρυσῷ δ᾽ ἐστέψατο χαίτην.
τοῖα δὲ παῖδας Ἔρωτας ἀνηΰτησεν ἰδοῦσα·
  "ἐγγὺς ἀγών, φίλα τέκνα· περιπτύξασθε τιθήνην.
σήμερον ἀγλαΐαι με διακρίνουσι προσώπων·
δειμαίνω, τίνι μῆλον ὁ βουκόλος οὗτος ὀπάσσει.
Ἥρην μὲν Χαρίτων ἱερὴν ἐνέπουσι τιθήνην,
φασὶ δὲ κοιρανίην μεθέπειν καὶ σκῆπτρα φυλάσσειν·
καὶ πολέμων βασίλειαν ἀεὶ καλέουσιν Ἀθήνην·
μούνη Κύπρις ἄναλκις ἔην θεός. οὐ βασιλήων
κοιρανίην, οὐκ ἔγχος ἀρήιον, οὐ βέλος ἕλκω.

den Beginn des Kriegsgetümmels in das Festgelage und brachte die Schar der Göttinnen in Aufruhr: Hera, die Gattin des Zeus und stolz auf das gemeinsame Ehebett, stand staunend auf und wollte den Apfel erbeuten. Kypris hingegen, in der Meinung, besser als alle zu sein, wünschte sich, den Apfel zu haben, da er Eigentum der Eroten ist. Aber Hera gab nicht nach, und auch Athene wich nicht zurück. Zeus aber sah den Streit der Göttinnen und rief seinen Sohn Hermes, der unterhalb von ihm saß, und sagte Folgendes:

»Wenn du, mein Kind, irgendwo an den Ufern des idäischen Xanthos von Paris, einem Sohn des Priamos, einem herrlichen jungen Mann, der auf den Bergen Trojas Rinder weidet, hörst, dann gib ihm den Apfel. Befiehl ihm, sowohl das Zusammentreffen der Augenlider der Göttinnen als auch die Rundungen ihrer Gesichter zu beurteilen. Diejenige, der die weitgerühmte Frucht zugesprochen wird, soll die Macht der Besseren und den Schmuck der Eroten erhalten.«

So trug es dem Hermes sein Vater, der Kronide, auf. Dieser aber gehorchte den väterlichen Befehlen, führte die Göttinnen auf den Weg und verlor sie nicht aus den Augen. Eine jede bemühte sich um ein vorteilhafteres und besseres Aussehen. Die listige Kypris löste ihren Schleier, öffnete die duftende Spange, verwob ihre Locken mit Gold und bekränzte mit Gold ihr Haar. Sie blickt zu ihren Kindern, den Eroten, und rief:

»Nah ist der Wettstreit, liebe Kinder, umarmt eure Nährerin! Heute urteilt die Schönheit des Gesichts über mich. Ich mache mir Sorgen, wem dieser Rinderhirte den Apfel geben wird. Die Hera nennen sie heilige Nährerin der Chariten, und man sagt, dass sie Herrschaft ausübe und das Zepter halte. Und als Kriegskönigin bezeichnen sie stets die Athene; einzig ich, Kypris, bin eine kraftlose Göttin: Weder habe ich eine Königsherrschaft, noch trage ich einen kriegerischen Speer, noch ein Geschoss. Aber warum bin ich

ἀλλὰ τί δειμαίνω περιώσιον ἀντὶ μὲν αἰχμῆς
ὡς θοὸν ἔγχος ἔχουσα μελίφρονα δεσμὸν Ἐρώτων;
κεστὸν ἔχω καὶ κέντρον ἄγω καὶ τόξον ἀείρω,
κεστόν, ὅθεν φιλότητος ἐμῆς ἐμὸν οἶστρον ἑλοῦσαι
πολλάκις ὠδίνουσι καὶ οὐ θνῄσκουσι γυναῖκες."
τοῖον ἐφεσπομένη ῥοδοδάκτυλος ἔννεπε Κύπρις.
οἱ δ' ἄρα μητρῴης ἐρατῆς ἀίοντες ἐφετμῆς
φοιτητῆρες Ἔρωτες ἐπερρώοντο τιθήνῃ.
ἄρτι μὲν Ἰδαίην ὑπερέδραμον οὔρεος ἄκρην,
ἔνθα λιθοκρήδεμνον ὑπὸ πρηῶνος ἐρίπνην
κουρίζων ἐνόμευε Πάρις πατρώια μῆλα.
ποιμαίνων δ' ἑκάτερθεν ἐπὶ προχοῇσιν ἀναύρου
νόσφι μὲν ἀγρομένων ἀγέλην πεμπάζετο ταύρων,
νόσφι δὲ βοσκομένων διεμέτρεε πώεα μήλων·
καί τις ὀρεσσαύλοιο δορὴ μετόπισθε χιμαίρης
ἐκκρεμὲς ᾐώρητο καὶ αὐτῶν ἥπτετο μηρῶν,
ποιμενίη δ' ἀπέκειτο, βοῶν ἐλάτειρα, καλαῦροψ,
τοῖος ἐπεὶ σύριγγος, ἐς ἤθεα βαιὸν ὁδεύων,
ἀγροτέρων καλάμων λιγυρὴν ἐδίωκεν ἀοιδήν·
πολλάκι δ' οἰοπόλοισιν ἐνὶ σταθμοῖσιν ἀείδων
καὶ ταύρων ἀμέλησε καὶ οὐκ ἐμπάζετο μήλων·
ἔνθεν ἔχων σύριγγα κατ' ἤθεα καλὰ νομήων
Πανὶ καὶ Ἑρμάωνι φίλην ἀνεβάλλετο μολπήν·
οὐ κύνες ὠρύοντο καὶ οὐ μυκήσατο ταῦρος,
μούνη δ' ἠνεμόεσσα, βοῆς ἀδίδακτος ἐοῦσα,
Ἰδαίων ὀρέων ἀντίθροος ἴαχεν Ἠχώ.
ταῦροι δὲ χλοερῆς κεκορηότες ὑψόθι ποίης,
κεκλιμένοι βαρύγουνον ἐπ' ἰσχίον εὐνάζοντο.
ὣς ὁ μὲν ὑψορόφοιο φυτῶν ὑπένερθε καλύπτρης
τηλόθεν Ἑρμάωνα διάκτορον εἶδε λιγαίνων.
δειμαίνων δ' ἀνόρουσε, θεῶν δ' ἀλέεινεν ὀπωπήν·
καὶ χορὸν εὐκελάδων δονάκων ἐπὶ φηγὸν ἐρείσας

so übermäßig besorgt, wo ich doch statt einer Lanze als schnellen Speer das honigsüße Band der Eroten besitze? Den Gürtel trage ich, den Stachel bringe ich, den Bogen halte ich – den Gürtel, durch den die Frauen den schlimmen Stich meiner Liebe empfangen und oftmals Geburtsschmerzen leiden, aber nicht sterben.«

So sprach die rosenfingrige Kypris und folgte nach. Sie aber hörten den mütterlich lieblichen Auftrag, die schwärmenden Eroten, und strömten zu ihrer Nährerin.

Schon hatten sie den idäischen Berggipfel überquert, wo unterhalb einer steinumringten Klippe eines Vorgebirges der junge Paris die Schafe seines Vaters hütete. Er ließ sie weiden zu beiden Seiten an den Strömungen des Bergbaches, und gesondert zählte er die Horde der versammelten Stiere und maß gesondert die Herden der grasenden Schafe. Das Fell einer Bergziege hing an seinem Rücken, bewegte sich und berührte seine Schenkel. Beiseitegelegt war der Hirtenstab, der Rindertreiber, da Paris auf diese Weise für ein Weilchen zu seinem gewohnten Platz gehen und auf den ländlichen Rohren der Syrinx ein hell klingendes Lied spielen konnte. Oft verlor er beim Singen an Hirtenplätzen die Stiere aus den Augen und beachtete die Schafe nicht. Dann hielt er die Syrinx nach dem schönen Brauch der Hirten und ließ für Pan und Hermes lieblichen Gesang erklingen. Die Hunde bellten nicht, und nicht brüllten die Stiere, nur die windige Echo, die keine eigene Stimme hat, hallte von den Bergen des Ida wider. Und die Stiere, gesättigt vom grünen Gras in der Höhe, legten sich nieder und ruhten mit schweren Knien auf ihrer Flanke.

Als er so unter der hochdachigen Pflanzendecke helltönend spielte, erblickte er von fern Hermes, den Boten. Furchtsam sprang er auf, den Götteranblick meidend. Er lehnte die aneinandergereihten wohltönenden Rohre an eine Eiche und been-

μήπω πολλὰ καμοῦσαν ἑὴν ἀνέκοπτεν ἀοιδήν.
τοῖα δὲ δειμαίνοντα προσέννεπε θέσκελος Ἑρμῆς·
    "γαῦλον ἀπορρίψας καὶ πώεα καλὰ μεθήσας
δεῦρο θεμιστεύσειας ἐπουρανίῃσι δικάζων·
δεῦρο διακρίνων προφερέστερον εἶδος ὀπωπῆς
φαιδροτέρῃ τόδε μῆλον, ἐπήρατον ἔρνος, ὀπάσσαις."
    τοῖον ἀνηΰτησεν· ὁ δ' ἤπιον ὄμμα τανύσσας
ἦκα διακρίνειν πειρήσατο κάλλος ἑκάστης.
δέρκετο μὲν γλαυκῶν βλεφάρων σέλας, ἔδρακε δειρὴν
χρυσῷ δαιδαλέην, ἐφράσσατο κόσμον ἑκάστης
καὶ πτέρνης μετόπισθε καὶ αὐτῶν ἴχνια ταρσῶν.
χειρῶν μειδιόωντα δίκης προπάροιθεν ἑλοῦσα
τοῖον Ἀλεξάνδρῳ μυθήσατο μῦθον Ἀθήνη·
    "δεῦρο, τέκος Πριάμοιο, Διὸς παράκοιτιν ἐάσας
καὶ θαλάμων βασίλειαν ἀτιμήσας Ἀφροδίτην
ἠνορέης ἐπίκουρον ἐπαινήσειας Ἀθήνην.
φασί σε κοιρανέειν καὶ Τρώιον ἄστυ φυλάσσειν·
δεῦρό σε τειρομένοισι σαόπτολιν ἀνδράσι θήσω,
μή ποτέ σοι βαρύμηνις ἐπιβρίσειεν Ἐνυώ.
πείθεο, καὶ πολέμους τε καὶ ἠνορέην σε διδάξω."
    ὣς ἡ μὲν πολύμητις ἀνηΰτησεν Ἀθήνη.
τοῖα δ' ὑποβλήδην λευκώλενος ἔννεπεν Ἥρη·
    "εἴ με διακρίνων προφερέστερον ἔρνος ὀπάσσῃς,
πάσης ἡμετέρης Ἀσίης ἡγήτορα θήσω.
ἔργα μόθων ἀθέριζε· τί γὰρ πολέμων βασιλῆι;
κοίρανος ἰφθίμοισι καὶ ἀπτολέμοισι κελεύει.
οὐκ αἰεὶ θεράποντες ἀριστεύουσιν Ἀθήνης·
ὠκύμοροι θνῄσκουσιν ὑποδρηστῆρες Ἐνυοῦς."
    τοίην κοιρανίην πρωτόθρονος ὤπασεν Ἥρη.
ἡ δ' ἑανὸν βαθύκολπον, ἐς ἠέρα γυμνώσασα
κόλπον, ἀνῃώρησε καὶ οὐκ ᾐδέσσατο Κύπρις.

dete sein Lied, das noch nicht weit vorangekommen war. Der wundersame Hermes aber sprach den Furchtsamen so an:

»Wirf den Melkeimer fort und lass die schönen Herden! Hierher! Fälle dein Urteil, indem du über himmlische Göttinnen richtest! Hierher! Beurteile die ausgezeichnetere Gesichtsform und gib der Strahlenderen diesen Apfel, die liebliche Frucht.«

So rief er laut; Paris aber ließ seinen sanften Blick schweifen und versuchte in Ruhe die Schönheit einer jeden zu beurteilen. Er sah den Glanz heller Augen, erblickte den mit Gold geschmückten Hals und bemerkte die Schönheit einer jeden – sogar hinten an der Ferse und an den Fußsohlen selbst. Vor seinem Urteil ergriff Athene den Lächelnden an seinen Händen und sprach Alexandros mit solcher Rede an:

»Hierher, Sohn des Priamos, lass die Gemahlin des Zeus und verachte die Königin der Schlafzimmer, Aphrodite – die Helferin der Tapferkeit, Athene, sollst du loben! Man sagt, dass du ein Herrscher bist und die Stadt Troja beschützt; hierher, ich werde dich zu einem Retter von Städten machen, der auch für bedrängte Männer da ist, damit dich niemals die tiefzornige Enyo niederdrückt. Lass dich von mir überzeugen, und ich werde dich Kriegsführung und Tapferkeit lehren.«

So rief die kluge Athene. Aber da unterbrach sie die weißarmige Hera und sagte:

»Wenn du mich als Ausgezeichnetere auswählst und mir die Frucht gibst, werde ich dich zum Herrscher über mein ganzes Asien machen. Die Werke des Kriegsgetümmels verachte! Denn was gehen Kriege einen König an? Ein Herrscher befiehlt starken wie unkriegerischen Menschen. Nicht immer sind die Diener der Athene die besten: Einen schnellen Tod sterben die Helfer der Enyo.«

Eine solche Herrschaft bot ihm die höchstthronende Hera. Aber Kypris hob ihr tieffaltiges Gewand an, lüftete es und entblößte ihre Brust, ohne sich zu schämen. In der Hand trug sie

χειρὶ δ᾽ ἐλαφρίζουσα μελίφρονα δεσμὸν Ἐρώτων
στῆθος ἅπαν γύμνωσε καὶ οὐκ ἐμνήσατο μαζῶν.
τοῖα δὲ μειδιόωσα προσέννεπε μηλοβοτῆρα·
 "δέξο με καὶ πολέμων ἐπιλήθεο, δέχνυσο μορφὴν
ἡμετέρην καὶ σκῆπτρα καὶ Ἀσίδα κάλλιπε γαῖαν.
ἔργα μόθων οὐκ οἶδα· τί γὰρ σακέων Ἀφροδίτῃ;
ἀγλαΐῃ πολὺ μᾶλλον ἀριστεύουσι γυναῖκες.
ἀντὶ μὲν ἠνορέης ἐρατὴν παράκοιτιν ὀπάσσω,
ἀντὶ δὲ κοιρανίης Ἑλένης ἐπιβήσεο λέκτρων·
νυμφίον ἀθρήσει σε μετὰ Τροίην Λακεδαίμων."
 οὔπω μῦθος ἔληγεν, ὁ δ᾽ ἀγλαὸν ὤπασε μῆλον,
ἀγλαΐης ἀνάθημα, μέγα κτέρας Ἀφρογενείῃ,
φυταλιὴν πολέμοιο, κακὴν πολέμοιο γενέθλην.
χειρὶ δὲ μῆλον ἔχουσα τόσην ἀνενείκατο φωνὴν
Ἥρην κερτομέουσα καὶ ἀντιάνειραν Ἀθήνην·
 "εἴξατέ μοι πολέμοιο συνήθεες, εἴξατε νίκης.
ἀγλαΐην ἐφίλησα, καὶ ἀγλαΐη με διώκει.
φασί σε, μῆτερ Ἄρηος, ὑπ᾽ ὠδίνεσσιν ἀέξειν
ἠυκόμων Χαρίτων ἱερὸν χορόν· ἀλλά σε πᾶσαι
σήμερον ἠρνήσαντο, καὶ οὐ μίαν εὗρες ἀρωγόν.
οὐ σακέων βασίλεια καὶ οὐ πυρός ἐσσι τιθήνη·
οὔ σοι Ἄρης ἐπάρηξε, καὶ εἰ δορὶ μαίνεται Ἄρης,
οὐ φλόγες Ἡφαίστοιο, καὶ εἰ φλογὸς ἆσθμα λοχεύει.
οἷα δὲ κυδιάεις ἀνεμώλιος, Ἀτρυτώνη,
ἣν γάμος οὐκ ἔσπειρε καὶ οὐ μαιώσατο μήτηρ,
ἀλλὰ σιδηρείη σε τομὴ καὶ ῥίζα σιδήρου
πατρῴων ἀλόχευτον ἀνεβλάστησε καρήνων.
οἷα δὲ χαλκείοισι καλυψαμένη χρόα πέπλοις
καὶ φεύγεις φιλότητα καὶ Ἄρεος ἔργα διώκεις,
ἁρμονίης ἀδίδακτος, ὁμοφροσύνης ἀδαήμων.

das honigsüße Band der Eroten, sie entblößte den ganzen Oberkörper und achtete nicht auf ihre Brüste. Mit solchen Worten sprach sie lächelnd den Schafhirten an:

[160] »Nimm mich und vergiss die Kriege, nimm meinen Körper und lass Zepter und das Land Asien zurück. Die Werke des Kriegshandwerks kenne ich nicht. Denn was hat Aphrodite mit Schilden zu tun? Durch glänzende Schönheit ragen die Frauen viel mehr hervor. Anstelle von Tapferkeit gebe ich dir eine liebreizende Gattin, [165] anstelle von Herrschaft besteige Helenas Ehebett. Nach Troja wird Lakedaimon dich als Bräutigam sehen.«

Noch war ihre Rede nicht verklungen, da gab Paris ihr den glänzenden Apfel, die Gabe für glänzende Schönheit, den großen Besitz für die Schaumgeborene, den Setzling des Krieges, des Krieges schlimmen Ursprung. [170] Sie hielt den Apfel in der Hand und erhob mit Spott über Hera und die männergleiche Athene so ihre Stimme:

»Weicht, ihr Kriegsgewohnten, weicht zurück vor meinem Sieg! Die glänzende Schönheit liebe ich, und die glänzende Schönheit leistet mir Folge. Man sagt, dass du, Mutter des Ares, unter Geburtsschmerzen [175] den heiligen Chor der schönlockigen Chariten genährt hast. Aber sie alle haben dich heute verleugnet, und nicht eine hast du als Helferin gefunden. Du bist nicht der Schilde Königin und nicht des Feuers Nährerin; nicht kam dir Ares zu Hilfe, obwohl er mit dem Speer zu wüten pflegt, nicht halfen dir die Flammen des Hephaistos, obwohl er doch den Feueratem erzeugt. [180] Und wie prahlst du vergeblich, Atrytone, die keine Ehe erzeugt und keine Mutter geboren hat, sondern ein eiserner Schnitt und ein Ursprung aus Eisen ließen dich ungeboren aus dem väterlichen Haupt heraufwachsen. Und wie du, indem du deinen Körper mit bronzenen Kleidern verhüllst, [185] vor der Liebe fliehst und die Werke des Ares verfolgst, – der Harmonie nicht kundig und unerfahren in der Eintracht! Weißt du nicht, dass

ἀγνώσσεις, ὅτι μᾶλλον ἀνάλκιδές εἰσιν Ἀθῆναι
τοῖαι, κυδαλίμοισιν ἀγαλλόμεναι πολέμοισι,
κεκριμένων μελέων οὔτ' ἄρσενες οὔτε γυναῖκες;"
    τοῖον ἐφυβρίζουσα προσέννεπε Κύπρις Ἀθήνην.
ὣς ἡ μὲν πτολίπορθον ἀέθλιον ἔλλαχε μορφῆς
Ἥρην ἐξελάσασα καὶ ἀσχαλόωσαν Ἀθήνην·
ἱμείρων δ' ὑπ' ἔρωτι καὶ ἣν οὐκ εἶδε διώκων,
Δύσπαρις ἀθροίσας ἐπὶ δάσκιον ἤγαγεν ὕλην
ἀνέρας ἐργοπόνοιο δαήμονας Ἀτρυτώνης.
ἔνθα πολυπρέμνοιο δαϊζόμεναι δρύες Ἴδης
ἤριπον ἀρχεκάκοιο περιφροσύνῃσι Φερέκλου,
ὃς τότε μαργαίνοντι χαριζόμενος βασιλῆι
νῆας Ἀλεξάνδρῳ δρυτόμῳ τεκτήνατο χαλκῷ.
αὐτῆμαρ προβέβουλε καὶ αὐτῆμαρ κάμε νῆας,
νῆας δ' οὐκ ἐνόησε καὶ οὐκ ἤσκησεν Ἀθήνη.
    ἄρτι μὲν Ἰδαίων ὀρέων ἠλλάξατο πόντον
καὶ λεχέων ἐπίκουρον ἐφεσπομένην Ἀφροδίτην
πολλάκις ἀκταίοισιν ἱλασσάμενος θυέεσσιν
ἔπλεεν Ἑλλήσποντον ἐπ' εὐρέα νῶτα θαλάσσης,
τῷ δὲ πολυτλήτων σημήια φαίνετο μόχθων.
κυανέη μὲν ὕπερθεν ἀναθρῴσκουσα θάλασσα
οὐρανὸν ὀρφναίων ἑλίκων ἐζώσατο δεσμῷ
εἶθαρ ἀμιχθαλόεντος ἀπ' ἠέρος ὄμβρον ἱεῖσα,
ἐκλύσθη δέ τε πόντος ἐρεσσομένων ἐρετάων.
τόφρα δὲ Δαρδανίην καὶ Τρώιον οὖδας ἀμείψας
Ἰσμαρίδος μεθέηκε παραπλώων στόμα λίμνης,
αἶψα δὲ Θρηικίοιο μετ' οὔρεα Παγγαίοιο
Φυλλίδος ἀντέλλοντα φιλήνορος ἔδρακε τύμβον
καὶ δρόμον ἐννεάκυκλον ἀλήμονος εἶδε κελεύθου,
ἔνθα διαστείχουσα κινύρεο, Φυλλίς, ἀκοίτην
δεχνυμένη παλίνορσον ἀπήμονα Δημοφόωντα,
ὁππότε νοστήσειεν Ἀθηναίης ἀπὸ δήμων.

eben solche Athenen kraftloser sind, die an ruhmvollen Kriegen ihre Freude haben, bei der Bewertung ihrer Glieder aber weder männlich noch weiblich sind?«

[190] Mit solchen Beleidigungen sprach Kypris zu Athene. So errang sie den städtezerstörenden Preis für ihr Aussehen und vertrieb Hera und die verärgerte Athene. Unglücks-Paris aber – sehnsüchtig vor Liebe und einer Frau nachjagend, die er nicht kannte, – versammelte [195] Männer, die sich mit der arbeitsamen Atrytone auskannten, und führte sie zu einem schattigen Wald. Dort wurden die Eichen des baumreichen Ida gefällt – sie fielen durch die Geschicklichkeit des unheilstiftenden Phereklos, der damals dem rasenden König gefallen wollte und Schiffe für Alexandros mit holzfällendem Eisen fertigte. [200] Am selben Tag plante und am selben Tag baute er die Schiffe; und nicht entwarf und errichtete die Schiffe Athene.

Gerade war Paris von den idäischen Bergen auf das Meer gewechselt, hatte Aphrodite, die Helferin der Ehe, die ihn begleitete, vielfach mit Strandopfern gnädig gestimmt [205] und den Hellespont auf dem breiten Rücken des Meeres besegelt, da zeigten sich ihm Zeichen von lang zu erduldenden Mühen: Das dunkle Meer sprang nach oben, umgürtete den Himmel mit einem Band von finsteren Windungen und schickte sogleich Regen aus der dampfenden Luft; [210] aufgewühlt war die See beim Schlagen der Ruderer. Als er Dardanien und das trojanische Land verlassen und im Vorüberfahren die Mündung des ismarischen Sees hinter sich gelassen hatte, erblickte Paris sofort nach dem Gebirge des thrakischen Pangaion das sich erhebende Grab der liebenden Phyllis [215] und den neunkreisigen Pfad des herumirrenden Weges, wo du, Phyllis, klagend herumwanderst und auf den unversehrt zurückkehrenden Gatten wartest, den Demophoon, wann er aus Athenes Land heimkehren würde. Dann aber erhoben sich vor

τῷ δὲ βαθυκλήροιο διὰ χθονὸς Αἱμονιήων
ἐξαπίνης ἀνέτελλεν Ἀχαιίδος ἄνθεα γαίης,
Φθίη βωτιάνειρα καὶ εὐρυάγυια Μυκήνη.
ἔνθεν ἀνερχομένοιο παρ᾽ εἰαμενὰς Ἐρυμάνθου
Σπάρτην καλλιγύναικα, φίλην πόλιν Ἀτρείωνος,
κεκλιμένην ἐνόησεν ἐπ᾽ Εὐρώταο ῥεέθροις.
ἄγχι δὲ ναιομένην ὑπὸ δάσκιον οὔρεος ὕλην
γείτονα παπταίνων ἐρατὴν θηεῖτο Θεράπνην.
οὔπω κεῖθεν ἔην δολιχὸς πλόος, οὐδὲ γαλήνης
δηρὸν ἐρεσσομένων ἠκούετο δοῦπος ἐρετμῶν,
καὶ χθονὸς εὐκόλποισιν ἐπ᾽ ἠιόνεσσι βαλόντες
πείσματα νηὸς ἔδησαν, ὅσοις ἁλὸς ἔργα μεμήλει.
αὐτὰρ ὁ χιονέοιο λοεσσάμενος ποταμοῖο
ᾤχετο φειδομένοισιν ἐπ᾽ ἴχνεσιν ἴχνος ἐρείδων,
μὴ πόδες ἱμερόεντες ὑποχραίνοιντο κονίης,
μὴ πλοκάμων κυνέῃσιν ἐπιβρίσαντες ἐθείρας
ὀξύτερον σπεύδοντος ἀναστέλλοιεν ἀῆται.
ἄρτι μὲν αἰπύδμητα φιλοξείνων ναετήρων
δώματα παπταίνων καὶ γείτονας ἐγγύθι νηοὺς
ἄστεος ἀγλαΐην διεμέτρεεν, ἔνθα μὲν αὐτῆς
χρύσεον ἐνδαπίης θηεύμενος εἶδος Ἀθήνης,
ἔνθα δὲ Καρνείοιο φίλον κτέρας Ἀπόλλωνος
οἶκον Ἀμυκλαίοιο παραγνάμψας Ὑακίνθου,
ὅν ποτε κουρίζοντα σὺν Ἀπόλλωνι νοήσας
δῆμος Ἀμυκλαίων ἠγάσσατο, μὴ Διὶ Λητὼ
κυσαμένη καὶ τοῦτον ἀνήγαγεν· αὐτὰρ Ἀπόλλων
οὐκ ἐδάη Ζεφύρῳ ζηλήμονι παῖδα φυλάσσων.
γαῖα δὲ δακρύσαντι χαριζομένη βασιλῆι
ἄνθος ἀνηέξησε, παραίφασιν Ἀπόλλωνος,
ἄνθος ἀριζήλοιο φερώνυμον ἡβητῆρος.
ἤδη δ᾽ ἀγχιδόμοισιν ἐπ᾽ Ἀτρείδαο μελάθροις
ἵστατο θεσπεσίῃσιν ἀγαλλόμενος χαρίτεσσιν.

ihm über das reiche Land der Haimonier hinweg plötzlich die Blüten des achaischen Landes: das männernährende Phthia und das breitstraßige Mykene. Dort bei den Sümpfen des aufsteigenden Erymanthos sah er Sparta mit seinen schönen Frauen, die geliebte Stadt des Atreus-Sohnes, die an den Ufern des Eurotas lag. In der Nähe, gelegen unter dem schattigen Wald eines Berges, erblickte er beim Schauen die Nachbarstadt, das liebliche Therapne. Von dort war die Schifffahrt nicht mehr weit, und nicht mehr lange war das durch die Ruderschläge verursachte Geräusch des Meeres zu hören; und sie warfen an den schönbuchtigen Ufern des Landes die Schiffstaue aus und machten sie fest – sie, denen die Seefahrt am Herzen lag.

Paris aber wusch sich in dem schneeigen Fluss und ging vorsichtig Schritt um Schritt voran, damit seine lieblichen Füße nicht von Staub befleckt und die Winde sich nicht auf seinen Helm stürzen und seine Haarlocken in die Höhe wirbeln würden, wenn er schneller eilte.

Schon beschaute er die hochgebauten Häuser der gastfreundlichen Einwohner und die benachbarten Tempel in der Nähe und blickte auf den Glanz der Stadt – dort sah er das goldene Standbild der einheimischen Athene selbst, dort kam er am lieben Besitz des Apollon Karneios, am Tempel des Hyakinthos aus Amyklai vorbei, den einst als einen jungen Mann in Begleitung des Apollon das Volk von Amyklai erblickte und sich darüber wunderte, dass die von Zeus schwangere Leto nicht auch diesen geboren hatte. Aber Apollon wusste nicht, dass er den Knaben für den eifersüchtigen Zephyros behütete. Und die Erde ließ zum Gefallen des weinenden Königs eine Blume wachsen, als Trost für Apollon – eine Blume, die den Namen des hellstrahlenden jungen Mannes trägt.

Und schon stand er vor dem in der Nähe errichteten Palast des Atriden, strahlend in herrlicher Anmut. Nicht hatte dem

οὐ Διὶ τοῖον ἔτικτεν ἐπήρατον υἷα Θυώνη·
ἱλήκοις, Διόνυσε· καὶ εἰ Διός ἐσσι γενέθλης,
καλὸς ἔην καὶ κεῖνος ἐπ' ἀγλαΐῃσι προσώπων.
ἡ δὲ φιλοξείνων θαλάμων κληῖδας ἀνεῖσα
ἐξαπίνης Ἑλένη μετεκίαθε δώματος αὐλὴν
καὶ θαλερῶν προπάροιθεν ὀπιπεύουσα θυράων
ὡς ἴδεν, ὧς ἐκάλεσσε καὶ ἐς μυχὸν ἤγαγεν οἴκου
καί μιν ἐφεδρήσσειν νεοπηγέος ὑψόθεν ἕδρης
ἀργυρέης ἐπέτελλε· κόρον δ' οὐκ εἶχεν ὀπωπῆς
ἄλλοτε δὴ χρύσειον ὀισαμένη Κυθερείης
κοῦρον ὀπιπεύειν θαλαμηπόλον – ὀψὲ δ' ἀνέγνω,
ὡς οὐκ ἔστιν Ἔρως· βελέων δ' οὐκ εἶδε φαρέτρην –
πολλάκι δ' ἀγλαΐῃσιν ἐυγλήνοισι προσώπων
παπταίνειν ἐδόκευε τὸν ἡμερίδων βασιλῆα·
ἀλλ' οὐχ ἡμερίδων θαλερὴν ἐδόκευεν ὀπώρην
πεπταμένην χαρίεντος ἐπὶ ξυνοχῇσι καρήνου.
ὀψὲ δὲ θαμβήσασα τόσην ἀνενείκατο φωνήν·
  "ξεῖνε, πόθεν τελέθεις; ἐρατὸν γένος εἰπὲ καὶ ἡμῖν.
ἀγλαΐην μὲν ἔοικας ἀριζήλῳ βασιλῆι,
ἀλλὰ τεὴν οὐκ οἶδα παρ' Ἀργείοισι γενέθλην.
πᾶσαν Δευκαλίωνος ἀμύμονος οἶδα γενέθλην·
οὐ Πύλον ἠμαθόεσσαν ἔχεις, Νηλήιον οὖδας,
– Ἀντίλοχον δεδάηκα, τεὴν δ' οὐκ εἶδον ὀπωπὴν –
οὐ Φθίην χαρίεσσαν, ἀριστήων τροφὸν ἀνδρῶν·
οἶδα περικλήιστον ὅλον γένος Αἰακιδάων,
ἀγλαΐην Πηλῆος, ἐυκλείην Τελαμῶνος,
ἤθεα Πατρόκλοιο καὶ ἠνορέην Ἀχιλῆος."
  τοῖα Πάριν ποθέουσα λιγύθροος ἔννεπε νύμφη·
αὐτὰρ ὁ μειλιχίην ἠμείβετο γῆρυν ἀνοίξας·
  "εἴ τινά που Φρυγίης ἐνὶ πείρασι γαῖαν ἀκούεις,
Ἴλιον, ἣν πύργωσε Ποσειδάων καὶ Ἀπόλλων·

Zeus die Thyone einen so liebreizenden Sohn geboren – vergib mir, Dionysos. Auch wenn du vom Geschlecht des Zeus bist, schön war auch jener wegen der glänzenden Schönheit seines Gesichtes. Helena aber öffnete die Riegel der gastfreundlichen Gemächer, [255] kam unversehens in den Hof des Hauses und schaute sich vor den prunkenden Toren um, und als sie ihn sah, rief sie ihn, führte ihn in das Innere des Hauses und bat ihn, auf einem neu gefertigten Stuhl aus Silber Platz zu nehmen. Sie konnte sich an ihm nicht sattsehen; [260] mal glaubte sie, den goldenen Sohn der Kythereia zu sehen, den Beschützer des Schlafgemachs – erst spät erkannte sie, dass er nicht Eros war, denn sie sah keinen Köcher für die Pfeile –, und oft meinte sie, wegen des schönäugigen Strahlens seines Gesichts den König der Weinstöcke zu sehen. [265] Aber sie bemerkte keine blühende Frucht von Weinstöcken, die sich um die Halspartie seines anmutigen Hauptes ausbreitete. Nach langem Staunen sprach sie ihn so an:

»Fremder, woher stammst du? Nenne uns doch deine schöne Herkunft! An glänzender Schönheit ähnelst du einem herausragenden König, [270] aber ich kenne dein Geschlecht bei den Argivern nicht, und ich kenne jedes Geschlecht des edlen Deukalion! Nicht das sandige Pylos besitzt du, das Land des Neleus – ich habe den Antilochos kennengelernt, aber dein Gesicht habe ich nicht gesehen –, und nicht das liebliche Phthia, die Nährerin bester Männer. [275] Ich kenne das weitberühmte Geschlecht der Aiakiden, die glänzende Schönheit des Peleus, den guten Ruf des Telamon, den Charakter des Patroklos und die Tapferkeit des Achilleus.«

So sprach das Mädchen begehrend mit heller Stimme zu Paris. Er aber antwortete und begann mit honigsüßer Stimme:

[280] »Wenn du vielleicht von einem Gebiet innerhalb der Grenzen Phrygiens gehört hast, von Ilion, das Poseidon und Apollon ummauert haben, und wenn du vielleicht von dem sehr

εἴ τινά που πολύολβον ἐνὶ Τροίῃ βασιλῆα
ἔκλυες εὐώδινος ἀπὸ Κρονίδαο γενέθλης·
ἔνθεν ἀριστεύων ἐμφύλια πάντα διώκω.
εἰμί, γύναι, Πριάμοιο πολυχρύσου φίλος υἱός,
εἰμὶ δὲ Δαρδανίδης· ὁ δὲ Δάρδανος ἐκ Διὸς ἦεν,
ᾧ καὶ ἀπ' Οὐλύμποιο θεοὶ ξυνήονες ἀνδρῶν
πολλάκι θητεύουσι καὶ ἀθάνατοί περ ἐόντες·
ὧν ὁ μὲν ἡμετέρης δωμήσατο τείχεα πάτρης,
τείχεα μαρμαίροντα, Ποσειδάων καὶ Ἀπόλλων.
αὐτὰρ ἐγώ, βασίλεια, δικασπόλος εἰμὶ θεάων·
καὶ γὰρ ἀκηχεμένῃσιν ἐπουρανίῃσι δικάζων
Κύπριδος ἀγλαΐην καὶ ἐπήρατον ᾔνεσα μορφήν,
ἡ δὲ περικλήιστον, ἐμῶν ἀντάξιον ἔργων,
νύμφην ἱμερόεσσαν ἐμοὶ κατένευσεν ὀπάσσαι,
ἣν Ἑλένην ἐνέπουσι, κασιγνήτην Ἀφροδίτης,
ἧς ἕνεκεν τέτληκα καὶ οἴδματα τόσσα περῆσαι.
δεῦρο γάμον κεράσωμεν, ἐπεὶ Κυθέρεια κελεύει·
μή με καταισχύνειας, ἐμὴν ⟨μὴ⟩ Κύπριν ἐλέγξῃς.
οὐκ ἐρέω· τί δὲ τόσσον ἐπισταμένην σε διδάξω;
οἶσθα γάρ, ὡς Μενέλαος ἀνάλκιδός ἐστι γενέθλης·
οὐ τοῖαι γεγάασιν ἐν Ἀργείοισι γυναῖκες,
καὶ γὰρ ἀκιδνοτέροισιν ἀεξόμεναι μελέεσσιν
ἀνδρῶν εἶδος ἔχουσι, νόθοι δ' ἐγένοντο γυναῖκες."
 ἔννεπεν· ἡ δ' ἐρόεσσαν ἐπὶ χθονὶ πῆξεν ὀπωπὴν
δηρὸν ἀμηχανέουσα καὶ οὐκ ἠμείβετο νύμφη.
ὀψὲ δὲ θαμβήσασα τόσην ἀνενείκατο φωνήν·
 "ἀτρεκέως, ὦ ξεῖνε, τεῆς ποτε πυθμένα πάτρης
τὸ πρὶν ἐδωμήσαντο Ποσειδάων καὶ Ἀπόλλων;
ἤθελον ἀθανάτων δαιδάλματα κεῖνα νοῆσαι
καὶ νομὸν οἰοπόλοιο λιγύπνοον Ἀπόλλωνος,
ἔνθα θεοδμήτοισι παρὰ προθύροισι πυλάων
πολλάκις εἰλιπόδεσσιν ἐφέσπετο βουσὶν Ἀπόλλων.

reichen König in Troja aus dem fruchtbaren Geschlecht des Kronos vernommen hast: Von dort abstammend gehe ich heldenhaft allen Angelegenheiten meiner Verwandtschaft nach. [285] Ich bin, Frau, der liebe Sohn des goldreichen Priamos, ich bin ein Dardanide. Dardanos aber war der Sohn des Zeus, ihm standen auch die Götter vom Olymp, die Freunde der Menschen sind, oft zu Diensten, obwohl sie doch unsterblich sind. Von diesen erbaute Poseidon die Mauern unserer Vaterstadt, [290] funkelnde Mauern, zusammen mit Apollon. Ich aber, Königin, bin ein Richter über Göttinnen: Denn als ich über die betrübten himmlischen Göttinnen mein Urteil fällte, habe ich die glänzende Schönheit der Kypris und ihre liebreizende Gestalt gelobt; sie aber versprach, mir als gleichwertige Gegengabe für meine Mühen das weitberühmte [295] reizende Mädchen zu geben, das man Helena nennt, die Schwester der Aphrodite, derentwegen ich es gewagt habe, sogar so große Wogen zu durchqueren. Auf, lass uns eine Ehe eingehen, weil Kythereia es befiehlt. Verschmähe mich nicht, damit du meine Kypris nicht beschämst. [300] Ich werde es nicht sagen – warum auch sollte ich dich, die du so verständig bist, belehren? Du weißt ja selbst, dass Menelaos von einem kraftlosen Geschlecht abstammt. Bei den Argivern gibt es keine solchen Frauen, denn obwohl sie mit schwächeren Gliedern heranwachsen, haben sie die Gestalt von Männern und sind keine echten Frauen.«

[305] So sprach er. Die junge Frau aber heftete ihren lieblichen Blick zu Boden, war lange Zeit verlegen und antwortete nicht. Endlich sprach sie ihn staunend mit solchen Worten an:

»Haben wirklich, Fremder, Poseidon und Apollon einst die Fundamente deiner Vaterstadt errichtet? [310] Ich wünschte, ich könnte jene Wunderwerke der Unsterblichen sehen und die hell durchwehte Weide des Schafe hütenden Apollon, wo Apollon bei den von Göttern erbauten Toreingängen oft den schleppfüßigen Rin-

ἀγρέο νῦν Σπάρτηθεν ἐπὶ Τροίην με κομίζων.
ἕψομαι, ὡς Κυθέρεια γάμων βασίλεια κελεύει.
οὐ τρομέω Μενέλαον, ὅταν Τροίῃ με νοήσῃ."
τοίην συνθεσίην καλλίσφυρος ἔννεπε νύμφη.
νὺξ δέ, πόνων ἄμπαυμα μετ' ἠελίοιο κελεύθους,
ὕπνον ἐλαφρίζουσα, παρήορον ὤπασεν ἠῶ
ἀρχομένην· δοιὰς δὲ πύλας ὤιξεν ὀνείρων,
τὴν μὲν ἀληθείης – κεράων ἀπελάμπετο κόσμος –
ἔνθεν ἀναθρῴσκουσι θεῶν νημερτέες ὀμφαί,
τὴν δὲ δολοφροσύνης, κενεῶν θρέπτειραν ὀνείρων.
αὐτὰρ ὁ ποντοπόρων Ἑλένην ἐπὶ σέλματα νηῶν
ἐκ θαλάμων ἐκόμισε φιλοξείνου Μενελάου,
κυδιόων δ' ὑπέροπλον ὑποσχεσίῃ Κυθερείης
φόρτον ἄγων ἔσπευδεν ἐς Ἴλιον ἰωχμοῖο.
Ἑρμιόνη δ' ἀνέμοισιν ἀπορρίψασα καλύπτρην
ἱσταμένης πολύδακρυς ἀνέστενεν ἠριγενείης,
πολλάκι δ' ἀμφιπόλους θαλάμων ἔκτοσθε λαβοῦσα,
ὀξύτατον βοόωσα τόσην ἀνενείκατο φωνήν·
"παῖδες, πῆ με λιποῦσα πολύστονον ᾤχετο μήτηρ,
ἣ χθιζὸν σὺν ἐμοὶ θαλάμων κληῖδας ἑλοῦσα
ἔδραθεν ὑπνώουσα καὶ ἐς μίαν ἤλυθεν εὐνήν;"
ἔννεπε δακρυχέουσα, συνωδύροντο δὲ παῖδες.
ἀγρόμεναι δ' ἑκάτερθεν ἐπὶ προθύροισιν ἐρύκειν
Ἑρμιόνην στενάχουσαν ἐπειρήσαντο γυναῖκες·
"τέκνον ὀδυρομένη, γόον εὔνασον. ᾤχετο μήτηρ,
νοστήσει παλίνορσος· ἔτι κλαίουσα νοήσεις.
οὐχ ὁράᾳς; γοεραὶ μὲν ἐπιμύουσιν ὀπωπαί,
πυκνὰ δὲ μυρομένης θαλεραὶ μινύθουσι παρειαί.
ἦ τάχα νυμφάων ἐς ὁμήγυριν ἀγρομενάων

dern folgte. Nimm und begleite mich nun von Sparta nach Troja! Ich werde folgen, wie es Kythereia, die Königin der Ehe, befiehlt. Vor Menelaos zittere ich nicht, wenn Troja mich kennen lernt.«

Eine solche Zustimmung gab die schönknöchlige junge Frau. Die Nacht aber, die Erholung von den Mühen nach dem Lauf der Sonne, machte den Schlaf leicht und ließ den Beginn der sich ausbreitenden Morgenröte folgen. Sie öffnete die beiden Tore der Träume: das Tor der Wahrheit – von ihm glänzte der Schmuck der Hörner –, aus dem die untrüglichen Botschaften der Götter entspringen, und das der Täuschung, der Nährerin leerer Träume. Paris aber brachte Helena zum Verdeck seiner meerdurchfahrenden Schiffe aus dem Schlafgemach des gastfreundlichen Menelaos. Überaus stolz auf das Versprechen der Kythereia beeilte er sich, die Fracht des Krieges nach Troja zu bringen.

Aber Hermione warf ihren Schleier in die Winde und stöhnte unter vielen Tränen auf, als die frühgeborene Morgenröte kam; oft holte sie ihre Dienerinnen aus den Schlafgemächern und sprach mit gellender Stimme die folgenden Worte:

»Ihr Mädchen, wohin – mich Vielseufzende zurücklassend – ist meine Mutter fortgegangen, die gestern zusammen mit mir die Schlüssel zu den Schlafgemächern nahm und, nachdem sie mit mir in ein Bett gestiegen war, einnickte und schlief?«

So sprach sie weinend, und mit ihr zusammen klagten die Mädchen. Auf beiden Seiten vor den Türen versammelten sich Frauen und versuchten, Hermione von ihrer Trauer abzuhalten:

»Kind, Klagende, beende dein Gejammer! Deine Mutter ist fortgegangen. Sie wird wieder zurückkommen! Noch während du weinst, wirst du es merken. Siehst du denn nicht? Deine jammervollen Augen schließen sich, und weil du so stark weinst, fallen deine jugendlichen Wangen ein. Vielleicht ist sie ja zu einer Versammlung von jungen Frauen gegangen, die sich treffen, ist

ἤλυθεν, ἰθείης δὲ παραπλάζουσα κελεύθου
ἵσταται ἀσχαλόωσα, καὶ ἐς λειμῶνα μολοῦσα
Ὡράων δροσόεντος ὑπὲρ πεδίοιο θαάσσει,
ἢ χρόα πατρῴοιο λοεσσομένη ποταμοῖο
ᾤχετο καὶ δήθυνεν ἐπ' Εὐρώταο ῥεέθροις."
τοῖα δὲ δακρύσασα πολύστονος ἔννεπε κούρη·
"οἶδεν ὄρος, ποταμῶν ἐδάη ῥόον, οἶδε κελεύθους
ἐς ῥόδον, ἐς λειμῶνα· τί μοι φθέγγεσθε, γυναῖκες;
ἀστέρες ὑπνώουσι, καὶ ἐν σκοπέλοισιν ἰαύει·
ἀστέρες ἀντέλλουσι, καὶ οὐ παλίνορσος ἱκάνει.
μῆτερ ἐμή, τίνα χῶρον ἔχεις; τίνα δ' οὔρεα ναίεις;
πλαζομένην θῆρές σε κατέκτανον; ἀλλὰ καὶ αὐτοὶ
θῆρες ἀριζήλοιο Διὸς τρομέουσι γενέθλην.
ἤριπες ἐξ ὀχέων χθαμαλῆς ἐπὶ νῶτα κονίης
σὸν δέμας οἰοπόλοισιν ἐνὶ δρυμοῖσι λιποῦσα;
ἀλλὰ πολυπρέμνων ξυλόχων ὑπὸ δάσκιον ὕλην
δένδρεα παπτήνασα καὶ αὐτῶν μέχρι πετήλων
σὸν δέμας οὐκ ἐνόησα· καὶ οὐ νεμεσίζομαι ὕλῃ.
μὴ διεροῖς στονόεντος ἐπ' Εὐρώταο ῥεέθροις
νηχομένην ἐκάλυψεν ὑποβρυχίην σε γαλήνη;
ἀλλὰ καὶ ἐν ποταμοῖσι καὶ ἐν πελάγεσσι θαλάσσης
Νηιάδες ζώουσι καὶ οὐ κτείνουσι γυναῖκας."
ὣς ἡ μὲν στενάχιζεν· ἀνακλίνουσα δὲ δειρὴν
ὕπνον ἔπνει, θανάτοιο συνέμπορον· ἦ γὰρ ἐτύχθη
ἄμφω ἀναγκαίη ξυνήια πάντα λαχόντε
ἔργα παλαιοτέροιο κασιγνήτοιο διώκειν.
ἔνθεν ἀκηχεμένοισι βαρυνόμεναι βλεφάροισι
πολλάκις ὑπνώουσιν, ὅτε κλαίουσι, γυναῖκες.
ἡ μὲν ἀλητεύουσα δολοφροσύνῃσιν ὀνείρων
μητέρα παπταίνειν ᾠίσατο, τοῖα δὲ κούρη
ἴαχε θαμβήσασα καὶ ἀχνυμένη περ ἐοῦσα·

vom rechten Weg abgekommen und verärgert stehengeblieben, zur Wiese gegangen und sitzt auf dem tauigen Feld der Horen; oder sie ist gegangen, um ihren Körper im heimischen Fluss zu waschen, und verweilt in den Fluten des Eurotas.«

Weinend aber sagte das vielseufzende Mädchen: »Sie kennt den Berg, ist vertraut mit dem Strom der Flüsse, kennt die Wege zur Rose und zur Wiese! Was erzählt ihr mir da, ihr Frauen? Die Sterne schlafen, und sie ruht im Gebirge; die Sterne gehen auf, und sie kommt nicht zurück. Meine Mutter, wo bist du? Auf welchen Bergen hältst du dich auf? Haben dich, als du umherirrtest, wilde Tiere getötet? Aber selbst wilde Tiere zittern vor der Tochter des hellstrahlenden Zeus! Bist du vom Wagen gestürzt auf die staubige Fläche des Bodens und hast deinen Körper in einsamem Dickicht zurückgelassen? Aber ich habe unter dem schattigen Wald des stammreichen Gehölzes die Bäume durchforstet bis hin zu den Blättern selbst und deinen Körper nicht gesehen. Also zürne ich dem Wald nicht! Hat dich etwa, als du in den nassen Fluten des seufzerreichen Eurotas schwammst, das ruhige Wasser unter der Oberfläche verborgen? Nein, auch in Flüssen und in den Tiefen des Meeres leben Najaden, und die töten keine Frauen.«

So klagte sie. Dann legte sie ihren Hals zurück und atmete den Schlaf, den Reisegefährten des Todes. Denn wahrlich ist es notwendig so bestimmt, dass beide alles gemeinsam erlangen und die Werke des älteren Bruders verfolgen. Daher schlafen Frauen, die von Trauer schwere Augen haben, oft ein, wenn sie klagen. Hermione aber irrte in den Täuschungen der Träume umher und glaubte, ihre Mutter zu sehen; staunend rief das Mädchen aus, obwohl sie doch bekümmert war:

"χθιζὸν ὀδυρομένην με δόμων ἔκτοσθε φυγοῦσα
κάλλιπες ὑπνώουσαν ὑπὲρ λεχέων γενετῆρος.
ποῖον ὄρος μεθέηκα; τίνας προλέλοιπα κολώνας;
οὕτω καλλικόμοιο μεθ' ἁρμονίην Ἀφροδίτης;"
τοῖα δὲ φωνήσασα προσέννεπε Τυνδαρεώνη·
"τέκνον ἀκηχεμένη, μὴ μέμφεο δεινὰ παθούσῃ·
ὁ χθιζός με μολὼν ἀπατήλιος ἥρπασεν ἀνήρ."
ἔννεπεν. ἡ δ' ἀνόρουσε καὶ οὐχ ὁρόωσα τιθήνην
ὀξυτέρῃ πολὺ μᾶλλον ἀνεβρυχήσατο φωνῇ·
"ἠερίης, ὄρνιθες, ἐύπτερα τέκνα γενέθλης,
εἴπατε νοστήσαντες ἐπὶ Κρήτην Μενελάῳ·
χθιζὸν ἐπὶ Σπάρτην τις ἀνὴρ ἀθεμίστιος ἐλθὼν
ἀγλαΐην ξύμπασαν ἐῶν ἀλάπαξε μελάθρων."
Ὣς ἡ μὲν πολύδακρυς ἐς ἠέρα φωνήσασα,
μητέρα μαστεύουσα, μάτην ἐπλάζετο κούρη.
καὶ Κικόνων πτολίεθρα καὶ Αἰολίδος πόρον Ἕλλης
Δαρδανίης λιμένεσσιν ὁ νυμφίος ἤγαγε νύμφην.
πυκνὰ δὲ τίλλε κόμην, χρυσέην δ' ἔρριψε καλύπτρην
Κασσάνδρη νεόφοιτον ἀπ' ἀκροπόληος ἰδοῦσα.
Τροίη δ' ὑψιδόμων πυλέων κληῖδας ἀνεῖσα
δέξατο νοστήσαντα τὸν ἀρχέκακον πολιήτην.

»Gestern hast du mich bei deiner Flucht aus dem Haus klagend [375] zurückgelassen, als ich auf dem Bett des Vaters schlief. Welchen Berg habe ich übersehen, welche Hügel ausgelassen? Entspricht ein solches Verhalten der Harmonie der schönhaarigen Aphrodite?«

Folgendes aber sagte und antwortete die Tochter des Tyndareos: »Kind, Betrübte, tadle mich, die ich Schreckliches erlitten habe, nicht. [380] Der Mann, der gestern gekommen ist, hat mich hinterlistig geraubt.«

So sprach sie. Hermione aber erwachte, und als sie ihre Nährerin nicht sah, schrie sie mit noch viel schrillerer Stimme auf:

»Vögel, ihr gutgeflügelten Kinder luftiger Abstammung, begebt euch nach Kreta und sagt dem Menelaos: [385] ›Gestern kam nach Sparta ein gesetzloser Mann und vernichtete den ganzen Glanz deines Palastes.‹«

So sprach das Mädchen unter vielen Tränen zum Himmel, suchte die Mutter und irrte vergeblich umher. Und zu den Städten der Kikonen, zur Meerenge der aiolischen Helle [390] und in die Häfen Dardaniens führte der Bräutigam seine Braut. Heftig aber raufte Kassandra sich die Haare und zerriss ihren goldenen Schleier, als sie den Neuankömmling sah. Troja aber öffnete die Riegel seiner hochgebauten Tore und empfing seinen heimkehrenden Bürger, den Beginn seines Unglücks.

Übersetzung: Manuel Baumbach

ΜΟΥΣΑΙΟΥ ΤΑ ΚΑΘ᾽ ΗΡΩ ΚΑΙ ΛΕΑΝΔΡΟΝ

Εἰπέ, θεά, κρυφίων ἐπιμάρτυρα λύχνον ἐρώτων
καὶ νύχιον πλωτῆρα θαλασσοπόρων ὑμεναίων
καὶ γάμον ἀχλυόεντα, τὸν οὐκ ἴδεν ἄφθιτος Ἠώς,
καὶ Σηστὸν καὶ Ἄβυδον, ὅπῃ γάμον ἔννυχον Ἡροῦς
νηχόμενόν τε Λέανδρον ὁμοῦ καὶ λύχνον ἀκούω,
λύχνον ἀπαγγέλλοντα διακτορίην Ἀφροδίτης,
Ἡροῦς νυκτιγάμοιο γαμοστόλον ἀγγελιώτην,
λύχνον, Ἔρωτος ἄγαλμα· τὸν ὤφελεν αἰθέριος Ζεὺς
ἐννύχιον μετ᾽ ἄεθλον ἄγειν ἐς ὁμήγυριν ἄστρων
καί μιν ἐπικλῆσαι νυμφοστόλον ἄστρον ἐρώτων,
ὅττι πέλεν συνέριθος ἐρωμανέων ὀδυνάων,
ἀγγελίην δ᾽ ἐφύλαξεν ἀκοιμήτων ὑμεναίων,
πρὶν χαλεπαῖς πνοιῇσιν ἀήμεναι ἐχθρὸν ἀήτην.
ἀλλ᾽ ἄγε μοι μέλποντι μίαν συνάειδε τελευτὴν
λύχνου σβεννυμένοιο καὶ ὀλλυμένοιο Λεάνδρου.
  Σηστὸς ἔην καὶ Ἄβυδος ἐναντίον ἐγγύθι πόντου.
γείτονές εἰσι πόληες. Ἔρως δ᾽ ἑὰ τόξα τιταίνων
ἀμφοτέραις πολίεσσιν ἕνα ξύνωσεν ὀιστόν
ἠίθεον φλέξας καὶ παρθένον. οὔνομα δ᾽ αὐτῶν
ἱμερόεις τε Λέανδρος ἔην καὶ παρθένος Ἡρώ.
ἡ μὲν Σηστὸν ἔναιεν, ὁ δὲ πτολίεθρον Ἀβύδου,
ἀμφοτέρων πολίων περικαλλέες ἀστέρες ἄμφω,
εἴκελοι ἀλλήλοισι. σὺ δ᾽, εἴ ποτε κεῖθι περήσεις,
δίζεό μοί τινα πύργον, ὅπῃ ποτὲ Σηστιὰς Ἡρὼ
ἵστατο λύχνον ἔχουσα καὶ ἡγεμόνευε Λεάνδρῳ·
δίζεο δ᾽ ἀρχαίης ἁλιηχέα πορθμὸν Ἀβύδου
εἰσέτι που κλαίοντα μόρον καὶ ἔρωτα Λεάνδρου.
  Ἀλλὰ πόθεν Λείανδρος Ἀβυδόθι δώματα ναίων
Ἡροῦς εἰς πόθον ἦλθε, πόθῳ δ᾽ ἐνέδησε καὶ αὐτήν;

MUSAIOS, HERO UND LEANDER

Erzähle, Göttin, von der Lampe, der Zeugin heimlicher Liebe, von dem, der des Nachts zu meerdurchdringender Hochzeit schwamm, von Ehe im Dunkeln, die die unvergängliche Eos nicht gesehen hat, und von Sestos und Abydos, wo ich von der nächtlichen Ehe der Hero, von Leander, der herübergeschwommen kam, und eben auch von der Lampe höre, jener Lampe, die zum Dienst an Aphrodite einlud, der hochzeitschmückenden Botin der nachthochzeitlichen Hero, von der Lampe, des Eros Freude: Hätte die doch der himmlische Zeus nach ihrem nächtlich mühsamen Einsatz in den Kreis der Sterne geführt und berufen als brautschmückendes Gestirn der Liebe, war sie doch Mitstreiterin in liebesrasender Qual und hatte sich zuverlässig um das Aufgebot zur Hochzeit ohne Schlaf gekümmert, bevor mit widrigen Böen feindlicher Sturmwind losstürmte. Jetzt aber: Besinge zusammen mit mir, dem Dichter, ihr gemeinsames Ende: der Lampe Erlöschen und den Tod Leanders.

Sestos und Abydos lagen einander gegenüber, nahe dem Meer; benachbart sind die Städte. Da spannte Eros seinen Bogen, verband beide Städte miteinander durch einen einzigen Pfeil und entflammte dadurch einen jungen Mann und eine Jungfrau. Ihre Namen waren: hinreißender Leander und Jungfrau Hero. Sie lebte in Sestos, er in der Stadt Abydos; von beiden Städten waren sie beide die strahlenden Sterne, miteinander vergleichbar. Du aber: Wenn du jemals bis dorthin kommen solltest, such mir nach einem Turm, wo einst Hero von Sestos stand, in der Hand die Lampe, und Leander den Weg wies; und such nach dem salzfluttosenden Sund des alten Abydos, der wohl noch immer beweint Schicksal und Liebe Leanders.

Aber wie kam Leander, der doch in Abydos zu Hause war, zu seinem Verlangen nach Hero, und wie gelang es ihm, auch sie voll

Ἡρὼ μὲν χαρίεσσα διοτρεφὲς αἷμα λαχοῦσα
Κύπριδος ἦν ἱέρεια· γάμων δ' ἀδίδακτος ἐοῦσα
πύργον ἀπὸ προγόνων παρὰ γείτονι ναῖε θαλάσσῃ,
ἄλλη Κύπρις ἄνασσα. σαοφροσύνῃ δὲ καὶ αἰδοῖ
οὐδέποτ' ἀγρομένῃσι συνωμίλησε γυναιξὶν
οὐδὲ χορὸν χαρίεντα μετήλυθεν ἥλικος ἥβης
μῶμον ἀλευομένη ζηλήμονα θηλυτεράων,
– καὶ γὰρ ἐπ' ἀγλαΐῃ ζηλήμονές εἰσι γυναῖκες –
ἀλλ' αἰεὶ Κυθέρειαν ἱλασκομένη Ἀφροδίτην
πολλάκι καὶ τὸν Ἔρωτα παρηγορέεσκε θυηλαῖς
μητρὶ σὺν οὐρανίῃ φλογερὴν τρομέουσα φαρέτρην.
ἀλλ' οὐδ' ὧς ἀλέεινε πυριπνείοντας ὀιστούς.
  Δὴ γὰρ Κυπριδίη πανδήμιος ἦλθεν ἑορτή,
τὴν ἀνὰ Σηστὸν ἄγουσιν Ἀδώνιδι καὶ Κυθερείῃ.
πασσυδίῃ δ' ἔσπευδον ἐς ἱερὸν ἦμαρ ἱκέσθαι,
ὅσσοι ναιετάασκον ἁλιστεφέων σφυρὰ νήσων,
οἱ μὲν ἀφ' Αἱμονίης, οἱ δ' εἰναλίης ἀπὸ Κύπρου·
οὐδὲ γυνή τις ἔμιμνεν ἀνὰ πτολίεθρα Κυθήρων,
οὐ Λιβάνου θυόεντος ἐνὶ πτερύγεσσι χορεύων,
οὐδὲ περικτιόνων τις ἐλείπετο τῆμος ἑορτῆς,
οὐ Φρυγίης ναέτης, οὐ γείτονος ἀστὸς Ἀβύδου,
οὐδέ τις ἠιθέων φιλοπάρθενος. ἦ γὰρ ἐκεῖνοι
αἰὲν ὁμαρτήσαντες, ὅπῃ φάτις ἐστὶν ἑορτῆς,
οὐ τόσον ἀθανάτοισιν ἄγειν σπεύδουσι θυηλάς,
ὅσσον ἀγειρομένων διὰ κάλλεα παρθενικάων.
  Ἡ δὲ θεῆς ἀνὰ νηὸν ἐπῴχετο παρθένος Ἡρὼ
μαρμαρυγὴν χαρίεσσαν ἀπαστράπτουσα προσώπου
οἷά τε λευκοπάρῃος ἐπαντέλλουσα Σελήνη.

Verlangen an sich zu binden? [30] Hero, reizvoll, blutsverwandt mit Zeus, war der Kypris Priesterin; was Ehe angeht, war sie ohne Erfahrung; sie lebte in einem Turm von ihren Vorfahren, unmittelbar am Meer, eine zweite Herrscherin Kypris. Zurückhaltend und scheu, vermied sie jeden Kontakt mit Frauen, die sich zusammenfanden, [35] nahm auch nie teil am reizvollen Tanz der gleichaltrigen Jugend; so entging sie dem hässlichen, eifersüchtigen Gerede von Frauen – auf glanzvolle Schönheit reagieren Frauen nämlich eifersüchtig –, war vielmehr stets um das Wohlgefallen der Aphrodite Kythereia bemüht und suchte oft auch Eros zusammen mit seiner himmlischen Mutter durch Opfergaben freundlich zu stimmen, [40] ängstlich zitternd vor seinem flammenden Köcher. Aber auch so entkam sie nicht seinen feuerschnaubenden Pfeilen.

Denn schon kam das Fest der Kypris, vom ganzen Volk gefeiert, das man in Sestos für Adonis und Kythereia begeht. Voll Begeisterung beeilte sich, auf den heiligen Tag dazusein, [45] wer immer lebte an den Küsten der salzflutumkränzten Inseln, die einen von Haimonia, die anderen aus dem salzflutumgebenen Zypern. Und keine Frau blieb zurück in den Städten von Kythera, kein Tänzer in des duftenden Libanos Hügeln, überhaupt keiner der Umwohnenden blieb damals fern vom Fest, [50] kein Einwohner Phrygiens, kein Bürger des benachbarten Abydos – und auch kein Einziger von den jungen Männern, die hinter Jungfrauen her sind. Die kommen nämlich immer zusammen, wo von einem Fest die Rede ist, und tun da sehr geschäftig – aber nicht so sehr, um den Unsterblichen Opfer zu bringen, wie vielmehr wegen der Schönheit der versammelten Jungfrauen.

[55] Sie aber trat an der Göttin Tempelbezirk heran, die Jungfrau Hero, den reizvollen Glanz ihres Gesichts wie einen Blitz ausstrahlend, gerade wie die weißwangige Selene, wenn sie aufgeht. An der Spitze war das Rund ihrer schneeweißen Wange

ἄκρα δὲ χιονέης φοινίσσετο κύκλα παρειῆς
ὡς ῥόδον ἐκ καλύκων διδυμόχροον. ἦ τάχα φαίης
Ἡροῦς ἐν μελέεσσι ῥόδων λειμῶνα φανῆναι·
χροιὴ γὰρ μελέων ἐρυθαίνετο, νισσομένης δὲ
καὶ ῥόδα λευκοχίτωνος ὑπὸ σφυρὰ λάμπετο κούρης.
πολλαὶ δ' ἐκ μελέων χάριτες ῥέον. οἱ δὲ παλαιοὶ
τρεῖς Χάριτας ψεύσαντο πεφυκέναι· εἷς δέ τις Ἡροῦς
ὀφθαλμὸς γελόων ἑκατὸν Χαρίτεσσι τεθήλει.
ἀτρεκέως ἱέρειαν ἐπάξιον εὕρατο Κύπρις.
  Ὣς ἡ μὲν περὶ πολλὸν ἀριστεύουσα γυναικῶν,
Κύπριδος ἀρήτειρα, νέη διεφαίνετο Κύπρις.
δύσατο δ' ἠιθέων ἁπαλὰς φρένας οὐδέ τις αὐτῶν
ἦεν, ὃς οὐ μενέαινεν ἔχειν ὁμοδέμνιον Ἡρώ.
ἡ δ' ἄρα, καλλιθέμεθλον ὅπῃ κατὰ νηὸν ἀλᾶτο,
ἑσπόμενον νόον εἶχε καὶ ὄμματα καὶ φρένας ἀνδρῶν.
καί τις ἐν ἠιθέοισιν ἐθαύμασε καὶ φάτο μῦθον·
"καὶ Σπάρτης ἐπέβην, Λακεδαίμονος ἔδρακον ἄστρον,
ἧχι μόθον καὶ ἄεθλον ἀκούομεν ἀγλαϊάων·
τοίην δ' οὔ ποτ' ὄπωπα νέην ἰδανήν θ' ἁπαλήν τε.
ἦ τάχα Κύπρις ἔχει Χαρίτων μίαν ὁπλοτεράων.
παπταίνων ἐμόγησα, κόρον δ' οὐχ εὗρον ὀπωπῆς.
αὐτίκα τεθναίην λεχέων ἐπιβήμενος Ἡροῦς.
οὐκ ἂν ἐγὼ κατ' Ὄλυμπον ἐφιμείρω θεὸς εἶναι
ἡμετέρην παράκοιτιν ἔχων ἐνὶ δώμασιν Ἡρώ.
εἰ δέ μοι οὐκ ἐπέοικε τεὴν ἱέρειαν ἀφάσσειν,
τοίην μοι, Κυθέρεια, νέην παράκοιτιν ὀπάσσαις."
τοῖα μὲν ἠιθέων τις ἐφώνεεν. ἄλλοτε δ' ἄλλος
ἕλκος ὑποκλέπτων ἐπεμήνατο κάλλεϊ κούρης.
  Αἰνοπαθὲς Λείανδρε, σὺ δ', ὡς ἴδες εὐκλέα κούρην,
οὐκ ἔθελες κρυφίοισι κατατρύχειν φρένα κέντροις,

leicht gerötet – wie eine Rosenblüte aus ihrer Knospe, eine zweifarbige. Ja, man könnte vielleicht sagen, [60] auf Heros Gliedern sei ein ganzer Rosengarten erschienen; die Haut ihrer Glieder wurde nämlich rot, und während sie daherschritt, leuchteten Rosen auch unter den Knöcheln des weißgewandeten Mädchens: Viel Grazie strömte aus ihren Gliedern. Die Alten haben uns vorgelogen, es gebe drei Grazien. Nein, ein einziges [65] lachendes Auge Heros ist mit hundert Grazien erblüht. Wirklich, eine besonders würdige Priesterin hat Kypris für sich gefunden.

So erschien sie, die bei Weitem Beste unter den Frauen, die Priesterin der Kypris, als eine neue Kypris. Sie tauchte ein in das zarte Herz der jungen Männer, und es war keiner unter ihnen, [70] der sich nicht leidenschaftlich wünschte, mit Hero das Bett zu teilen: Wo immer sie im schönuntermauerten Tempelbezirk umherging, folgten ihr unentwegt Köpfe, Augen und Herzen der Männer. Und einer unter den jungen Männern sprach voll Bewunderung: »Sogar nach Sparta bin ich gekommen, habe Lakedaimons Stern gesehen, [75] wo man von Streit und Wettkampf um Schönheit hört. Aber so eine habe ich noch nie gesehen: jung, schön und zart. Vielleicht hat ja Kypris eine von den jüngeren Grazien bei sich. Ich habe mich müdegeschaut, aber meine Augen haben sich nicht sattgesehen. Augenblicklich möchte ich tot umfallen, nachdem ich mit Hero im Bett gelegen habe! [80] Überhaupt nicht werde ich mich danach sehnen, ein Gott auf dem Olymp zu sein, wenn ich Hero als meine Frau zu Hause habe. Wenn es sich aber für mich nicht gehört, deine Priesterin anzurühren, dann, Kythereia, schenk mir doch bitte solch eine junge Ehefrau.« So sprach einer unter den jungen Männern. Bald war dieser, bald jener [85] verrückt nach dem schönen Mädchen, wobei aber alle über ihre Verletzung Stillschweigen bewahrten.

Du jedoch, Leander, Schreckliches duldend, als du das hochgerühmte Mädchen sahst, wolltest nicht von verborgenen Stacheln

ἀλλὰ πυριβλήτοισι δαμεὶς ἀδόκητον ὀιστοῖς
οὐκ ἔθελες ζώειν περικαλλέος ἄμμορος Ἡροῦς.
σὺν βλεφάρων δ' ἀκτῖσιν ἀέξετο πυρσὸς ἐρώτων
καὶ κραδίη πάφλαζεν ἀνικήτου πυρὸς ὁρμῇ.
κάλλος γὰρ περίπυστον ἀμωμήτοιο γυναικὸς
ὀξύτερον μερόπεσσι πέλει πτερόεντος ὀιστοῦ.
ὀφθαλμὸς δ' ὁδός ἐστιν· ἀπ' ὀφθαλμοῖο βολάων
κάλλος ὀλισθαίνει καὶ ἐπὶ φρένας ἀνδρὸς ὁδεύει.
εἷλε δέ μιν τότε θάμβος, ἀναιδείη, τρόμος, αἰδώς.
ἔτρεμε μὲν κραδίην, αἰδὼς δέ μιν εἶχεν ἁλῶναι·
θάμβεε δ' εἶδος ἄριστον, ἔρως δ' ἀπενόσφισεν αἰδῶ.
θαρσαλέως δ' ὑπ' ἔρωτος ἀναιδείην ἀγαπάζων
ἠρέμα ποσσὶν ἔβαινε καὶ ἀντίος ἵστατο κούρης.
λοξὰ δ' ὀπιπεύων δολερὰς ἐλέλιζεν ὀπωπὰς
νεύμασιν ἀφθόγγοισι παραπλάζων φρένα κούρης.
αὐτὴ δ', ὡς συνέηκε πόθον δολόεντα Λεάνδρου,
χαῖρεν ἐπ' ἀγλαΐῃσιν· ἐν ἡσυχίῃ δὲ καὶ αὐτὴ
πολλάκις ἱμερόεσσαν ἑὴν ἐπέκυψεν ὀπωπὴν
νεύμασι λαθριδίοισιν ἐπαγγέλλουσα Λεάνδρῳ
καὶ πάλιν ἀντέκλινεν. ὁ δ' ἔνδοθι θυμὸν ἰάνθη,
ὅττι πόθον συνέηκε καὶ οὐκ ἀπεσείσατο κούρη.
  Ὄφρα μὲν οὖν Λείανδρος ἐδίζετο λάθριον ὥρην,
φέγγος ἀναστείλασα κατήιεν εἰς δύσιν Ἠώς,
ἐκ περάτης δ' ἀνέτελλε βαθύσκιος Ἕσπερος ἀστήρ.
αὐτὰρ ὁ θαρσαλέως μετεκίαθεν ἐγγύθι κούρης,
ὡς ἴδε κυανόπεπλον ἐπιθρῴσκουσαν ὀμίχλην.
ἠρέμα δὲ θλίβων ῥοδοειδέα δάκτυλα κούρης
βυσσόθεν ἐστενάχιζεν ἀθέσφατον. ἡ δὲ σιωπῇ
οἷά τε χωομένη ῥοδέην ἐξέσπασε χεῖρα.
ὡς δ' ἐρατῆς ἐνόησε χαλίφρονα νεύματα κούρης,

dein Herz zugrunde richten lassen, nein: Ohne jede Vorwarnung überwältigt von feuerentbrannten Pfeilen, wolltest du nicht mehr leben ohne die wunderschöne Hero. [90] Mit jedem Strahl aus ihren Augen wuchs ja der Liebesbrand, und das Herz begann zu sieden unter dem Andrang des unbesiegbaren Feuers: Denn Schönheit, rundherum gepriesene, einer Frau ohne Fehl und Tadel ist für Sterbliche noch schärfer als ein geflügelter Pfeil. Das Auge ist der Weg: Von den Blicken des Auges [95] gleitet Schönheit hinaus und gelangt zum Herz eines Mannes. Da überfiel ihn zugleich Staunen und Schamlosigkeit, Zittern und Scham! Sein Herz zitterte, und Scham befiel ihn darüber, dass er sich so hatte gefangen nehmen lassen. Er staunte über ihr vollkommenes Aussehen, und Liebe überwand Scham: Kühn aus Liebe neigte er zu Schamlosigkeit, [100] trat auf leisen Sohlen auf sie zu und stellte sich zu dem Mädchen. Ohne sie direkt anzusehen, warf er ihr verschwiegene Blicke zu und brachte mit wortlosem Zunicken Kopf und Herz des Mädchens durcheinander. Und auch sie empfand, als sie das versteckt vorgetragene Verlangen Leanders erkannt hatte, Freude an der Schönheit; ohne Worte richtete auch sie [105] immer wieder einen hinreißenden Blick auf ihn und gab mit heimlichem Zunicken Leander Versprechen, um sich dann wieder von ihm abzuwenden. Ihm aber wärmte es im Innern das Herz, dass das Mädchen sein Verlangen verstand und nicht zurückwies.

Während sich nun Leander nach einer verborgenen Stunde sehnte, [110] drängte Eos das Tageslicht zurück und wandte sich zum Untergang; auf der anderen Seite aber ging tiefschattig der Abendstern auf. Da suchte Leander, als er den dunkelgewandeten Nebel emporsteigen sah, kühn die Nähe des Mädchens. Sanft berührte er des Mädchens Finger – wie Rosen! – [115] und seufzte, aus tiefstem Inneren, unbeschreiblich; die allerdings entzog ihm, schweigend, als wäre sie zornig, ihre Rosenhand. Weil er aber zugleich ein nachgiebiges Zunicken des geliebten Mädchens wahr-

θαρσαλέῃ παλάμῃ πολυδαίδαλον εἷλκε χιτῶνα
ἔσχατα τιμήεντος ἄγων ἐπὶ κεύθεα νηοῦ.
ὀκναλέοις δὲ πόδεσσιν ἐφέσπετο παρθένος Ἡρώ,
οἷά περ οὐκ ἐθέλουσα, τόσην δ' ἀνενείκατο φωνὴν
θηλυτέροις ἐπέεσσιν ἀπειλείουσα Λεάνδρῳ·
"Ξεῖνε, τί μαργαίνεις; τί με, δύσμορε, παρθένον ἕλκεις;
ἄλλην δεῦρο κέλευθον. ἐμὸν δ' ἀπόλειπε χιτῶνα.
μῆνιν ἐμῶν ἀλέεινε πολυκτεάνων γενετήρων.
Κύπριδος οὐκ ἐπέοικε θεῆς ἱέρειαν ἀφάσσειν,
παρθενικῆς ἐπὶ λέκτρον ἀμήχανόν ἐστιν ἱκέσθαι."
τοῖα μὲν ἠπείλησεν ἐοικότα παρθενικῇσιν.
Θηλείης δὲ Λέανδρος ὅτ' ἔκλυεν οἶστρον ἀπειλῆς,
ἔγνω πειθομένων σημήια παρθενικάων·
καὶ γὰρ ὅτ' ἠιθέοισιν ἀπειλείουσι γυναῖκες,
Κυπριδίων ὀάρων αὐτάγγελοί εἰσιν ἀπειλαί.
παρθενικῆς δ' εὔοδμον ἐύχροον αὐχένα κύσσας
τοῖον μῦθον ἔειπε πόθου βεβολημένος οἴστρῳ·
"Κύπρι φίλη μετὰ Κύπριν, Ἀθηναίη μετ' Ἀθήνην,
οὐ γὰρ ἐπιχθονίῃσιν ἴσην καλέω σε γυναιξίν,
ἀλλά σε θυγατέρεσσι Διὸς Κρονίωνος ἐίσκω,
ὄλβιος, ὅς σε φύτευσε, καὶ ὀλβίη, ἣ τέκε μήτηρ,
γαστήρ, ἥ σε λόχευσε, μακαρτάτη. ἀλλὰ λιτάων
ἡμετέρων ἐπάκουε, πόθου δ' οἴκτειρον ἀνάγκην.
Κύπριδος ὡς ἱέρεια μετέρχεο Κύπριδος ἔργα·
δεῦρ' ἴθι μυστιπόλευε γαμήλια θεσμὰ θεαίνης.
παρθένον οὐκ ἐπέοικεν ὑποδρήσσειν Κυθερείῃ,
παρθενικαῖς οὐ Κύπρις ἰαίνεται. ἢν δ' ἐθελήσῃς
θεσμὰ θεῆς ἐρόεντα καὶ ὄργια κεδνὰ δαῆναι,

nahm, griff er mit kühner Hand nach ihrem überaus kunstvollen Chiton und zog sie in die innersten Winkel des ehrwürdigen Tempelbezirks. [120] Zögernden Schrittes nur folgte die Jungfrau Hero nach, wie wenn sie nicht wollte, erhob ihre Stimme und drohte Leander mit Worten, wie sie Frauen gebrauchen:

»Fremder, was bist du wahnsinnig? Was ziehst du, Unglücksmensch, an mir, einer Jungfrau! Willst du hierher – geh einen anderen Weg! Und lass meinen Chiton los! [125] Meide den Zorn meiner wohlhabenden Eltern! Eine Priesterin der Göttin Kypris anzurühren gehört sich nicht, und in das Bett einer Jungfrau zu steigen ist ganz unmöglich!« So sprach sie drohend zu ihm, wie es sich gehört für Jungfrauen.

Als aber Leander den Stachel der Leidenschaft in dieser so typischen Drohrede einer Frau wahrnahm, [130] erkannte er in ihr Signale jungfräulichen Einverständnisses; denn immer dann, wenn Frauen jungen Männern drohen, verheißen diese Drohungen eigentlich schon von sich aus Liebesgeflüster. So küsste er einfach das Mädchen auf seinen schönduftenden und schönfarbenen Nacken und sagte Worte wie diese, getroffen vom Stachel des Verlangens:

[135] »Meine liebe Kypris, du kommst für mich gleich nach Kypris! Meine liebe Athene, du kommst für mich gleich nach Athene! Denn ich kann dich nicht gleich wie irdische Frauen ansprechen; vielmehr vergleiche ich dich mit den Töchtern des Kroniden Zeus – glücklich, wer dich gezeugt, und glücklich die Mutter, die dich auf die Welt gebracht hat; der Leib, der dich geboren hat: hochgepriesen. Aber du: [140] Erhöre mein Flehen, hab Erbarmen mit der Not meines Verlangens. Als der Kypris Priesterin – geh den Aufgaben der Kypris nach! Komm zu mir, zelebriere mit mir die Hochzeitsrituale der Göttin. Als Jungfrau der Kythereia zu dienen, das passt nicht: An Jungfrauen kann sich Kypris nicht erwärmen. Wenn du aber [145] Liebesgebote der

ἔστι γάμος καὶ λέκτρα. σὺ δ', εἰ φιλέεις Ἀφροδίτην,
θελξινόων ἀγάπαζε μελίφρονα θεσμὸν ἐρώτων.
σὸν δ' ἱκέτην με κόμιζε καί, ἢν ἐθέλῃς, παρακοίτην,
τόν σοι Ἔρως ἤγρευσεν ἑοῖς βελέεσσι κιχήσας,
ὡς θρασὺν Ἡρακλῆα θοὸς χρυσόρραπις Ἑρμῆς
θητεύειν ἐκόμισσεν Ἰαρδανίῃ ποτὲ νύμφῃ.
σοὶ δέ με Κύπρις ἔπεμψε καὶ οὐ σοφὸς ἤγαγεν Ἑρμῆς.
παρθένος οὔ σε λέληθεν ἀπ' Ἀρκαδίης Ἀταλάντη,
ἥ ποτε Μειλανίωνος ἐρασσαμένου φύγεν εὐνὴν
παρθενίης ἀλέγουσα· χολωομένης δ' Ἀφροδίτης,
τὸν πάρος οὐκ ἐπόθησεν, ἐνὶ κραδίῃ θέτο πάσῃ.
πείθεο καὶ σύ, φίλη, μὴ Κύπριδι μῆνιν ἐγείρῃς."
ὣς εἰπὼν παρέπεισεν ἀναινομένης φρένα κούρης
θυμὸν ἐρωτοτόκοισι παραπλάγξας ἐνὶ μύθοις.
Παρθενικὴ δ' ἄφθογγος ἐπὶ χθόνα πῆξεν ὀπωπὴν
αἰδοῖ ἐρευθιόωσαν ὑποκλέπτουσα παρειὴν
καὶ χθονὸς ἔξεεν ἄκρον ὑπ' ἴχνεσιν, αἰδομένη δὲ
πολλάκις ἀμφ' ὤμοισιν ἑὸν συνέεργε χιτῶνα.
πειθοῦς γὰρ τάδε πάντα προάγγελα· παρθενικῆς δὲ
πειθομένης ποτὶ λέκτρον ὑπόσχεσίς ἐστι σιωπή.
ἤδη δὲ γλυκύπικρον ἐδέξατο κέντρον ἐρώτων.
θέρμετο δὲ κραδίην γλυκερῷ πυρὶ παρθένος Ἡρώ,
κάλλεϊ δ' ἱμερόεντος ἀνεπτοίητο Λεάνδρου.
ὄφρα μὲν οὖν ποτὶ γαῖαν ἔχεν νεύουσαν ὀπωπήν,
τόφρα δὲ καὶ Λείανδρος ἐρωμανέεσσι προσώποις
οὐ κάμεν εἰσορόων ἁπαλόχροον αὐχένα κούρης.

Göttin und hochgeachtete religiöse Bräuche kennen lernen willst, dann bedeutet das: Ehe und Bett! Gerade du, wenn du Aphrodite wirklich liebst, begrüße freudig das honigsüße Gebot herzverzaubernder Liebe. Mich aber behandle wie einen, der als Schutzflehender zu dir gekommen ist, und, wenn du willst, als Ehemann, den dir Eros eingefangen hat, nachdem er ihn mit seinen Geschossen getroffen hatte – [150] ganz wie der schnelle Hermes mit dem Goldstab der Iardanos-Tochter, seiner späteren Braut, den tapferen Herakles als Sklaven gebracht hat. Dir aber hat mich Kypris gesandt und nicht der schlaue Hermes zugeführt. Nicht unbekannt ist dir auch die Jungfrau aus Arkadien, Atalante: Sie war einst vor dem Bett des verliebten Meilanion geflohen, [155] besorgt um ihre Jungfräulichkeit. Als Aphrodite aber darüber zornig wurde, nahm der, nach dem sie zuvor nicht verlangt hatte, ihr ganzes Herz in Beschlag. So sei auch du gehorsam, meine Liebe, damit du nicht der Kypris Zorn weckst.« Mit solchen Worten gelang es ihm, den Kopf des Mädchens, das noch Widerstand leistete, zu beeindrucken, ihr Herz hatte er ja schon vorher durch seine Verführungsrhetorik ein Stück weit vom rechten Weg abgebracht.

[160] Die Jungfrau aber heftete wortlos den Blick auf die Erde, verbarg unauffällig die schamvoll errötende Wange, strich mit ihren Sohlen über die Oberfläche des Bodens und zog immer wieder den Chiton verlegen um die Schultern zusammen – alles Vorboten des Einverständnisses; und von einer Jungfrau, [165] die einverstanden ist, mit ins Bett zu gehen, ist Schweigen ein Versprechen. Schon hatte sie den bittersüßen Liebesstachel in sich aufgenommen. Warm wurde es Hero, der Jungfrau, ums Herz vom süßen Feuer; von der Schönheit des hinreißenden Leander wurde sie regelrecht aufgeschreckt. Und solange sie ihren Blick zur Erde gesenkt hielt, [170] wurde Leander nicht müde, mit liebestollen Augen des Mädchens zarthäutigen Nacken zu betrachten. Erst

ὀψὲ δὲ Λειάνδρῳ γλυκερὴν ἀνενείκατο φωνὴν
αἰδοῦς ὑγρὸν ἔρευθος ἀποστάζουσα προσώπου·
"Ξεῖνε, τεοῖς ἐπέεσσι ταχ' ἂν καὶ πέτρον ὀρίναις.
τίς σε πολυπλανέων ἐπέων ἐδίδαξε κελεύθους;
ὤμοι, τίς σε κόμισσεν ἐμὴν εἰς πατρίδα γαῖαν·
ταῦτα δὲ πάντα μάτην ἐφθέγξαο. πῶς γὰρ ἀλήτης,
ξεῖνος ἐὼν καὶ ἄπιστος, ἐμοὶ φιλότητι μιγείης;
ἀμφαδὸν οὐ δυνάμεσθα γάμοις ὁσίοισι πελάσσαι·
οὐ γὰρ ἐμοῖς τοκέεσσιν ἐπεύαδεν. ἢν δ' ἐθελήσῃς
ὡς ξεῖνος πολύφοιτος ἐμὴν εἰς πατρίδα μίμνειν,
οὐ δύνασαι σκοτόεσσαν ὑποκλέπτειν Ἀφροδίτην.
γλῶσσα γὰρ ἀνθρώπων φιλοκέρτομος· ἐν δὲ σιωπῇ
ἔργον ὅ περ τελέει τις, ἐνὶ τριόδοισιν ἀκούει.
εἰπὲ δέ, μὴ κρύψῃς, τέον οὔνομα καὶ σέο πάτρην.
οὐ γὰρ ἐμόν σε λέληθεν, ἔχω δ' ὄνομα κλυτὸν Ἡρώ.
πύργος δ' ἀμφιβόητος ἐμὸς δόμος οὐρανομήκης,
ᾧ ἔνι ναιετάουσα σὺν ἀμφιπόλῳ τινὶ μούνη
Σηστιάδος πρὸ πόληος ὑπὲρ βαθυκύμονας ὄχθας
γείτονα πόντον ἔχω στυγεραῖς βουλῇσι τοκήων.
οὐδέ μοι ἐγγὺς ἔασιν ὁμήλικες οὐδὲ χορεῖαι
ἠιθέων παρέασιν. ἀεὶ δ' ἀνὰ νύκτα καὶ ἠῶ
ἐξ ἁλὸς ἠνεμόφωνος ἐπιβρέμει οὔασιν ἠχή."
Ὣς φαμένη ῥοδέην ὑπὸ φάρεϊ κρύπτε παρειὴν
ἔμπαλιν αἰδομένη, σφετέροις δ' ἐπεμέμφετο μύθοις.
Λείανδρος δὲ πόθου βεβολημένος ὀξέι κέντρῳ
φράζετο, πῶς κεν ἔρωτος ἀεθλεύσειεν ἀγῶνα.
ἄνδρα γὰρ αἰολόμητις Ἔρως βελέεσσι δαμάζει

nach langer Zeit erhob sie gegenüber Leander ihre süße Stimme, wobei Tränen der Scham über ihr rotglühendes Gesicht liefen:

»Fremder, mit deinen Worten dürftest du wohl sogar einen Felsen in Bewegung setzen. [175] Wer hat dir eigentlich die Wege solch vielverwirrender Worte beigebracht? O weh! Wer hat dich in mein Vaterland gebracht? – Aber das alles hast du ganz umsonst von dir gegeben! Wie könntest denn du Herumstreicher, ein Fremder, einer, auf den kein Verlass ist, dich mit mir in Liebe vereinigen? Uns vor aller Augen heiligen Ehebräuchen nähern, das können wir nicht; [180] das wäre meinen Eltern auf gar keinen Fall recht. Solltest du aber daran denken, als vielgereister Fremder in meinem Vaterland zu bleiben, kannst du dunkle Aphrodite nicht geheim halten. Die Menschenzunge ist nun einmal lästerfreudig; und was immer einer im Geheimen bewerkstelligt, davon hört er auf den Wegkreuzungen wieder. [185] – Aber sag mir doch noch und verheimliche mir nicht deinen Namen und deine Heimat. Der meinige ist dir ja nicht unbekannt – ich trage den berühmten Namen Hero. Ein Turm, ringsumrauscht, ist mein Haus, himmelhoch; darin lebe ich, allein, nur mit einer Dienerin, außerhalb der Stadt Sestos, über tiefumwogtem Uferabhang; [190] als Nachbarn habe ich das Meer – das alles wegen unseliger Entscheidungen meiner Eltern. Und weder gibt es in meiner Nähe Mädchen meines Alters noch gibt es da Chortänze junger Männer. Dafür dröhnt einem ständig, Tag und Nacht, aus der Salzflut sturmtönendes Tosen in die Ohren.«

So sprach sie, versteckte unter ihrem Mantel die gerötete Wange [195] – wieder schamvoll – und machte sich Vorwürfe wegen ihrer eigenen Worte.

Leander aber, getroffen vom scharfen Stachel des Verlangens, stellte jetzt Überlegungen darüber an, wie er wohl den Liebeskampf kämpfen könnte. Denn hat Eros, listig, wie er nun einmal ist, mit seinen Geschossen einen Mann bezwungen, will er die

καὶ πάλιν ἀνέρος ἕλκος ἀκέσσεται. οἷσι δ’ ἀνάσσει,
αὐτὸς ὁ πανδαμάτωρ βουληφόρος ἐστὶ βροτοῖσιν.
αὐτὸς καὶ ποθέοντι τότε χραίσμησε Λεάνδρῳ.
ὀψὲ δ’ ἀλαστήσας πολυμήχανον ἔννεπε μῦθον·
“Παρθένε, σὸν δι’ ἔρωτα καὶ ἄγριον οἶδμα περήσω,
εἰ πυρὶ παφλάζοιτο καὶ ἄπλοον ἔσσεται ὕδωρ.
οὐ τρομέω βαρὺ χεῖμα τεὴν μετανεύμενος εὐνήν,
οὐ βρόμον ἠχήεντα περιπτώσσοιμι θαλάσσης.
ἀλλ’ αἰεὶ κατὰ νύκτα φορεύμενος ὑγρὸς ἀκοίτης
νήξομαι Ἑλλήσποντον ἀγάρροον. οὐχ ἕκαθεν γὰρ
ἀντία σεῖο πόληος ἔχω πτολίεθρον Ἀβύδου.
μοῦνον ἐμοὶ ἕνα λύχνον ἀπ’ ἠλιβάτου σέο πύργου
ἐκ περάτης ἀνάφαινε κατὰ κνέφας, ὄφρα νοήσας
ἔσσομαι ὁλκὰς Ἔρωτος ἔχων σέθεν ἀστέρα λύχνον.
καί μιν ὀπιπεύων, οὐκ ὀψὲ δύοντα Βοώτην,
οὐ θρασὺν Ὠρίωνα καὶ ἄβροχον ὁλκὸν Ἀμάξης,
Κύπριδος ἀντιπόροιο ποτὶ γλυκὺν ὅρμον ἱκοίμην.
ἀλλά, φίλη, πεφύλαξο βαρυπνείοντας ἀήτας,
μή μιν ἀποσβέσσωσι – καὶ αὐτίκα θυμὸν ὀλέσσω –
λύχνον ἐμοῦ βιότοιο φαεσφόρον ἡγεμονῆα.
εἰ ἐτεὸν δ’ ἐθέλεις ἐμὸν οὔνομα καὶ σὺ δαῆναι,
οὔνομά μοι Λείανδρος, ἐυστεφάνου πόσις Ἡροῦς.”
Ὣς οἱ μὲν κρυφίοισι γάμοις συνέθεντο μιγῆναι
καὶ νυχίην φιλότητα καὶ ἀγγελίην ὑμεναίων
λύχνου μαρτυρίῃσιν ἐπιστώσαντο φυλάσσειν,
ἡ μὲν φῶς τανύειν, ὁ δὲ κύματα μακρὰ περῆσαι.
παννυχίδας δ’ ὁρίσαντες ἀκοιμήτων ὑμεναίων

Wunde dieses Mannes auch wieder heilen. Und für die Sterblichen, über die er herrscht, ist der Allesbezwinger Ratgeber in eigener Person. So half er auch in eigener Person damals dem Leander in seinem Verlangen. Und der sprach – nach langer Zeit – aufgewühlt die folgenden wohlüberlegten Worte:

»Jungfrau, aus Liebe zu dir will ich sogar wildes Meeresgewoge durchqueren, auch wenn das Wasser vom Feuer sieden sollte und nicht von Schiffen befahren werden kann. Ich zittere nicht vor schwerem Wintersturm, wenn es darum geht, zu deinem Bett herüberzukommen; und ich will mich auch nicht wegducken vor dem tosenden Brüllen des Meeres. Vielmehr will ich immer nachts, sturmgepeitscht, als dein nasser Liebhaber, den wildströmenden Hellespont durchschwimmen. Gar nicht weit von hier nämlich, direkt deiner Stadt gegenüber, lebe ich in der Stadt Abydos. Nur: Lass mir eine Lampe von deinem hohen Turm her auf der anderen Seite im Dunkeln leuchten, damit ich sie sehen und ein Schiff sein kann des Eros, mit deiner Lampe als Leitstern. Und Ausschau haltend nach ihr – nicht nach dem spät untergehenden Bootes, nicht nach dem tapferen Orion und nicht nach der Bahn des Wagens, die nie das Meer berührt – will ich zum süßen Hafen der Kypris auf der anderen Seite gelangen. Aber, Liebe, pass gut auf die wild blasenden Sturmwinde auf, dass die sie nicht löschen – und ich sofort mein Leben verliere – die Lampe, meines Lebens lichtspendende Führerin. Wenn aber wirklich auch du meinen Namen kennen lernen willst: Mein Name ist Leander, Gatte der schönbekränzten Hero.«

So verständigten sie sich darauf, sich in heimlichen Ehebegegnungen zu vereinigen, und kamen überein, ihre nächtliche Liebe und ihr Eheversprechen mit der Lampe als Zeugin zu wahren, sie, das Licht weit leuchten zu lassen, er, die gewaltigen Wogen zu durchqueren. Nachdem sie die Nachtfeiern für ihre Hochzeiten ohne Schlaf vereinbart hatten, nahmen sie Abschied voneinan-

ἀλλήλων ἀέκοντες ἐνοσφίσθησαν ἀνάγκῃ.
ἡ μὲν ἔβη ποτὶ πύργον, ὁ δ', ὀρφναίην ἀνὰ νύκτα
μή τι παραπλάζοιτο, λαβὼν σημήια πύργου
πλῶε βαθυκρήπιδος ἐπ' εὐρέα δῆμον Ἀβύδου.
παννυχίων δ' ὀάρων κρυφίους ποθέοντες ἀέθλους
πολλάκις ἠρήσαντο μολεῖν θαλαμηπόλον ὄρφνην.
Ἤδη κυανόπεπλος ἀνέδραμε νυκτὸς ὀμίχλη
ἀνδράσιν ὕπνον ἄγουσα καὶ οὐ ποθέοντι Λεάνδρῳ.
ἀλλὰ πολυφλοίσβοιο παρ' ἠιόνεσσι θαλάσσης
ἀγγελίην ἀνέμιμνε φαεινομένων ὑμεναίων
μαρτυρίην λύχνοιο πολυκλαύτοιο δοκεύων,
εὐνῆς δὲ κρυφίης τηλεσκόπον ἀγγελιώτην.
ὡς δ' ἴδε κυανέης λιποφεγγέα νυκτὸς ὀμίχλην
Ἡρώ, λύχνον ἔφαινεν. ἀναπτομένοιο δὲ λύχνου
θυμὸν Ἔρως ἔφλεξεν ἐπειγομένοιο Λεάνδρου.
λύχνῳ καιομένῳ συνεκαίετο. πὰρ δὲ θαλάσσῃ
μαινομένων ῥοθίων πολυηχέα βόμβον ἀκούων
ἔτρεμε μὲν τὸ πρῶτον, ἔπειτα δὲ θάρσος ἀείρας
τοίοις οἱ προσέλεκτο παρηγορέων φρένα μύθοις·
"Δεινὸς Ἔρως καὶ πόντος ἀμείλιχος· ἀλλὰ θαλάσσης
ἔστιν ὕδωρ, τὸ δ' Ἔρωτος ἐμὲ φλέγει ἐνδόμυχον πῦρ.
ἅζεο πῦρ, κραδίη, μὴ δείδιθι νήχυτον ὕδωρ.
δεῦρό μοι εἰς φιλότητα. τί δὴ ῥοθίων ἀλεγίζεις;
ἀγνώσσεις, ὅτι Κύπρις ἀπόσπορός ἐστι θαλάσσης;
καὶ κρατέει πόντοιο καὶ ἡμετέρων ὀδυνάων."
Ὣς εἰπὼν μελέων ἐρατῶν ἀπεδύσατο πέπλα
ἀμφοτέραις παλάμῃσιν, ἑῷ δ' ἔσφιγξε καρήνῳ,
ἠιόνος δ' ἐξῶρτο, δέμας δ' ἔρριψε θαλάσσῃ.

der, unfreiwillig und gezwungen. Sie schritt zum Turm, er aber, um in der schwarzen Nacht nicht vom rechten Weg abzukommen, orientierte sich an Signalen vom Turm und segelte in Richtung des weiten Stadtgebiets von Abydos mit seinen tiefgegründeten Fundamenten. Voll Verlangen nach heimlichem Wettstreit in ganznächtlichem Liebesgeflüster aber wünschten sie sich oft, die Brautnacht möge kommen.

Schon stieg dunkelgewandet Nachtnebel auf, der den Menschen Schlaf bringt, nicht aber in seinem Verlangen dem Leander. Der wartete vielmehr am Ufer des wildrauschenden Meeres auf das Aufgebot zur beleuchteten Hochzeit und hielt ungeduldig Ausschau nach der tränenreichen Lampe, die Zeugin sein sollte, der weithin sichtbaren Botin des heimlichen Lagers. Als aber Hero den lichtlosen Nebel der dunklen Nacht wahrnahm, ließ sie die Lampe aufleuchten. Und sobald die Lampe angezündet war, entflammte Eros das Herz Leanders – Verlangen drängte ihn. Mit der brennenden Lampe zusammen brannte er. Als er dann freilich nahe dem Meer das laut widerhallende Grollen tosender Wellen hörte, zitterte er zuerst doch vor Angst; dann aber fasste er Mut, sprach zu sich selbst und redete seinem Herzen zu mit Worten wie diesen:

»Furchtbar ist Eros – und das Meer grausam. Doch beim Meer geht es nur um Wasser, von Eros aber verbrennt mich im tiefsten Innern Feuer. Hab Respekt vor dem Feuer, mein Herz, und hab keine Angst vor dem weithinströmenden Meer! Da lang, zur Liebe! Was kümmern dich die Wellen? Weißt du denn nicht, dass Kypris aus dem Meer stammt? Sie ist Herrin über das Meer, sie ist Herrin auch über unsere Qualen.«

So sprach er, streifte von seinen prächtigen Gliedern die Kleider mit beiden Händen, band sie sich fest um den Kopf, machte sich auf vom Ufer und ließ seinen Körper ins Meer gleiten. Auf

λαμπομένου δ’ ἔσπευδεν ἀεὶ κατεναντία λύχνου
αὐτὸς ἐὼν ἐρέτης, αὐτόστολος, αὐτόματος νηῦς.
Ἡρὼ δ’ ἠλιβάτοιο φαεσφόρος ὑψόθι πύργου,
λεπταλέαις αὔρῃσιν ὅθεν πνεύσειεν ἀήτης,
φάρεϊ πολλάκι λύχνον ἐπέσκεπεν, εἰσόκε Σηστοῦ
πολλὰ καμὼν Λείανδρος ἔβη ποτὶ ναύλοχον ἀκτήν.
καί μιν ἑὸν ποτὶ πύργον ἀνήγαγεν. ἐκ δὲ θυράων
νυμφίον ἀσθμαίνοντα περιπτύξασα σιωπῇ
ἀφροκόμους ῥαθάμιγγας ἔτι στάζοντα θαλάσσης
ἤγαγε νυμφοκόμοιο μυχοὺς ἔπι παρθενεῶνος
καὶ χρόα πάντα κάθηρε. δέμας δ’ ἔχρισεν ἐλαίῳ
εὐόδμῳ ῥοδέῳ καὶ ἁλίπνοον ἔσβεσεν ὀδμήν.
εἰσέτι δ’ ἀσθμαίνοντα βαθυστρώτοις ἐνὶ λέκτροις
νυμφίον ἀμφιχυθεῖσα φιλήτορας ἴαχε μύθους·
“Νυμφίε, πολλὰ μόγησας, ἃ μὴ πάθε νυμφίος ἄλλος,
νυμφίε, πολλὰ μόγησας· ἅλις νύ τοι ἁλμυρὸν ὕδωρ
ὀδμή τ’ ἰχθυόεσσα βαρυγδούποιο θαλάσσης.
δεῦρο τεοὺς ἱδρῶτας ἐμοῖς ἐνικάτθεο κόλποις.”
Ὣς ἡ μὲν παρέπεισεν. ὁ δ’ αὐτίκα λύσατο μίτρην
καὶ θεσμῶν ἐπέβησαν ἀριστονόου Κυθερείης.
ἦν γάμος, ἀλλ’ ἀχόρευτος· ἔην λέχος, ἀλλ’ ἄτερ ὕμνων.
οὐ ζυγίην Ἥρην τις ἐπευφήμησεν ἀείδων,
οὐ δαΐδων ἤστραπτε σέλας θαλαμηπόλον εὐνὴν
οὐδὲ πολυσκάρθμῳ τις ἐπεσκίρτησε χορείῃ,
οὐχ ὑμέναιον ἄειδε πατὴρ καὶ πότνια μήτηρ.
ἀλλὰ λέχος στορέσασα τελεσσιγάμοισιν ἐν ὥραις
σιγὴ παστὸν ἔπηξεν, ἐνυμφοκόμησε δ’ ὀμίχλη
καὶ γάμος ἦν ἀπάνευθεν ἀειδομένων ὑμεναίων.
Νὺξ μὲν ἔην κείνοισι γαμοστόλος οὐδέ ποτ’ Ἠὼς

die gegenüber brennende Lampe hielt er immer zu, war selbst Ruderer, selbst Reisender, selbst fahrendes Schiff.

Hero aber, die Lichtspenderin oben auf hohem Turm, woher auch mit sanftem Lufthauch Wind blies, umgab immer wieder schützend mit ihrem Mantel die Lampe, bis Leander völlig erschöpft an den schiffebergenden Strand von Sestos kam. Und sie führte ihn zu ihrem Turm hinauf. Noch aus der Tür heraus umarmte sie schweigend den schwer atmenden Bräutigam, dem noch schäumend Tropfen von Meerwasser aus dem Haar rannen, führte ihn in die innersten Winkel des hochzeitlichen Mädchengemachs und wusch ihm den ganzen Körper sauber. Seinen Leib salbte sie mit wohlriechendem Rosenöl und beseitigte damit den Meergeruch. Dann umarmte sie den noch immer schwer atmenden Bräutigam im weichgepolsterten Bett und überschüttete ihn mit leidenschaftlichen Liebesworten:

»Mein Bräutigam, viel musstest du aushalten, was kein anderer Bräutigam durchgemacht hat; mein Bräutigam, viel musstest du aushalten. Schluss jetzt wirklich mit Salzwasser und Fischgeruch aus dem schwertosenden Meer. Komm zu mir! Leg deinen Schweiß ab, hier, in meinem Schoß.«

So sprach sie ihm zu. Er aber löste ihr augenblicklich den Gürtel, und sie unterwarfen sich den Hochzeitsgeboten der höchstverständigen Kythereia. Da war Hochzeit, aber ohne Tanz; da war ein Bett, aber ohne Hochzeitsgesänge. Keiner pries im Lied die ehebringende Hera, kein Schein von Fackeln blitzte auf das Hochzeitsbett, keiner zeigte seine Kunst im Tanz mit den vielen Sprüngen, und nicht sang das Hochzeitslied der Vater noch die ehrwürdige Mutter. Vielmehr hatte sich um ihr Lager in den hochzeitvollendenden Stunden das Schweigen ausgebreitet – es hatte auch das Ehebett zusammengefügt, während die Finsternis sich um den Brautschmuck kümmerte; und über das ganze Fest hinweg gab es keine gesungenen Lieder. Nacht schmückte ihnen die Hochzeit,

νυμφίον εἶδε Λέανδρον ἀριγνώτοις ἐνὶ λέκτροις.
νήχετο δ' ἀντιπόροιο πάλιν ποτὶ δῆμον Ἀβύδου
ἐννυχίων ἀκόρητος ἔτι πνείων ὑμεναίων.
Ἡρὼ δ' ἑλκεσίπεπλος ἑοὺς λήθουσα τοκῆας
παρθένος ἠματίη, νυχίη γυνή. ἀμφότεροι δὲ
πολλάκις ἠρήσαντο κατελθέμεν εἰς δύσιν ἠῶ.
ὣς οἱ μὲν φιλότητος ὑποκλέπτοντες ἀνάγκην
κρυπταδίῃ τέρποντο μετ' ἀλλήλων Κυθερείῃ.
Ἀλλ' ὀλίγον ζώεσκον ἐπὶ χρόνον οὐδ' ἐπὶ δηρὸν
ἀγρύπνων ἀπόναντο πολυπλάγκτων ὑμεναίων.
ἀλλ' ὅτε παχνήεντος ἐπήλυθε χείματος ὥρη
φρικαλέας δονέουσα πολυστροφάλιγγας ἀέλλας,
βένθεα δ' ἀστήρικτα καὶ ὑγρὰ θέμεθλα θαλάσσης
χειμέριοι πνείοντες ἀεὶ στυφέλιζον ἀῆται
λαίλαπι μαστίζοντες ὅλην ἅλα· τυπτομένην δὲ
ἤδη νῆα μέλαιναν ἐφείλκυσε διψάδι χέρσῳ
χειμερίην καὶ ἄπιστον ἀλυσκάζων ἅλα ναύτης.
ἀλλ' οὐ χειμερίης σε φόβος κατέρυκε θαλάσσης,
καρτερόθυμε Λέανδρε. διακτορίη δέ σε πύργου
ἠθάδα σημαίνουσα φαεσφορίην ὑμεναίων
μαινομένης ὤτρυνεν ἀφειδήσαντα θαλάσσης
νηλειὴς καὶ ἄπιστος. ὄφελλε δὲ δύσμορος Ἡρὼ
χείματος ἱσταμένοιο μένειν ἀπάνευθε Λεάνδρου
μηκέτ' ἀναπτομένη μινυώριον ἀστέρα λέκτρων.
ἀλλὰ πόθος καὶ μοῖρα βιήσατο. θελγομένη δὲ
Μοιράων ἀνέφαινε καὶ οὐκέτι δαλὸν Ἐρώτων.
Νὺξ ἦν, εὖτε μάλιστα βαρυπνείοντες ἀῆται
χειμερίαις πνοιῇσιν ἀκοντίζοντες ἰωὰς
ἀθρόον ἐμπίπτουσιν ἐπὶ ῥηγμῖνι θαλάσσης.
καὶ τότε δὴ Λείανδρος ἐθήμονος ἐλπίδι νύμφης

und nie sah Eos den Bräutigam Leander im hochberühmten Bett: Der schwamm nämlich schon wieder auf die andere Seite, in Richtung des Stadtgebiets von Abydos, [285] nicht gesättigt von nächtlichen Hochzeitsfreuden, weiter danach verlangend. Hero in ihrem priesterlichen Schleppkleid aber war, ohne ihre Eltern einzuweihen, Jungfrau am Tag, in der Nacht Ehefrau. Und beide wünschten sich viele Male, die Sonne möge sich endlich zum Untergang wenden. So hielten sie ihre Liebesnot geheim, [290] hatten aber miteinander im Verborgenen Freude an Kythereia.

Aber sie hatten nur noch kurze Zeit zu leben, nicht lange mehr hatten sie etwas von ihren Hochzeitsfestlichkeiten ohne Schlaf und voller Irrwege. Denn als die Jahreszeit des frostigen Winters herannahte, eiskalte Wirbelwinde umherjagend, [295] da wurden die unfesten Tiefen und feuchten Gründe des Meeres aufgewühlt von ständig wehenden Winterstürmen, die mit Wirbeln die ganze Salzflut peitschten; weil es getroffen worden war, hatte der Seemann sein schwarzes Schiff schon auf trockenes Land gezogen, barg es so vor der winterlichen Salzflut, die tückisch ist. [300] Dich aber hat die Angst vor dem winterlichen Meer nicht zurückhalten können, tapferer Leander. Der Turmdienst, der das gewohnte Leuchtsignal für die Hochzeit sandte, hat dich – du nahmst ja das tosende Meer nicht ernst – angetrieben, mitleidlos und tückisch. Ach, hätte doch die unglückliche Hero [305] mit Einbruch des Winters Abstand gehalten von Leander und den kurzlebigen Leitstern zu ihrem Bett nicht mehr angezündet! Aber Verlangen und Schicksal haben sich mit Gewalt durchgesetzt; dadurch verführt ließ sie die Fackel der Moiren und nicht länger die der Eroten aufleuchten.

Nacht war es, zu einer Zeit, da ganz besonders wild blasende Sturmwinde [310] mit winterlichem Blasen mächtiges Dröhnen schleudern und sich mit geballter Kraft auf die Brandung des Meeres stürzen. Auch da ließ sich Leander in Vorfreude auf seine

δυσκελάδων πεφόρητο θαλασσαίων ἐπὶ νώτων.
ἤδη κύματι κῦμα κυλίνδετο, σύγχυτο δ' ὕδωρ,
αἰθέρι μίσγετο πόντος, ἀνέγρετο πάντοθεν ἠχὴ
μαρναμένων ἀνέμων. Ζεφύρῳ δ' ἀντέπνεεν Εὖρος
καὶ Νότος εἰς Βορέην μεγάλας ἐφέηκεν ἀπειλάς·
καὶ κτύπος ἦν ἀλίαστος ἐρισμαράγοιο θαλάσσης.
αἰνοπαθὴς δὲ Λέανδρος ἀκηλήτοις ἐνὶ δίναις
πολλάκι μὲν λιτάνευε θαλασσαίην Ἀφροδίτην,
πολλάκι δ' αὐτὸν ἄνακτα Ποσειδάωνα θαλάσσης,
Ἀτθίδος οὐ Βορέην ἀμνήμονα κάλλιπε νύμφης.
ἀλλά οἱ οὔ τις ἄρηγεν, Ἔρως δ' οὐκ ἤρκεσε Μοίρας.
πάντοθι δ' ἀγρομένοιο δυσάντεϊ κύματος ὁλκῷ
τυπτόμενος πεφόρητο. ποδῶν δὲ οἱ ὤκλασεν ὁρμὴ
καὶ σθένος ἦν ἀνόνητον ἀκοιμήτων παλαμάων.
πολλὴ δ' αὐτόματος χύσις ὕδατος ἔρρεε λαιμῷ
καὶ ποτὸν ἀχρήιστον ἀμαιμακέτου πίεν ἅλμης.
καὶ δὴ λύχνον ἄπιστον ἀπέσβεσε πικρὸς ἀήτης
καὶ ψυχὴν καὶ ἔρωτα πολυτλήτοιο Λεάνδρου.
Ἡ δ' ἔτι δηθύνοντος ἐπαγρύπνοισιν ὀπωπαῖς 333
ἵστατο κυμαίνουσα πολυκλαύτοισι μερίμναις.
ἤλυθε δ' ἠριγένεια καὶ οὐκ ἴδε νυμφίον Ἡρώ.
πάντοθι δ' ὄμμα τίταινεν ἐς εὐρέα νῶτα θαλάσσης,
εἴ που ἐσαθρήσειεν ἀλωόμενον παρακοίτην
λύχνου σβεννυμένοιο. παρὰ κρηπῖδα δὲ πύργου
δρυπτόμενον σπιλάδεσσιν ὅτ' ἔδρακε νεκρὸν ἀκοίτην,
δαιδαλέον ῥήξασα περὶ στήθεσσι χιτῶνα
ῥοιζηδὸν προκάρηνος ἀπ' ἠλιβάτου πέσε πύργου.
κὰδ δ' Ἡρὼ τέθνηκε σὺν ὀλλυμένῳ παρακοίτῃ.
ἀλλήλων δ' ἀπόναντο καὶ ἐν πυμάτῳ περ ὀλέθρῳ.

vertraute Braut auf übellärmendem Meeresrücken tragen. Schon wälzte sich Woge auf Woge, Wasser strömte zusammen, mit Himmel mischte sich Meer, auf allen Seiten erwachte das Tosen miteinander kämpfender Winde. Gegen Zephyros blies Euros an, und Notos stieß gegen Boreas gewaltige Drohungen aus: Unerbittlichen Lärm gab es vom lautdonnernden Meer. Da sandte Leander, Schreckliches erduldend in den unbezwingbaren Strudeln, immer wieder Gebete zur Meeresgöttin Aphrodite, immer wieder auch zu Poseidon selbst, dem Herrn des Meeres, und unterließ es auch nicht, dafür zu sorgen, dass sich Boreas an seine attische Braut erinnerte. Aber es half ihm keiner; auch Eros gebot den Moiren nicht Einhalt. Auf allen Seiten vom unwiderstehlichen Sog vereinter Wogen getroffen, trieb er dahin. Seiner Beine Kraft ließ nach und die Stärke seiner unermüdlichen Hände nützte ihm nichts. Schließlich strömte ihm ohne sein Zutun ein gewaltiger Wasserschwall in Mund und Hals, und er schluckte den nutzlosen Trank unbezwingbaren Salzwassers. Da löschte ein heftiger Windstoß die Lampe – kein Verlass war auf sie – und Leben und Liebe des Vieldulders Leander.

Sie aber stand da noch, als er so lange nicht kam, mit Augen ohne Schlaf, erregt im Herzen von tränenreichen Sorgen. Es kam die frühgeborene Eos, und Hero sah ihren Bräutigam nicht. Nach allen Seiten richtete sie ihren Blick auf den weiten Meeresrücken, ob sie irgendwo den Gatten herumirrend entdecken könne, da doch die Lampe erloschen war. Da erblickte sie – am Fuß des Turmes, von den Klippen zerfetzt – ihren toten Gatten, zerriss sich vor der Brust den kunstvollen Chiton und stürzte sich kopfüber herabrauschend von ihrem steilen Turm. Tot lag Hero da zusammen mit ihrem leblosen Gatten. So hatten sie einander auch noch zuletzt, im Tode.

Übersetzung: Horst Sitta

ANHANG

ΘΕΟΔΩΡΟΥ ΠΡΟΔΡΟΜΟΥ ΚΑΤΟΜΥΟΜΑΧΙΑ

Τὰ τοῦ δράματος πρόσωπα

Κρεΐλλος
Τυροκλέπτης
Κῆρυξ
Χορὸς θεραπαινίδων
Ὁμευνέτις Κρεΐλλου
Ἄγγελος

Προλογίζει ὁ Κρεΐλλος

Κρεΐλλος
Τί τὸν τοσοῦτον, ἀνδρικώτατοι, χρόνον
μένοντες εἴσω τῶν ὀπῶν ἀεννάως
δείμῳ σύνεσμεν καὶ φρίκῃ καὶ δειλίᾳ
καὶ δυσμόρως δίιμεν οἰκεῖον βίον,
μηδὲ προκύψαι τῆς ὀπῆς ᾐρημένοι,
ἀλλ' οἰκτρότατοι καὶ φόβου πεπλησμένοι
βίον σκοτεινὸν ἀθλίως μυωξίαις
ζῶμεν, καθώσπερ οἱ πεφυλακισμένοι,
καὶ νύκτα τὸν σύμπαντα τοῦ χρόνου δρόμον
μακρὰν δοκοῦμεν καὶ σκιὰν τοῦ θανάτου,
ὡς οἱ ζοφώδεις Κιμμέριοι τοῦ λόγου,
οἳ Ποντικῶν ἔχοντες ἀμβλυωπίαν
ζόφωσιν ἑξάμηνον εἷλκον τοῦ βίου;

Τυροκλέπτης
κἂν μὴ θέλωμεν, ἐσμὲν ἐν μυωξίαις.
εἰ γὰρ προελθεῖν, ὡς λέγεις, θαρραλέως

THEODOROS PRODROMOS, KATZMÄUSEKRIEG

Die Personen des Dramas

Fleischer
Klaudenkäs
Herold
Chor der Dienerinnen
Fleischers Frau
Bote

Den Prolog spricht Fleischer

FLEISCHER

Was hocken wir, obwohl doch unendlich tapfer, so lange Zeit in unseren Löchern, sitzen immer beieinander in einer Mischung von Angst, Entsetzen und Feigheit, schlagen uns im Haus mühsam durchs Leben und trauen uns nicht einmal, den Kopf aus dem Loch zu strecken, leben vielmehr unendlich beklagenswert und von Furcht erfüllt ein düsteres Leben, unglücklich, in unseren Mauselöchern, grad so wie Gefangene, der gesamte Ablauf der Zeit scheint uns eine lang anhaltende Nacht zu sein, und ein Schatten des Todes – wie bei den Kimmeriern der Überlieferung in ihrer Finsternis, die ja die Sehprobleme der Menschen vom Pontos hatten und für sechs Monate im Jahr Dunkelheit in ihrem Leben hinnehmen mussten?

KLAUDENKÄS

Auch wenn wir es nicht wollen: Unser Platz ist in Mauselöchern. Denn wenn wir – wie du sagst – tapfer einen Ausfall wagen

τολμήσομεν βαίνοντες ἀσχέτῳ δρόμῳ,
τάχιστ' ἂν ἐμπέσοιμεν αἰπεῖ κινδύνῳ,
καὶ προὐμμάτων ἴδοιμεν οἰκείων μόρον,
καὶ τὸν σκοτεινὸν Ἀιδωνέως τόπον
λάβοιμεν ἀντίποινον ἀκρατωσύνης.

Κρεΐλλος
πῶς γοῦν παρεμπέσοιμεν ὡς φὴς κινδύνῳ,
καὶ τὸν βίον λίποιμεν ἀθλίῳ μόρῳ;

Τυροκλέπτης
ληφθέντες εἴσω τῶν φρικωδῶν χειλέων
τῆς ἅρπαγος, Κρεΐλλε, τῆς δολοπλόκου.

Κρεΐλλος
τίς ἔστιν αὕτη; μὴ φθονήσῃς τοῦ λέγειν·
οὐ γὰρ προχείρως τῷ σκοπῷ περιστρέφω.

Τυροκλέπτης
ἣν κάταν ὠνόμασεν ἀνθρώπων γένος.
αὕτη γὰρ ἀεὶ χηραμοὺς περιβλέπει,
καὶ μῦς ἐρευνᾷ καὶ καθώσπερ οἱ κύνες
ἰχνηλατοῦσι τοὺς λαγωοὺς ποικίλως,
τὸν αὐτὸν αὕτη σκανδαλοπλόκως τρόπον
ἡμᾶς διιχνεῖ λυγγικὸν βλέπουσά τι.

Κρεΐλλος
οἶδ' ἥνπερ ἡρμήνευσας ἠκριβωμένως.
καὶ γὰρ πρὸ καιροῦ τὴν ἐμὴν θυγατέρα
– Λυχνογλύφον δέ φημι τὴν πεφιλμένην –
οἰκτρῶς κατημάλαψε, φεῦ μοι, προὐμμάτων.

und in unaufhaltsamem Sturmschritt marschieren, geraten wir doch wohl sehr bald in höchste Gefahr, dürften vor unseren Augen das Schicksal der Unseren sehen und uns den düsteren Ort des Hades [20] einhandeln – als Lohn für mangelnde Disziplin.

FLEISCHER

Aber wie könnten wir denn in Gefahr geraten – wie du meinst – und unser Leben verlieren durch ein unglückliches Schicksal?

KLAUDENKÄS

Hineingerissen – in den entsetzlichen Rachen des Raubtiers, Fleischer, dieses hinterlistigen.

FLEISCHER

[25] Und wer ist das? Sag es klar heraus! Ich kreise nämlich nicht gern um ein Ziel herum.

KLAUDENKÄS

Das ist die, die das Menschengeschlecht »Katze« nennt. Die kontrolliert nämlich ständig unsere Löcher, verfolgt die Mäuse, und ganz so, wie Hunde [30] geschickt Hasen aufspüren, genau auf die gleiche Weise spürt sie uns fallenstellerisch nach – und hat was Luchsisches im Blick.

FLEISCHER

Ich weiß, wen du da so genau beschrieben hast: Denn sie hat meine Tochter vor der ihr bestimmten Zeit – [35] ich spreche von meiner lieben Lampenausschleckerin – beklagenswerterweise verschlungen – o weh! – vor meinen Augen.

Τυροκλέπτης
κἀμοῦ τὸ τέκνον τὴν φίλην Λαρδοκόπον
καὶ τὸν ποθεινὸν Σιτοδάπτην καὶ φίλον
εἰς ἐκδίκησιν τῆς ἀδελφῆς ἡκότα.

Κρεΐλλος
τί γοῦν; κατοκνήσωμεν ὡς θηλυδρίαι
καὶ παρίδωμεν τὸν φόνον τῶν φιλτάτων;

Τυροκλέπτης
καὶ τί προσῆκον ἐργάσασθαι τυγχάνει;

Κρεΐλλος
εἰς ἀντάμυναν ἀπιδεῖν τῆς παμφάγου
καὶ τῶν θανόντων ἐκδικῆσαι τὸν μόρον.

Τυροκλέπτης
ποίῳ τρόπῳ, κάτειπε σὺν σαφηνίσει.

Κρεΐλλος
μόθον πρὸς αὐτὴν ἀτρόμως τετευχότες.

Τυροκλέπτης
δέδοικα, ναὶ δέδοικα, μὴ πεφασμένοι
χἠμεῖς φανῶμεν καὶ κακῶς βεβρωμένοι,
καὶ κύρμα κάτης φεῦ γενώμεθα ξένον.

Κρεΐλλος
καὶ τοῦτο δεῖν ἕκητι τῶν τεθνηκότων·
καὶ γὰρ γινώσκεις τοὺς γραφαῖς αἰνουμένους
τῶν συγγενῶν ἕκητι καὶ τῶν γνωρίμων,

KLAUDENKÄS

Auch *mein* Kind, die liebe Hackdenspeck und den wunderbaren Frissdaskorn, den lieben, als er gekommen war, seine Schwester zu rächen.

FLEISCHER

Was also nun? Wollen wir hier herumhängen wie Weibsbilder und über die Ermordung unserer Liebsten einfach hinwegsehen?

KLAUDENKÄS

Und was könnte man da Passendes tun?

FLEISCHER

Gegenwehr ins Auge fassen gegen die Allesfresserin und unserer Toten Schicksal rächen.

KLAUDENKÄS

Auf welche Weise? Und red klar heraus!

FLEISCHER

Indem wir, ohne zu zittern, Krieg gegen sie führen!

KLAUDENKÄS

Da fürchte ich aber, ja, fürchte ich wirklich, dass auch wir, kaum haben wir uns draußen präsentiert, auf üble Weise aufgefressen und zur Beute für die Katze, o weh, werden, zu einer ganz besonderen.

FLEISCHER

Aber das *muss* sein, um der Toten willen! Denn du weißt doch auch, dass in Schriften diejenigen lobend herausgestellt werden, die um ihrer Verwandten und Freunde willen, Kinder, Brüder,

παίδων, ἀδελφῶν, συζύγων, φυτοσπόρων,
θανόντας ἀπλήρωτον ἕλκοντας κλέος.

Τυροκλέπτης
ἴσημι πάντως· ἀλλὰ δεινὸν τυγχάνει
λιπεῖν τὸ λαμπρὸν στάδιον τῆς ἡμέρας
καὶ τῷ σκοτεινῷ συγκαλυφθῆναι τάφῳ.

Κρεΐλλος
οὐκ οἶδας, ᾗ μέγιστον ἄρωμεν κράτος
καὶ πικροτάτῳ τήνδε δώσομεν μόρῳ;

Τυροκλέπτης
ὅτῳ τρόπῳ, σύναιμε, σαφήνιζέ μοι.

Κρεΐλλος
αὐτῇ μαχησμὸν συστάδην δεδρακότες.

Τυροκλέπτης
κρεῖττον δοκεῖ μοι συμβαλεῖν λαθριδίως.

Κρεΐλλος
ποία δ' ὄνησις λάθρᾳ τοῦ προσιέναι;

Τυροκλέπτης
εἰ γὰρ προγνώσῃ τῷ δόλοις προσανέχειν
μῦς εἰς μαχησμὸν αἱρετὸν συνεστάναι,
καὶ συμμάχων ὅμιλον εἰς αὐτὴν λάβοι,
καὶ συμβαλοῦσα τηνικαῦτα τὸ στέφος
ἀρεῖ παριππεύσασα τὴν ἡμῶν ἴλην.

Ehegatten und Eltern, gestorben sind: Unermesslichen Ruhm haben sie davongetragen.

KLAUDENKÄS

Das weiß ich sehr wohl; und doch: Schrecklich ist es, die helle Lebensbahn zu verlassen und tief im düsteren Grab verscharrt zu werden.

FLEISCHER

Weißt du denn nicht, wie wir ein riesiges Aufgebot zusammenstellen können und ihr ein gallenbitteres Schicksal bereiten werden?

KLAUDENKÄS

Auf welche Weise, Bruderherz? Erklär es mir!

FLEISCHER

Indem wir ihr in Reih und Glied eine Schlacht liefern.

KLAUDENKÄS

Da scheint es mir aber besser, sich heimlich zu versammeln.

FLEISCHER

Was nützt es denn, sie heimlich anzugehen?

KLAUDENKÄS

Wenn die nämlich systematisch ihre Durchtriebenheit einschaltet und dadurch schon vorher bemerkt, dass die Mäuse zu selbstgewählter Schlacht antreten, wird sie wohl auch einen Trupp Verbündeter für sich aufbieten; und wenn sie den um sich versammelt hat, dann wird sie den Siegeskranz erhalten – indem sie einfach unseren Trupp überreitet.

Κρεΐλλος
χἠμεῖς κατ᾽ ἴσον συμμάχων ὁμηγύρεις
λάβωμεν εἰς ἄρηξιν ὡς εἰθισμένον.

Τυροκλέπτης
οὐκ οἶσθα, πῶς τὸν πρὶν συνιστῶντες μόθον
πρὸς τὸ στράτευμα τῶν γαλῶν καὶ βατράχων,
καὶ συμμάχων κράτιστον εἴχομεν νέφος;

Κρεΐλλος
ἴσημι, πῶς κάκιστον εἴδομεν μόρον
παίδων, ὁμεύνων, γνωρίμων, φυτοσπόρων·
μικροῦ δ᾽ ἀπωλώλειμεν ἡμεῖς τῷ τότε.

Τυροκλέπτης
δέδοικα καὶ νῦν, μὴ θάνωμεν τῷ μόθῳ.

Κρεΐλλος
οὔ, νὴ θεῶν πλήρωμα τῶν οὐρανίων.
εὔελπίς εἰμι καὶ γὰρ ἐξ ὀνειράτων.

Τυροκλέπτης
τί γοῦν; ὄνειρον ἐμφανῶς ἑωράκεις;

Κρεΐλλος
ὁ Ζεὺς γὰρ ὤφθη κατ᾽ ὄναρ κνώσσοντί μοι,
καὶ θάρσος ἐντέθεικε τὴμῇ καρδίᾳ,
καί "χαῖρε, λήψῃ" προσπεφώνηκε "κράτος".

Τυροκλέπτης
τίνι προσωμοίωτο; καὶ τοῦτο φράσον.

FLEISCHER

Dann setzen doch auch wir gleichermaßen Kolonnen von Verbündeten zur Unterstützung ein – wie das so üblich ist!

KLAUDENKÄS

Weißt du denn nicht mehr, wie wir seinerzeit, als wir den Krieg gegen das Heer der Wiesel und Frösche vorbereitet haben, auch eine gewaltige Schar von Verbündeten hatten?

FLEISCHER

Oh, ich weiß noch gut, wie wir das elendeste Schicksal mit ansehen mussten von Kindern, Ehefrauen, Freunden und Eltern; um ein Haar wären auch wir ums Leben gekommen durch das, was damals geschehen ist.

KLAUDENKÄS

Ich fürchte auch jetzt, dass wir in diesem Krieg sterben.

FLEISCHER

Oh nein, bei allen himmlischen Göttern! Optimistisch bin ich, und das nämlich auch wegen meiner Traumbilder.

KLAUDENKÄS

Was denn? Ein Traumbild hast du deutlich gesehen?

FLEISCHER

Zeus ist mir nämlich erschienen, im Traum, als ich schlummerte, und hat mir Mut ins Herz gesenkt. Und: »Sei mir gegrüßt«, sagte er zu mir, »du wirst Kraft erhalten«.

KLAUDENKÄS

Wem war er denn ähnlich? Auch das sag mir!

Κρεῖλλος
τῷ Τυρολείχῳ, τῷ φρονίμῳ πρεσβύτῃ.

Τυροκλέπτης
πῶς δ’ οὐκ ἐπάρχων ὡράθη σοι τῶν θρόνων;

Κρεῖλλος
ἐμαῖς ἀπειλαῖς ὡράθη πτοιαλέος.

Τυροκλέπτης
τί γοῦν; ἐπηπείληκας αὐτῷ τῷ πόλον
οἰκοῦντι καὶ λέγοντι τοῖς ἀθανάτοις
σειρὰν μεγίστην ἐξανάψειν τοῦ πόλου
καὶ πάντας ἕλξειν χειρὶ πανσθενεστάτῃ;

Κρεῖλλος
ναὶ τῆτες ἠπείληκα τούτῳ μυρία.
καὶ γὰρ καθ’ αὑτὸν ἱστορῶν μου τὸν βίον,
ὅπως μένων ἔσωθεν οἰκτρῶς γωνίας
ὅλος σκοτεινός εἰμι καὶ ζόφου γέμων,
εἰς δεῖμα δεινὸν ἐνσέσεισμαι καὶ τρέμω,
ζῷον πενιχρὸν ἔμπλεων ἀηδίας·
ᾤμωζον, ὠλόλυζον, ἠθύμουν μέγα,
ἔκοπτον, ἐσπάραττον οἰκείαν γένυν,
καὶ τὸν θεῶν ὕπατον ὕβριζον Δία,
καὶ προστέθεικα τοῖς στεναγμοῖς σὺν χόλῳ
δεινὰς ἀπειλὰς παντελῶς δειμαλέας.

Τυροκλέπτης
τί γοῦν ἐπηπείληκας; εἰπὲ καὶ τόδε.

FLEISCHER

Dem Leckdenkäs, dem verständigen Alten.

KLAUDENKÄS

Aber warum ist er dir nicht erschienen als Herrscher über die Throne?

FLEISCHER

Wegen meiner Drohungen ist er als eingeschüchterte Maus erschienen!

KLAUDENKÄS

Was denn? Du hast ihm gedroht, ihm, der im Himmel lebt und zu den Unsterblichen sagt, er werde ein riesiges Seil am Himmel aufhängen und sie alle hochziehen mit allermächtigster Hand?

FLEISCHER

Ja, in diesem Jahr habe ich ihm tausendfach gedroht! Ich habe nämlich – ganz von mir aus – mein Leben vor ihm ausgebreitet: Wie ich beklagenswert in meinem Winkel hocke, ganz im Dunkeln bin und voller Finsternis, wie mich schreckliche Angst gepackt hält und wie ich zittere, ein armes Wesen, voll Hass; ich habe gejammert, geklagt, war total mutlos, ich habe geschlagen, mir das eigene Kinn zerfetzt, den Höchsten der Götter, Zeus, ohne jeden Respekt behandelt, und meinen Klagen habe ich aus Zorn schreckliche Drohungen angehängt, absolut furchtbare!

KLAUDENKÄS

Was hast du ihm denn angedroht? Erzähl auch das!

Κρεΐλλος
ὡς εἴπερ οὐ θήσει με νικητὴν μέγαν
καὶ παγκράτιστον τῇ μάχῃ στεφανίτην,
τάχα προσελθὼν εἰς ναὸν τῶν θυμάτων
ἅπαντα θήσω πρὸς τροφὴν τῆς κοιλίας.

Τυροκλέπτης
κἀγὼ συνέλθω σὺν συνεύνῳ καὶ τέκνοις.
ἀλλ' οἷς ἔοικε τὸν μόθον καθιστόρει.

Κρεΐλλος
ναὶ δῆτα, καὶ σύμπαντας ἀρτίως μύας
κεκληκέναι προύμελλον εἰς ἐκκλησίαν.

Τυροκλέπτης
οὐκοῦν ἐπεὶ δέδοκτο τῷ φυταλμίῳ
ἀπαλλαγῆναι τοῦ σκοτοκρύπτου βίου
ἐλευθερωθῆναι τε κατῶν τοῦ φόβου,
τοὺς μῦς ἅπαντας ἀρτίως συγκλητέον.
καὶ πρῶτον εἰς κάταρξιν ἰτέον λόγων
ἐπιτρεπόντων προσφέρειν εὐτολμίαν.
εἶτα στρατηγοὺς τῶν στρατῶν εἰργακότες
καὶ ταξιάρχας καὶ λοχαγούς, ὡς θέμις,
λογχηφόρους τε καὶ κραταιοὺς ὁπλίτας
ἀντεξίωμεν εἰς μόθον τεταγμένοι.

Κρεΐλλος
καλῶς ἔφησας καὶ σοφῶς καὶ κοσμίως –
καὶ γὰρ τὸ γῆρας νουθετεῖ καὶ σωφρόνως.
κῆρυξ ἴτω δὲ καὶ καλείτω τοὺς μύας.

FLEISCHER

Dass ich, wenn er mich nicht zum großen Sieger macht und zum allerstärksten Träger eines Siegeskranzes in der Schlacht, sofort in seinen Tempelbezirk eindringen werde und von den Opfergaben, die ihm zugedacht sind, alles nehmen werde – als Futter für meinen Bauch.

KLAUDENKÄS

Da komme ich mit Weib und Kind mit! Aber erzähl denen, die es angeht, genau vom Kampf.

FLEISCHER

Ja, selbstverständlich – ich hatte gerade vor, alle Mäuse unverzüglich zur Versammlung zusammenzurufen.

KLAUDENKÄS

Da es unserem Ernährer also gefallen hat, für Erlösung aus dunkelverborgenem Leben sowie Befreiung von Angst vor Katzen zu sorgen, sind alle Mäuse unverzüglich zusammenzurufen. Und allem voran ist zu einem Auftakt mit Reden zu schreiten, darauf ausgerichtet, Mut zu machen. Danach wollen wir Strategen für unsere Heere, Taxiarchen und Lochagen bestimmen, wie es Brauch ist, und Lonchephoren sowie starke Hopliten, und gegen den Feind hinausziehen in den Kampf, in Formation!

FLEISCHER

Gut hast du geredet, weise und geordnet – das Alter kann nämlich Ratschläge erteilen, sogar vernünftige. Jetzt aber soll ein Herold gehen und die Mäuse rufen!

Κῆρυξ
ἰδού, πάρεισ' οἱ μύαρχοι συνηγμένοι
καὶ σῷ παρεστήκασι βουλευτηρίῳ.

Κρεΐλλος
ἐγὼ μέν, ὦ σύνταγμα γενναίων φίλων
εὔεικτον εὐόμιλον, ἐκ πολλοῦ χρόνου
πολλὴν καταγνοὺς τῶν πάλαι πεφυκότων
τὴν ἀσθένειαν καὶ κακίστην δειλίαν,
ἀνθ' ὧνπερ εἴσω φωλεῶν μυχαιτάτων
μένοντες οὐκ εὔτολμον εἶχον καρδίαν,
ἀλλ' ὡς κλινήρεις καὶ μέλη παρειμένοι
ἔπτησσον ἐλθεῖν εἰς μάχην ἐναντίων.
ἤδη στρατεύειν ἱστορῶ θαρραλέως.
οὐ γὰρ προσῆκον μοι δέδοκτο καὶ φίλον
σθένος φέροντι καὶ κρατοῦντι μυρίων,
πομπὰς τελοῦντι καὶ κρότοις ᾐνημένῳ
τρέμειν προελθεῖν τῆς ἐμῆς μυωξίας.
ὑμεῖς δ' ἑτοίμως τὸν λόγον δεδεγμένοι,
ὡς εὐγενῶν πέλοντες ἐκ φυτοσπόρων
καὶ πανσθενῶς ἔχοντες αὐτῶν τοῦ τόνου,
μὴ νωχελεῖς γένησθε πρὸς τὰ πρακτέα,
μηδ' ὀκλάσητε μηδαμῶς, ὦ γεννάδαι,
ἀλλ' ὡς τάχισθ' ἅπαντες, ὦ θεῖοι μύες,
ἴτε προθύμως πρὸς νέαν στρατηγίαν,
ζῆλον λαβόντες τῆς ἐμῆς ἐξουσίας.
ἐγὼ γὰρ οὐκ ὤκνησα πώποτ' εἰς μόθον,
ἀλλ' ὡς ἀληθῶς ἐκ νέας ἡλικίας
εἰς τὸ στρατηγεῖν ἀνδρικῶς ἐτραπόμην,
πάσαις δὲ πάντῃ προσβολαῖς ἐπεκράτουν.
γένος γὰρ ἐκφὺς εὐγενοῦς ἐξ ὀσφύος
(ὡς ἴστε πάντες τοὺς πάλαι θρυλλουμένους

HEROLD

Schau nur, da sind ja schon die Mäuseführer, geordnet, und sie haben auf deinem Beratungsplatz Aufstellung bezogen.

FLEISCHER

Ich – meine Truppe edler Freunde, zugleich Vorgesetzten gegenüber gehorsam und untereinander kameradschaftlich – habe schon seit langer Zeit die große Schwäche unserer Vorfahren durchschaut und ihre abgrundtiefschlechte Feigheit. Deswegen blieben sie in den hintersten Winkeln ihrer Löcher hocken, ohne Tapferkeit im Herzen, hatten vielmehr – wie Bettlägerige und Krüppel – Angst davor, in den Kampf mit den Feinden zu ziehen. Jetzt erkläre *ich* euch: Es muss gekämpft werden, und zwar tapfer! Auf gar keinen Fall nämlich scheint es mir vernünftig und passend für mich – als Machthaber mit Befehlsgewalt über Tausende und als einer, der Festzüge ausrüstet und mit Applaus dafür gefeiert wird –, davor zu zittern, aus seinem Mauseloch herauszukommen. Und ihr, wenn ihr meine Rede freundlich aufgenommen habt – ihr stammt schließlich ab von vornehmen Vorfahren und habt von ihnen allgewaltig Muskelkraft – verhaltet euch nicht träge bei dem, was zu tun ist, duckt euch nicht weg, niemals, ihr edlen Mannen, sondern zieht alle, so schnell es geht, ihr göttlichen Mäuse, entschlossen in den neuen Feldzug – nehmt euch ein Beispiel an *meiner* Einsatzbereitschaft im Amt: Ich nämlich habe niemals gezögert, in den Kampf einzugreifen, habe mich vielmehr – wirklich wahr! – von früher Jugend an wie ein Mann auf Strategie verlegt und überall und bei allen Angriffen den Sieg davongetragen. Was meine Herkunft angeht, so stamme ich ja aus vornehmer Familie (wie ihr alle wisst, waren die, über die seit alters wegen ihrer Kraft und ihrer altersweisen Ratschläge

ἐπὶ δυνάμει καὶ φρενῶν γερουσίᾳ
ἐμοὺς γονεῖς ἕλκοντας ἄπλετον κλέος·
τοὺς Χαρτοδάπτας ὠνομασμένους λέγω)
οὐκ ἠθέλησα ζῆν τὸν ἄπονον βίον,
ἀλλ' εἰς μάθησιν τῶν στρατηγικωτάτων
ἀπεῖδον εὐθὺς ἐκ νέου μειρακίου.
ἤσκησα κοντὸν καὶ σπάθην σὺν ἀσπίδι,
βαίνειν ἐφ' ἵππους καὶ στρέφεσθαι ποικίλως,
βάλλειν τὸν ἐχθρὸν εὐστόχως καὶ καιρίως,
τείνειν τὸ τόξον καὶ τὸν ἰὸν ἱέναι,
καὶ πᾶσαν ἁπλῶς τῆς στρατηγίας τέχνην
μετῆλθον ὡς ἅπαντες οἱ στρατηλάται.
μόθων δὲ πολλῶν ἐγκρατὴς δεδειγμένος
καὶ πλεῖστα δοῦλα τῆς ἐμῆς ἐμπειρίας
ἔθνη δεδειχὼς ἦλθον εἰς μυαρχίαν,
πάντων ἄριστος καὶ μέγας κεκριμένος.
καὶ νῦν δὲ παγκάκιστον ἔγνων τυγχάνειν
τὸν ἀνθάμιλλον τοῦ Διὸς τοῦ τῆς Ῥέας
ζῷον τρέμειν τι μικρὸν ἠθλιωμένον.
τοίνυν κελεύω τοὺς ἐμοὶ πεφιλμένους
ἅπαντας εἰς σύνταξιν ἐλθεῖν τῆς μάχης
στερρῶς, κραταιῶς, εὐσθενῶς, εὐκαρδίως,
σοφῶς, ἐνεργῶς, εὐφυῶς ὡπλισμένους. –
τὰ νῦν δὲ λοιπὸν ἴτε πρὸς τὰς οἰκίας.
τὴν αὔριον δ' ἕωθεν, ὦ στρατηλάται,
πάντας κινῆσαι βούλομαι θαρραλέως·
δοκεῖ γὰρ οὕτω συμφέρειν πρὸς τὸ πράγος.

Τυροκλέπτης
ἐπείπερ ἤδη πάντες εἰς τὰς οἰκίας
ἀπῆλθον ὥρᾳ τοῦ καθευδῆσαι κλίνῃ,
ἄπειμι κἀγὼ πρὸς κλίνην τὴν ἰδίαν.

voll Bewunderung gesprochen wird, meine Vorfahren, sie haben unermesslichen Ruhm gewonnen; ich meine die mit Namen Frisspapier), nie wollte ich ein Leben ohne Mühe führen; vielmehr habe ich schon von früher Kindheit an mein Augenmerk auf den Erwerb der höchsten Fähigkeiten der Strategie gerichtet. Ich habe mit der Lanze sowie mit Schwert und Schild trainiert, habe geübt, auf Pferde zu steigen und mich auf jegliche Art zu wenden, den Feind zielsicher und im rechten Augenblick zu treffen, den Bogen zu spannen und den Pfeil abzuschießen, schlicht und einfach: Ich bin der ganzen Kunst der Kriegsführung nachgegangen – wie alle Offiziere. Nachdem ich mich in vielen Kriegen als überragend erwiesen und eine riesengroße Anzahl von Völkerschaften zu Sklaven meiner Erfahrung gemacht habe, bin ich zur Herrschaft über die Mäuse gekommen, als von allen der Beste und als groß anerkannt. Und jetzt habe ich als größtes Übel erkannt, dass einer, der es mit Zeus, dem Sohn der Rhea, aufnehmen kann, vor einem kleinen Wesen zittern könnte, einem erbärmlichen. So befehle ich hiermit, dass alle, die mir lieb sind, in die Schlachtordnung einrücken, hart, stark, schön kräftig, schön mutig, erfahren, engagiert, schön gewachsen, schwer bewaffnet. – Für jetzt übrigens geht zu euren Häusern. Morgen aber, in der Frühe, möchte ich, meine Herren Offiziere, dass alle sich mutig bewegen. Mir scheint nämlich, so nützt es unserer Sache.

KLAUDENKÄS

Wo ja alle schon in ihre Häuser weggegangen sind – zum Schlafen in ihre Betten, will ich auch weggehen – ins eigene Bett.

Κρεΐλλος
εἴρηκας ὀρθῶς. τοιγαροῦν πειρατέον.

Χορός
ὢ ποῖον ἄλγος νῦν κρατεῖ με καὶ θλίβει.
ὦ Ζεῦ, τί τοῦτο τῆς παρούσης ἡμέρας;
δεινὸς λογισμὸς ἔσχε μου τὸν δεσπότην
κάτῃ προσάψαι μῶλον οὐ λαθριδίως.
δοκῶ γὰρ αὐτὸν σὺν πάσῃ στρατηγίᾳ
θανεῖν, λιπόντα τὸν φαεσφόρον λύχνον.
Ἄπολλον, ἀγνόμαντι, Φοῖβε Λοξία,
τί τοῦτο τοῦτο; φεῦ παπαῖ, φεῦ μοι πάλιν.
ἰατταταιάξ, ὢ πόνων ἰαλέμων.
αἶ αἶ, ἰοὺ ἰού, ὢ κακῶν πονημάτων.

Ἡμίχορος ⟨α´⟩
ἴσως κροτήσει τὴν μάχην κατὰ κράτος.

Ἡμίχορος ⟨β´⟩
ἄπιστ᾽ ἄπιστα καινὰ καινά μοι λέγεις.
τὸ τοῦ Διὸς θέλημα νῦν ὑπαρξάτω.

Τυροκλέπτης
ὁρῶ θέουσαν ἐξ ὑέλλων ἡμέραν.

Κρεΐλλος
καὶ μὴν κἀγὼ δέδορκα τὴν λαμπηδόνα.

Τυροκλέπτης
καὶ τοιγαροῦν λίπωμεν ὕπνον καὶ κλίνην,
ὄις δὲ καὶ βοῦς τοῖς θεοῖς τεθυκότες

FLEISCHER

Recht hast du gesprochen. Versuchen wir es!

CHOR

Oh, was für ein Schmerz beherrscht und quält mich jetzt! Oh, Zeus, was wird das mit diesem Tag? Eine fürchterliche Idee hat von meinem Herrn Besitz ergriffen: der Katze Krieg anzuhängen, und das nicht heimlich. Ich hab den Eindruck, dass er mit seiner ganzen »Strategie« das helligkeitsbringende Licht verlassen und zu Tode kommen wird. Apollon, heiliger Seher, Phoibos Loxias, was ist das, was das? Weh, ach und weh mir wieder! Jattataiax, oh jammervolle Qualen! Aiai, juju, oh hässliche Dinge!

ERSTER HALBCHOR

Vielleicht wird er ja in der Schlacht mit seiner Kraft siegen.

ZWEITER HALBCHOR

Unglaubhaftes, Unglaubhaftes – Überraschendes, Überraschendes sagst du mir. Möge nun Zeus' Wille geschehen!

KLAUDENKÄS

Ich sehe durch die Scheiben den Tag heraufkommen.

FLEISCHER

Ja, wirklich, auch ich habe den Lichtschein gesehen.

KLAUDENKÄS

Und also: Verabschieden wir uns von Schlaf und Bett, opfern zuerst Schafe und Rinder den Göttern und marschieren dann

πρὸς τὸν μαχησμὸν ἐξίωμεν ἀτρόμως·
δεῖ γὰρ πρὸ πάντων ἱλεοῦν τοὺς ἐν πόλῳ.

Κρεΐλλος
ἰδοὺ θύσαντες ἐκκαλοῦμεν τὸν Δία
καὶ τὴν Ἀθηνᾶν καὶ τὸν Ἑρμῆν καὶ Πάνα
καὶ τὸν Ποσειδῶ καὶ τὸν ἁγνὸν Λοξίαν,
Ἥραν σὺν αὐτοῖς Ἄρτεμίν τ' ὀρειβάτιν,
Πλούτωνα, Λητώ, σὺν Ἅιδῃ Περσεφόνην
καὶ πάντας ἄλλους, καὶ πτεροῦμεν τὸν πόδα.

Χορός
ὦ πάντες ὦ σύμπαντες ὦ θεοὶ μόνοι,
ὅσοι γ' ἄνωθεν καὶ κάτω κληρουχίαν
ἔχοντές ἐστε, τῶν καλῶν χορηγέται,
πρόστητε, ναὶ πρόστητε καρτερωτάτως
τῶν δεσποτῶν μου τῶν νέαν στρατηγίαν
κατῶν τελούντων πρὸς τὸ παμφάγον γένος.

Ὁμευνέτις Κρεΐλλου
ὡς εἴθε νικήσειαν, ὦ Ζεῦ, τῷ μόθῳ
οὑμοὶ στρατηγοὶ καὶ σύνευνος καὶ τέκνον.

Χορός
καλὸν τὸ νικᾶν, ἀλλὰ δειλία μ' ἔχει.

Ὁμευνέτις Κρεΐλλου
κἀγὼ δέδοικα καὶ τρέμω κατὰ κράτος.

Χορός
δεινὸν γάρ ἐστι δυσμενῶν εὐανδρία.

hinaus in den Krieg – ohne zu zittern. Denn es ist vor allem nötig, die im Himmel gnädig zu stimmen!

FLEISCHER

Schau: Wenn wir anfangen zu opfern, rufen wir Zeus heraus, Athene, Hermes, Pan, Poseidon und den heiligen Loxias, mit ihnen Hera und Artemis, die Bergdurchwandernde, Pluton, Leto, mit Hades Persephone und alle anderen, und wir verleihen unserem Fuß Flügel.

CHOR

Oh ihr alle, alle miteinander, oh ihr Götter, ihr seid die Einzigen, die oben und unten zugelostes Land haben, ihr Spender des Schönen: Stellt euch an die Spitze, ja, stellt euch mit aller Macht an die Spitze meiner Herren, die nun einen neuen Feldzug gegen dieses Allesfressergeschlecht der Katzen unternehmen.

FLEISCHERS FRAU

Ach, wenn sie doch nur siegen würden, oh Zeus, im Kampf, meine Strategen, mein Mann und mein Kind.

CHOR

Schön ist es, zu siegen, aber Angst hält mich im Griff.

FLEISCHERS FRAU

Auch ich fürchte mich und zittere heftig.

CHOR

Denn etwas Schreckliches ist die Tapferkeit der Feinde.

Ὁμευνέτις Κρεΐλλου
ὦ Ζεῦ βασιλεῦ, χρηστὸν ἔργασαι μόθον.

Χορός
αἰεὶ τὸ θεῖον τῶν καλῶν ἅπαν νέμει.

Ὁμευνέτις Κρεΐλλου
εἰ μὲν κρατήσει τῶν μυῶν αἱ πληθύες
ἐξισχύσουσι τῆς ἐναντιουμένης,
εὖ ἂν τὸ λοιπὸν ἀνύσαιμεν τοῦ βίου
καὶ τὸν φόβον ῥίψαιμεν ὡς πορρωτάτω.

Χορός
ναὶ δὴ γένοιτο· τοῦτο σὺν θεῷ λέγω.

Ὁμευνέτις Κρεΐλλου
εἰ δ’ ἥττονες γένοιντο τῆς ἐναντίας
καὶ πρὸς φυγὴν ῥέψωσιν ὡς τετραμμένοι,
ἅπαντα φροῦδα προσγενήσεται τάχα.

Χορός
ὡς εἴθε μὴ γένοιτο μηδ’ ἔσοιτό μοι.

Ὁμευνέτις Κρεΐλλου
καὶ πᾶς γένηται δοῦλος αἰχμαλωσίᾳ.

Χορός
οὔκ, ἀλλὰ δεινὸν βρῶμα τῆς ἐναντίας.

Ὁμευνέτις Κρεΐλλου
κἀγὼ δὲ δούλη παισὶ σὺν τοῖς φιλτάτοις
ἡ πρὶν κυρία προσφανήσομαι τάχα.

FLEISCHERS FRAU
Oh Zeus, König, bring den Kampf gut zu Ende.

CHOR
Immer teilt das Göttliche vom Schönen alles zu.

FLEISCHERS FRAU
Wenn nun unsere Mäusescharen mit ihrer Stärke die Gegnerin besiegen, [225] sollten wir den Rest unseres Lebens gut verbringen und unsere Angst ablegen können – so weit weg, wie es irgend geht.

CHOR
Ja, wirklich, dies möge geschehen. Das sage ich mit Gott.

FLEISCHERS FRAU
Wenn sie aber ihrer Feindin unterliegen und sich zur Flucht wenden sollten wie Geschlagene, [230] wird alles schnell verloren sein.

CHOR
Ach, hoffentlich trifft für mich das nie zu und geschieht auch nicht!

FLEISCHERS FRAU
Und jeder wird Sklave in Gefangenschaft.

CHOR
Nein, vielmehr schreckliche Speise unserer Feindin.

FLEISCHERS FRAU
Auch ich – die frühere Herrin – [235] werde bald mit meinen heißgeliebten Kindern als Sklavin erscheinen müssen.

Χορός
ἥκιστα δούλη σὺ γενήσῃ σὺν τέκνοις,
ἀλλ᾽ ὡς ἀληθῶς βρῶμα τῆς ἀδηφάγου.

Ὁμευνέτις Κρεΐλλου
τί γοῦν; προλίπω τὸ γλυκύτατον φάος
καὶ συγκαλυφθῶ τῇ κόνει καὶ τῷ τάφῳ;

Χορός
σίγα σίγα, δέσποινα, δεινόν τι βλέπω.
καὶ μὴν ὁρῶ θέοντα τιν᾽ ἐσπευσμένον
καὶ πυκνὸν ἀσθμαίνοντα καὶ πεπληγμένον.

Ἄγγελος
κυρία ποῦ πάρεστι; τὶς δηλωσάτω.

Χορός
ἔξεστί σοι θέλοντι ταύτην εἰσβλέπειν.

Ἄγγελος
τάλαινα, παντάλαινα καὶ τρισαθλία,
πέπτωκε τρωθεὶς ὁ Ψιχάρπαξ ἐν βέλει.

Ὁμευνέτις Κρεΐλλου
ὢ τοῦ ποθεινοῦ καὶ πεφιλμένου τέκνου.
πέπτωκεν ἡ ᾽μὴ γήραος βακτηρία.
ὢ τῶν πόνων, ὢ τῶν πόνων ἰαλέμων.
παπαῖ, τὰ πάντα δεινὰ τῶν ἀγγελμάτων.
ἰοὺ θανοῦμαι. τίς γένωμαι; ποῦ φύγω;
πᾷ βῶ; παρεῖμαι τῶν μελῶν εὐρωστίας.
ὦ παῖ, παπαῖ παῖ, φιλτάτη θεωρία.

CHOR

Nie und nimmer wirst du zusammen mit deinen Kindern Sklavin werden, sondern wahrhaftig Speise dieses Vielfraßes.

FLEISCHERS FRAU

Was denn? Muss ich das honigsüße Licht verlassen und mich verscharren lassen in Staub und Grab?

CHOR

Still, still, Herrin, mir kommt gerade etwas Schreckliches in den Blick. Ich sehe doch da tatsächlich einen hergerannt kommen, sichtlich in Eile, schwer atmend und angeschlagen.

BOTE

Die Herrin. Wo ist sie? Jemand soll es sagen!

CHOR

Du kannst sie, wenn du willst, sehen.

BOTE

Unglückliche, Todunglückliche und dreifach Beklagenswerte, gefallen ist Raubdiekrümel, zerfleischt von ihren Krallen.

FLEISCHERS FRAU

Oh mein wunderbares, mein geliebtes Kind! Gefallen ist die Stütze meines Alters. Oh Qualen, oh jammervolle Qualen! Ach und weh, alles ist schrecklich an deinen Nachrichten! Uh, ich werde sterben. Was soll aus mir werden? Wohin soll ich fliehen? Wohin soll ich gehen? Dahin ist die Kraft meiner Glieder! Mein Kind – ach und weh, mein Kind, mein liebstes Bild!

Χορός
τέτλαθί μοι τέτλαθι, παῦσαι τῶν γόων.

Ὁμευνέτις Κρεΐλλου
ὦ Ζεῦ, δίφροντίς εἰμι, τί τανῦν πρέπον.

Χορός
αἶ αἶ, τάλαινα μῆτερ ἠθλιωμένη,
ἐπίσχες ἄρτι τοὺς ἀπειρίτους στόνους.

Ὁμευνέτις Κρεΐλλου
ἄπιστ' ἄπιστα δεινὰ δεινά μοι λέγεις.

Χορός
κατάσχε μικρὸν τοὺς ἀπειρίτους γόους.

Ὁμευνέτις Κρεΐλλου
ὦ φιλτάτη πρόσοψις, ὦ παῖ μοι φίλε.

Χορός
φέρειν πρέπον σε τὴν ἄπειρον ἀνίαν,
μαθεῖν δὲ λοιπὸν τἀπίλοιπα τοῦ μόθου.

Ὁμευνέτις Κρεΐλλου
ἀλλ' οὐ σθένω σχεῖν τοῦ πόνου τὴν πικρίαν.

Χορός
τίς γοῦν ὄνησις ἐκ γόων ἀμετρίας;

CHOR
Nimms doch hin, nimms hin, hör auf zu klagen!

FLEISCHERS FRAU
[255] Oh Zeus, ich bin so unsicher, was jetzt das Richtige ist.

CHOR
Ach! Ach! Unglückliche Mutter, gequälte, hör jetzt gleich auf mit deinem endlosen Klagen!

FLEISCHERS FRAU
Unglaubhaftes, Unglaubhaftes – Schreckliches, Schreckliches erzählst du mir.

CHOR
Hör doch einmal wenigstens für kurze Zeit auf mit deinem endlosen Klagen!

FLEISCHERS FRAU
[260] Mein liebster Anblick! Ach Kind, mein liebes!

CHOR
Ertragen musst du die unendliche Qual – und übrigens auch noch den übrigen Verlauf der Schlacht zur Kenntnis nehmen.

FLEISCHERS FRAU
Aber ich kann die Bitternis der Not nicht aushalten.

CHOR
Was hast du eigentlich von diesem Übermaß an Klagen?

Ὁμευνέτις Κρεΐλλου
αὐτὴν διαχρήσαιμι – καὶ τάχει θάνω.

Χορός
μὴ δῆτα τοῦτο μηδὲ σὺ στρέφειν θέλε.

Ὁμευνέτις Κρεΐλλου
καὶ πῶς ἀνεκτὸν μὴ πεφύρθαι καὶ στένειν;

Χορός
τί δὲ στένουσα τοὺς λογισμοὺς κουφίζεις;
οὐδεὶς θανόντας ἐξεγείρει τοῦ τάφου.

Ὁμευνέτις Κρεΐλλου
παυθεῖσα τί πράξαιμι τῶν στεναγμάτων;

Χορός
μαθεῖν θέλησον τἀπίλοιπα τοῦ μόθου.

Ὁμευνέτις Κρεΐλλου
καὶ τίς κατείπῃ ταῦτα καὶ σαφηνίσει;

Χορός
ὁ τῶν παρόντων ἄγγελος μηνυμάτων.

Ὁμευνέτις Κρεΐλλου
καὶ ποῦ πάρεστιν;

FLEISCHERS FRAU

Die möchte ich umbringen – und dann bald sterben!

CHOR

Auf gar keinen Fall das! Denk ja nicht dran, abzutreten!

FLEISCHERS FRAU

Und wie ist es auszuhalten, ohne den Verstand zu verlieren und ohne zu klagen?

CHOR

Was denn? Kannst du etwa deine Gedanken durch Klagen leichter machen? Keiner erweckt Tote aus dem Grab.

FLEISCHERS FRAU

Und wenn ich aufhörte mit meinen Klagen: Was könnte ich dann machen?

CHOR

Bemüh dich doch einfach mal, den übrigen Verlauf der Schlacht zur Kenntnis zu nehmen.

FLEISCHERS FRAU

Und wer soll das im Detail berichten und erklären?

CHOR

Der Bote unserer aktuellen Informationen.

FLEISCHERS FRAU

Und wo ist der?

Χορός

εἰσορᾶν ἔξεστί σοι.

Ὁμευνέτις Κρεΐλλου

ἐκ τοῦ πάθους ὄλωλα καὶ συνετρίβην,
καὶ τὰς κόρας ἤμβλυνα τὰς τῶν ὀμμάτων.

Χορός

ἅπαν διευκρίνησον, ἀγγεληφόρε,
ὅπως μὲν ἔστι τῆς μάχης ἡ τραχύτης,
καὶ πῶς ὁ παῖς πέπτωκε καὶ παρερρύη.

Ἄγγελος

εἴπω καθεξῆς ἢ τέμω τὰς ἐμφάσεις;

Χορός

ἑξῆς ἅπαν ἔξειπε συμβὰν τῇ μάχῃ,
αὐτῆς ἀπ᾽ ἀρχῆς τὸν λόγον διεννέπων.

Ἄγγελος

εἴπω τὰ πάντα· τοιγαροῦν ἀκουστέον.
ἐπεὶ γὰρ εἰς σύμμιξιν ἦλθον τῆς μάχης,
πρῶτον μὲν ὁ κράτιστος ἐθνοσατράπης,
ὁ Ψιχολείχης, συμβαλὼν τῇ παμφάγῳ
ἥττητο καὶ πέπτωκεν, οἰκτρά τις θέα,
καὶ πᾶσα τούτου στρατιὰ διεφθάρη.
ἔπειτ᾽ ἐπῆλθεν ἄλλος ἀρχισατράπης,
ὃς πᾶσιν ὠνόμαστο Κολλικοκλόπος,
καὶ ταὐτὸν αὐτῷ πτῶμα πέπτωκε ξένον,
οὐδ᾽ ὑπομείνας προσβολὴν βραχυτάτην.
ὡς γοῦν ἑώρα τοὺς κραταιοὺς σατράπας
ἤδη πεσόντας ὁ Ψιχάρπαξ καὶ βόσιν

CHOR

Du kannst ihn sehen!

FLEISCHERS FRAU

Vor lauter Schmerz bin ich ganz am Ende, bin aufgerieben, und mein Augenlicht habe ich mir auch noch ruiniert.

CHOR

Berichte doch alles klar gegliedert, Bote, wie heftig die Schlacht tobt und wie der Junge gefallen und gestorben ist!

BOTE

Rede ich strikt dem Ablauf nach oder schneide ich einzelne Episoden heraus?

CHOR

Dem Ablauf nach leg alles dar, was sich in der Schlacht zugetragen hat, und grad von ihrem Anfang her trag deinen Bericht vor.

BOTE

Also, ich werde über alles reden; so hört mir zu: Als sie nämlich Mann gegen Mann in der Schlacht zusammenstießen, musste zuerst der mächtigste Ethnosatrap, Leckdiekrümel, im Kampf mit der Allesfresserin eine Niederlage hinnehmen und fiel – ein erbärmlicher Anblick, und sein ganzes Heer wurde aufgerieben. Danach griff ein anderer Archisatrap an, von allen Klaudasbrot genannt; er stürzte gleichermaßen unvorhergesehen wie jener, hatte einem Blitzangriff nicht standhalten können. Als nun Raubdiekrümel sah, dass die mächtigsten Satrapen schon gefallen waren

οἰκτρὰν φανέντας σὺν στρατῷ τῇ παμφάγῳ,
ὀργῆς ἐπλήσθη καὶ χόλου βαρυτάτου
(θυμοῦ γὰρ οὐδέν ἐστιν ἄλλο πικρία,
εἰ μὴ ζέσις τις αἵματος πρὸς καρδίαν),
λαβὼν δὲ κοντὸν χερσὶν ἐστομωμένον
ἐπῆλθεν αὐτῇ τοῦ τεθανατωκέναι.
ἣ δ' εἰσιδοῦσα τοῦτον ἡτοιμασμένον
ἐκ τοῦ σύνεγγυς πρὸς σφαγὴν ἑστηκότα
καὶ κοντὸν ἐκτείνοντα καρτερωτάτως,
ὥρμησεν αὐτὸν συλλαβεῖν παραυτίκα,
καὶ δὴ κατέσχε τοῖς ὄνυξιν ἀγρίως,
καὶ σὺν τάχει βέβρωκε τὸν νεανίαν.

Χορός
καὶ ταῦτ' ἐν ὄψει τοῦ φίλου φυτοσπόρου;

Ὁμευνέτις Κρεΐλλου
τὸ μεῖζον αὐτὸ τυγχάνει μοι τοῦ πάθους.

Ἄγγελος
ἐγὼ δ' ἐπεὶ δέδορκα τοῦτο τὸ πράγος,
προσῆλθον ὦ πότνια σοὶ πεφρακέναι.

Χορός
ὡς εἴθε μηδ' ἐπῆλθες, ἀγγεληφόρε.

Ὁμευνέτις Κρεΐλλου
μέγιστον ἦν μοι μηδ' ὅλως προσιέναι·
οὐκ ἂν γὰρ ἀκμὴν τῷ πάθει συνεσχέθην.

Ἄγγελος
ἐγὼ μὲν οὖν ἄπειμι τὴν ὀπισθίαν.

und mit ihrem Heer eine grässliche Mahlzeit für die Allesfresserin abgegeben hatten, wurde er von Zorn erfüllt und schwärzester Galle (nichts anderes ist ja Bitterkeit des Gemüts als eine Art Kochen des Blutes hin zum Herzen), packte mit seinen Händen eine Lanze, die an der Spitze gestählt war, und stürmte auf sie los, um sie zu töten. Die aber, als sie ihn sah, wie er gerüstet war, im Nahkampf zu töten, und kraftstrotzend mit der Lanze ausholte, stürzte direkt auf ihn zu, um ihn sofort zu packen, und schon hielt sie ihn grausam in ihren Krallen und fraß den jungen Mann in Windeseile auf.

CHOR
Und das vor den Augen seines lieben Vaters?

FLEISCHERS FRAU
Genau das berührt mich mehr noch als das Unglück selbst.

BOTE
Ich aber – als ich diesen Vorfall gesehen hatte – bin sofort hierhergeeilt, Herrin, um dir zu berichten.

CHOR
Wenn du doch nicht gekommen wärest, Bote!

FLEISCHERS FRAU
Am wichtigsten war für mich, dass ich überhaupt nicht dabei sein musste. Denn auf keinen Fall hätte ich dieses Übermaß an Leid ausgehalten.

BOTE
Ich gehe jetzt wieder weg – den Weg da nach hinten.

Χορός
ἔλθοις κακῶν ἥκιστα μηνυτὴς πάλιν.

Ὀμευνέτις Κρεΐλλου
κακὸς κακῶς ὄλοιτο νῦν ὁ πυρφόρος.

Χορός
δέδοικεν ἡμᾶς δυσφορούσας τῷ λόγῳ.

Ὀμευνέτις Κρεΐλλο
ὢ ποῖον ἄνθος τῶν μυῶν ἀπεκρύβη.

Χορός
ἐμοὶ δοκεῖ κάλλιστον εἶναι καὶ πρέπον
σύνθρηνον ᾆσαι παιδὶ τῷ πεπτωκότι.

Ὀμευνέτις Κρεΐλλου
καλῶς ἔφησας· τοιγαροῦν θρηνητέον.

Χορός
πρώτιστα σὺ κρότησον ἀρχὴν τοῦ πάθους.

Ὀμευνέτις Κρεΐλλου
ἆ ἆ παπαῖ, παῖ παῖ, παπαῖ παῖ πολλάκις.

Χορός
παῖ παῖ, Κρεΐλλε, παῖ παπαῖ, παῖ δέσποτα.

Ὀμευνέτις Κρεΐλλου
ἆ ἆ πόθι, παῖ, ποῦ ποτ’ ἀπέβης, τέκνον;

CHOR
Hoffentlich kommst du nicht als Unglücksbote wieder!

FLEISCHERS FRAU
Bös möge jetzt der böse Feuerträger enden!

CHOR
Er hatte Angst, wir könnten über seine Rede ungehalten sein.

FLEISCHERS FRAU
O welche Blüte der Mäuse ist dahingeschwunden!

CHOR
Mir scheint es das Schönste zu sein – und es gehört sich schließlich auch –, ein gemeinsames Trauerlied für den gefallenen Jungen zu singen.

FLEISCHERS FRAU
Recht hast du gesprochen; dann wollen wir jetzt trauern!

CHOR
Zuallererst stimm du den Anfang der Klage an!

FLEISCHERS FRAU
Ah, ah, ach und weh, Kind, Kind, ach und weh, Kind, viele Male.

CHOR
Kind, Kind, Fleischer, Kind, ach und weh, Kind, Herr.

FLEISCHERS FRAU
Ah, ah, wohin, Kind, wohin bist du gegangen, mein Sohn?

Χορός
ποῖ ποῖ καλυφθεὶς ἐξαπέπτης τοῦ βίου;

Ὁμευνέτις Κρεΐλλου
ὢ ὢ πόθεν, ποῖ; τῶν πόνων ἰαλέμων.

Χορός
ἰαλέμων, ὢ καὶ πάλιν ἰαλέμων.

Ὁμευνέτις Κρεΐλλου
ἆ ἆ λέλοιπας τὸν λύχνον τῆς ἡμέρας.

Χορός
ἄπανθ' ἅπαντα τοῦ βίου τέφρα κόνις,
ἁπαξάπαντα τοῦ βίου σκιὰ μόνον.

Ὁμευνέτις Κρεΐλλου
οἴ οἴ, παρῆλθες, ὦ Ψιχάρπαξ, ὦ τέκνον.

Χορός
ἀρκεῖ. τὸ λοιπὸν βαῖνε μὴ περαιτέρω·
ἤδη βλέπω γὰρ ἄγγελον ταχυδρόμον.

Ὁμευνέτις Κρεΐλλου
δέδοικα, μὴ πάλιν τι δεινόν μοι φράσῃ.

Χορός
οὔκ, ὦ σεβαστή.

Ὁμευνέτις Κρεΐλλου
πῶς ἄρ' οἶδας, πῶς ἄρα;

CHOR

Wohin, wohin versteckt bist du entflohen aus dem Leben?

FLEISCHERS FRAU

Oh, oh, woher, wohin? Jammervolle Mühen!

CHOR

Jammervolle, oh, und wieder jammervolle!

FLEISCHERS FRAU

Ah, ah, verlassen hast du das Licht des Tages.

CHOR

Alles, alles im Leben ist Asche, Staub, alles zusammen im Leben ist Schatten nur.

FLEISCHERS FRAU

Oioi, du bist dahingegangen, oh Raubdiekrümel, mein Sohn.

CHOR

Es reicht! – Geh doch nicht weiter! Ich sehe nämlich gerade einen Boten mit schnellem Schritt.

FLEISCHERS FRAU

Ich fürchte, dass er mir wieder was Schreckliches sagen wird.

CHOR

Nein, Verehrenswerte.

FLEISCHERS FRAU

Wie kannst denn du das wissen, wie denn?

Χορός
φαιδρῷ προσώπῳ τὸν δρόμον διατρέχει.

Ὁμευνέτις Κρεΐλλου
ὡς εἴθε χρηστὸν ἄγγελον, Ζεῦ, μοι πρόες.

Ἄγγελος
ἡ δεσπότις πέφυκε ποῦ τις εἰπάτω.

Χορός
πάρεστιν ἰδού, καὶ θέλεις εἴπερ βλέπε.

Ἄγγελος
πάγχρυσε, φαιδρὰ μὴ τεθλιμμένη γίνου,
κἀμοὶ βράβευε δῶρα τῶν ἀγγελμάτων.

Ὁμευνέτις Κρεΐλλου
ἔξειπε, μὴ χλεύαζε κομπορρημόνως.

Ἄγγελος
ἢν μοι νέμῃς πρώτιστα δῶρα τοῦ λόγου.

Ὁμευνέτις Κρεΐλλου
εἰπόντι δώσω καὶ παράσχω συντόμως.

Ἄγγελος
τέθνηκεν ἡ τάλαινα κάτα τῷ μόθῳ.

Χορός
ἃ ἃ κροτήσω καὶ χαρήσομαι πλέον·
νικησάτω γὰρ ἡ χαρὰ τὴν ἀνίαν.

CHOR
Mit strahlendem Gesicht durchmisst er seine Strecke.

FLEISCHERS FRAU
Ach wenn du mir doch gute Nachricht schicken würdest, Zeus!

BOTE
Die Herrin. Wo hält sie sich auf? Jemand soll es sagen.

CHOR
Da ist sie, schau! Und wenn du willst, sieh!

BOTE
Allgoldene, Strahlende, quäle dich nicht, und miss mir Geschenke zu für meine Nachrichten.

FLEISCHERS FRAU
Sprich dich aus, mach keine Witze und gib nicht an!

BOTE
Nur wenn du mir zuvor Geschenke für meinen Bericht zuteilst.

FLEISCHERS FRAU
Sobald du gesprochen hast, werde ich sie dir geben; und ich werde sie prompt überreichen.

BOTE
Zu Tode gekommen ist die unselige Katze in der Schlacht.

CHOR
Ah, ah, ich möchte applaudieren und mich noch mehr freuen. Siegen soll ja die Freude über die Qual.

Ὁμευνέτις Κρεΐλλου
ὑφ᾽ ἡδονῆς μέγιστον ὀρχοῦμαι πάνυ.

Χορός
τὰ τοῦ μόθου πρῶτον σε μαθεῖν νῦν δέον,
καὶ πῶς τέθνηκε δυσμενὴς ἡ παμφάγος.

Ὁμευνέτις Κρεΐλλου
ἐξειπάτω δὴ πᾶσαν ἀγγεληφόρος
τὴν συγκρότησιν τῆς μάχης καὶ τὸν μόρον
τῆς ἀγριωποῦ καὶ κακῆς μυοκτόνου.

Χορός
ἡ δεσπότις λέλακε· τὴν γλῶτταν κρότει.

Ἄγγελος
ἰδοὺ τὸν εἱρμὸν εὐτρεπίζω τοῦ λόγου.
ὑμεῖς δ᾽ ἑτοίμως ὠσὶν οὖσιν ὀρθίοις
ἐνωτίσασθε τῶν ἐφηρμηνευμένων.
ὡς γοῦν ὁ δεινὸς σωματοφθόρος μόθος
ἔσχηκεν ἀρχὴν προσβολῆς εὐκοσμίᾳ
καὶ πρῶτα μὲν πέπτωκεν ἐθνοσατράπης
ὁ Ψιχολείχης, εἶθ᾽ ὁ Κολλικοκλόπος,
ἔπειθ᾽ ὁ πάις τοῦ καλοῦ μου δεσπότου,
ἤλγησεν οὗτος τῷ πάθει τὴν καρδίαν,
ἰδὼν τὸν υἱὸν τὸν φίλον τεθνηκότα.
καὶ τὴν ὑπ᾽ αὐτὸν στρατιὰν παροτρύνας
ἐπῆλθεν ἀπτὼς τῇ φθόρῳ καὶ παμφάγῳ,
καὶ πρὸς ἅμιλλαν ἀτρόμως συνεπλάκη.
πλεῖστον δὲ καιρὸν ἀνθυπηγωνισμένων
καὶ μηδενὸς φεύγοντος ἀλλ᾽ ἑστηκότος,
ξύλον κατελθὸν τῆς ὑπερτάτης στέγης

FLEISCHERS FRAU

Vor Begeisterung springe ich ganz wild.

CHOR

Jetzt musst du aber zuerst erfahren, was sich in der Schlacht abgespielt hat und wie die feindliche Allesfresserin zu Tode gekommen ist.

FLEISCHERS FRAU

So soll denn der Bote das ganze Auf und Ab der Schlachtbewegung genau vor uns ausbreiten – und das Schicksal der wildblickenden, bösen Mäusemörderin!

CHOR

Die Herrin hat gesprochen; bewege deine Zunge!

BOTE

Also, ich sorge für Zusammenhang in meinem Bericht. Ihr aber hört mit gespitzten Ohren freundlich auf das, was euch an zusätzlicher Information geboten wird. Nachdem nämlich der schreckliche, leibervernichtende Kampf in schönster Angriffsordnung seinen Anfang genommen hatte und zuerst der Ethnosatrap Leckdiekrümel gefallen war, dann Klaudasbrot, danach der Sohn meines guten Herrn, empfand dieser, seinen lieben Sohn tot vor sich sehend, vor Leid tiefen Schmerz im Herzen. Da trieb er das Heer, das er befehligte, an, attackierte standhaft die Verderberin und Allesfresserin und verwickelte sie, ohne zu zittern, in einen Kampf. Als sie da schon die längste Zeit heftig miteinander gekämpft hatten und keiner an Flucht dachte, jeder standhielt, da fiel ein Balken vom Dachfirst herunter, an Jahren schon alt und

ἔτει παλαιὸν καὶ χρόνῳ τεθραυσμένον
ἔπληξεν αὐτὴν ἐν μέσῳ μεταφρένῳ,
καὶ νεῦρα συντέθλακεν αὐτῆς αὐτίκα·
καὶ πρὸς βάθη πέπτωκεν Ἀιδωνέως.
καὶ τὴν πρὶν ἡμῖν δυσμενῆ κατὰ κράτος
ἄσπονδον ἀμείλικτον ἠγριωμένην
ἔδειξεν ἄπνουν ἐκτάδην ἡπλωμένην.

Χορός
ζῴης ἀλύπως, εὐθαλῶς, εὐκαρδίως
ἐς λυκάβαντας μήποτε πληρουμένους,
ἀνθ' ὧνπερ ἦλθες ἄγγελος ποθουμένων
καὶ τὸν φόνον προὔφηνας ἡμῖν τῆς φθόρου.
ἤδη γὰρ εἶδον πᾶν ποθούμενον τέλος
εἰληφὸς ἄρτι καὶ καλῶς ἠνυσμένον.

durch die Zeit morsch geworden, und traf sie mitten auf den Rücken, zerfetzte ihr augenblicklich die Sehnen: Und sie stürzte in die Tiefen des Hades. Sie, die sich zuvor mit aller Gewalt uns gegenüber feindselig, unversöhnlich, unerbittlich und wild aufgeführt hatte, machte der Balken zu etwas ohne Atem, ausgestreckt dahingebreitet.

CHOR

Mögest du leben, ohne zu leiden, in voller Blüte, voll Mut, niemals endende Jahre lang – dafür, dass du gekommen bist als Bote ersehnter Nachricht und uns den Tod verkündet hast der Verderberin: Ich habe jetzt ein Ende gesehen, das ich mir ganz so gewünscht habe: gerade erst eingetreten und schön ausgegangen.

Übersetzung: Horst Sitta

ZUM GRIECHISCHEN TEXT DIESER AUSGABE

Die Grundlage unserer Ausgabe bilden die im Thesaurus Linguae Graecae verfügbaren Texte: Solmsen ([3]1970) für den *Schild*; Gow (1952) für die *Europa*; Allen (1912) für den *Froschmäusekrieg*; Mair (1928) für die *Eroberung Trojas* und den *Raub der Helena*; Färber (1961) für *Hero und Leander*; Hunger (1968) für den *Katzmäusekrieg*. Selten wurde die Interpunktion oder die Groß- und Kleinschreibung (z. B. Ἔρως/ἔρως im *Hero und Leander*) angepasst. Im Folgenden sind größere Abweichungen zusammengestellt:

[Hesiod], *Schild*

Zur nicht überzeugenden Athetese diverser Verse in der Ausgabe von Solmsen ([3]1970) vgl. die Erläuterungen zu 42–45. In Vers 373 wurde keine *crux desperationis* gesetzt.

Moschos, *Europa*

Vers	Gow (1952)	Tusculum
83	†ὅστις†	ζεύγλη

[Homer], *Froschmäusekrieg*

Einige Verse des *Froschmäusekrieges* entstanden erst in byzantinischer Zeit. Allen (1912) hat diese im kritischen Apparat aufgeführt. Hier werden die beiden längeren Passagen (42–52 und 210–222) im Text abgedruckt, aber zwischen eckige Klammern gesetzt; die interpolierten Einzelverse (100a, 227, 251, 259, 261a–b und 262a) werden hingegen nur in den Erläuterungen erwähnt. Zudem wird in Vers 222 eine *crux desperationis* gesetzt, und vor Vers 223 wird eine Lücke angenommen.

Vers	Allen (1912)	Tusculum
8	ὡς	ὧς
46	πόνος	ὕπνος

47	ὕπνος	πόνος
230	Λειχοπίναξ	Λειχοπίνακα
	ἀμύμονα	ἀμύμων
	Βορβοροκοίτην	Βορβοροκοίτης
273	μικρόν με	μικρὸν
285	βαλὼν	λαβὼν

Triphiodor, *Eroberung Trojas*

Es wurden keine größeren Änderungen gegenüber dem Text von Mair (1928) vorgenommen.

Kolluthos, *Raub der Helena*

Es wurden keine größeren Änderungen gegenüber dem Text von Mair (1928) vorgenommen.

Musaios, *Hero und Leander*

Drei Druckfehler in Färber (1961) mussten korrigiert werden: Ἀβύδου statt ἀβύδου (21); ὀάρων statt ὀράων (230); καρτερόθυμε statt κατερόθυμε (301).

Theodoros Prodromos, *Katzmäusekrieg*

Vers	Hunger (1968)	Tusculum
184	πορευτέον	πειρατέον

ERLÄUTERUNGEN

Die folgenden Erläuterungen verdanken viel den in den Literaturhinweisen unter den jeweiligen Epyllien genannten Kommentaren.

[Hesiod], *Schild*

1–56 Die ersten 56 Verse des Gedichts sind auch Teil des Hesiod zugeschriebenen, heute nur noch in Fragmenten erhaltenen *Frauenkatalogs* (vgl. dazu Martin 2005 und Ormand 2014, 152–180), wie Papyrusfunde bestätigt haben (fr. 195 Merkelbach/West = fr. 91 Hirschberger): Der Aufbau des *Frauenkatalogs* ist von menschlichen Müttern dominiert, die – wie Alkmene – ein Kind von einem Gott empfangen haben. Oft beginnt ein neuer Abschnitt mit der auch hier am Anfang stehenden Formel ἢ οἵη »oder wie sie, die«. Einige Herausgeber setzen daher drei Punkte an den Anfang des *Schildes*; hier wird jedoch keine Unvollständigkeit des Epyllions angenommen.

8 Sowohl guter Duft als auch Goldschmuck waren beliebte Attribute griechischer Gottheiten.

13 Amphitryon flüchtete wegen eines Vergehens und gelangte als »Bittflehender« (ἱκέτης) nach Theben zu Kreon und Henioche, wo ihm gemäß antikem Brauch Asyl gewährt wurde. Vgl. dazu die Verse 78–94. Die Thebaner hießen auch Kadmäer – nach dem Gründer und ersten König Thebens, Kadmos.

19 Taphier und Teleboer: als Piraten bekannte Völker im Westen Akarnaniens bei der heutigen Insel Lefkada. Im Epos konnten auch solche Männer als »Helden« bezeichnet werden, zumal Piraten in der Antike grundsätzlich einen besseren Ruf hatten als heute (vgl. mit Paley ^{2}1883 ad loc. z. B. Thukydides 1,5).

22 Als nunmehr nächster Verwandter musste Amphitryon die Ermordung seiner Schwäger rächen.

24f. Boioter, Lokrer, Phoker: Theben war der Hauptort Boiotiens; die Lokrer und Phoker lebten im Nordwesten davon. Besonders tapfere Krieger versteckten sich nicht hinter ihren Schilden, keuchten vielmehr über ihnen.

30 Olymp: höchster Berg Griechenlands, im Nordosten gelegen und in der antiken Mythologie Sitz der Götter.

32f. Typhaonion, Phikion: Berge in Boiotien; vom Olymp aus gesehen, woher Zeus kommt, liegt der Phikion näher an Theben.

42–45 Solmsen athetiert wiederholt Verse, die ihm nicht in den Kontext zu passen scheinen und/oder an anderen Stellen (z. B. bei Hesiod oder Homer) belegt sind. Hier werden die meisten Verse im Text belassen (Ausnahmen: 283 und 298) und mitübersetzt. Ähnlich hatten sich bereits z. B. Schmidt (^{2}1965) und Most (2007) entschieden.

47 Die Formulierung »Geschenke der Aphrodite« ist ein Euphemismus für Geschlechtsverkehr.

63 Hier ist von »geflochtenen«, in den Versen 306 und 370 von »wohlgeflochtenen« Wagen die Rede. Laut LfgrE s. v. δίφρος ist dies wohl auf den aus Riemen geflochtenen Boden oder auf die Brüstung des Wagens aus Weidengeflecht zu beziehen.

70 Apollon wird hier nach der thessalischen Stadt Pagasai benannt, in der sein Hain lag, der zum Ort des Kampfes zwischen Herakles/Iolaos und Kyknos/Ares wurde.

75f. Anders als bei Solmsen wurden diese Verse im Text belassen (vgl. zu V. 42–45).

89 Dein Vater: Gemeint ist Iphikles, der Bruder des Herakles und Vater des Iolaos.

109 Als Gegner wird manchmal Kyknos, manchmal sein Vater Ares, manchmal werden beide genannt.

132 Gemeint sind vergiftete Pfeilspitzen; wie sie stumm machen, d. h. den Tod bringen können (V. 131), vermögen sie auch Tränen zu verursachen, von denen die Pfeilspitzen hier in einem poetischen Bild tropfen.

139–320 Der Hauptteil des Gedichts besteht aus der Beschreibung von Herakles' Schild, die dem Kleinepos auch den Namen gab. Man hat sich seinen Schild hauptsächlich aus Bronze zu denken; die anderen Materialien dienten bloß der Dekoration. Die Beschreibung beginnt in der Mitte; die Monster darauf sollten die Gegner abschrecken. Zu vergleichen ist vor allem die Beschreibung von Achilleus' Schild im 18. Buch der *Ilias* (V. 468–617).

141 Welches weiße Material mit τίτανος gemeint sein könnte, ist unklar. Später kann es »Gips« bezeichnen, und so wird auch hier gern übersetzt; freilich eignet sich Gips nicht für einen Schild (vgl. LfgrE s. v.).

143 Anders als bei Solmsen wurde dieser Vers im Text belassen (vgl. zu V. 42–45).

150 Zeus' Sohn: Herakles.

151–153 Anders als bei Solmsen wurden diese Verse im Text belassen (vgl. zu V. 42–45).

153 Der Hundsstern (Sirius) galt als Zeichen für die heißeste Jahreszeit.

156–160 Anders als bei Solmsen wurden diese Verse im Text belassen (vgl. zu V. 42–45).

163 Anders als bei Solmsen wurde dieser Vers im Text belassen, obwohl er mit Vers 150 identisch ist (vgl. zu V. 42–45).

181 Titaros: eine Bergkette zwischen Makedonien und Thessalien.

199 Der überlieferte Wortlaut ergibt keinen korrekten Hexameter, und es ist unklar, was ursprünglich im Text stand.

202 Der Sohn des Zeus und der Leto: Apollon.

203b–205a Anders als bei Solmsen wurden diese Verse (θεῶν bis ἀγῶνι) im Text belassen (vgl. zu V. 42–45).

209b–211a Anders als bei Solmsen wurden diese Verse (πολλοί bis ἴκελοι) im Text belassen (vgl. zu V. 42–45).

219 Der Krummbeinige: Hephaistos.

227 In *Ilias* 5,845 setzt Athene einen »Helm des Hades« (auch Ἄιδος κυνέη) ein, um Diomedes im Kampf mit Ares unsichtbar zu machen. Daher ist hier vermutlich mit der zweiten Vershälfte gemeint, dass der Helm Finsternis für die Gegner des Perseus erzeugen, ihn also unsichtbar machen kann.

237 Laut Russo (^{2}1965) 28 und ad loc. deutet der Schrecken (φόβος) über den Köpfen auf die Schlangenhaare der Gorgonen hin. Eine andere, hier bevorzugte Möglichkeit ist, Φόβος zu schreiben und wie in den Versen 144 und 195 an eine Personifikation zu denken (vgl. Paley ^{2}1883 ad loc.). Der Gott des Schreckens dürfte auf dem Schild so prominent vertreten sein, da er auch im geschilderten Kampf auftritt – als Lenker von Ares' Wagen (V. 463).

258–263 Anders als bei Solmsen wurden diese Verse im Text belassen (vgl. zu V. 42–45).

258 Das nur hier belegte ὑφήσσων bezieht sich wohl weder auf den Rang der Atropos (LfgrE: »etwas geringer im Rang«) noch auf ihre Größe (LSJ: »of lesser stature«), sondern auf ihre Stellung auf dem Kunstwerk: Klotho und Lachesis standen über den Todesgöttinnen, Atropos darunter.

273f. Im antiken Hochzeitsritual wurde die Frau auf einem Wagen und unter Gesängen ins Haus des Mannes gebracht.

281; 283 Anders als bei Solmsen wurde Vers 281 im Text belassen (vgl. zu V. 42–45). Vers 283 hingegen scheint tatsächlich interpoliert zu sein (vgl. Russo ^{2}1965 ad loc. und zu Vers 298f.) und blieb in der Übersetzung daher unberücksichtigt (»die einen zwar lachend, ein jeder zur Musik des Flötenspielers«).

287 Der Pflüger hat seinen Chiton (das direkt auf dem Körper getragene lange Hemd, vergleichbar mit der Tunika der Römer) durch einen Gurt hochgebunden, damit seine Beine frei sind und er besser arbeiten kann.

293–295 Anders als bei Solmsen wurden diese Verse im Text belassen (vgl. zu V. 42–45). Das zweimalige οἳ δ' αὖτ' ἐς ταλάρους ἐφόρευν in 293 und 296 ist allerdings auffällig; vielleicht waren auf dem Schild aber zwei Gruppen von Traubenträgern dargestellt.

298f. Anders als bei Solmsen wurde Vers 299 im Text belassen (vgl. zu V. 42–45). Vers 298 hingegen (»die einen zwar scherzend, ein jeder zur Musik des Flötenspielers«) hat Solmsen wohl zu Recht als unpassende Verdoppelung von 282f. aus dem Text entfernt.

301 Eine Gruppe stand im Kelter (ληνός) und trat die Trauben mit den Füßen; daraus lief der Saft in ein Gefäß (ὑπολήνιον), aus dem ihn die andere Gruppe abschöpfte. Vgl. Abb. 8 in Bär/Baumbach/Dümmler/Sitta/Zogg (2014).

324 Auch in *Ilias* 5,231 wird der Wagen als »gekrümmt« bezeichnet. Vermutlich wird damit auf die Form seiner Brüstung angespielt (LfgrE s. v. καμπύλος).

353 Text und Übersetzung sind unsicher. Die hier gewählte Erklärung lehnt sich an die Kommentare von Paley (^{2}1883) und Russo (^{2}1965) an. Trachis ist eine Stadt in Thessalien im Tal des Spercheios (vgl. auch zu V. 70 für die Lokalisierung des Kampfes).

359–367 Auch in den homerischen Epen schüchtern Krieger ihre Gegner gern ein, indem sie an frühere Erfolge erinnern. Herakles behauptet hier, er habe den mit Kyknos kämpfenden Ares schon einmal verwundet, als dieser – im Einsatz für die Stadt Pylos – ihm entgegentrat (vgl. dazu bspw. *Ilias* 11,690–693; zu Pylos vgl. auch zu *Raub der Helena* 272).

367 Da die Angabe fehlt, warum Herakles Ares' Rüstung nicht raubt, glauben einige Herausgeber, nach diesem Vers müsse etwas ausgefallen sein. Doch vielleicht lässt sich aus Athenes Rede in Vers 337 generell ableiten, dass es für Sterbliche unangebracht wäre, die Rüstung eines Gottes zu rauben.

372 Die Wagenlenker von Herakles und Kyknos sind Iolaos und Ares.

373 Das Ende hat metrische Unregelmäßigkeiten – die Elision bei πόσ'(ι) und einen Verstoß gegen die Hermann'sche Brücke – und könnte daher fehlerhaft überliefert sein. Da sich diese Unregelmäßigkeiten aber auch sonst finden lassen (s. Russo ^{2}1965 ad loc.), werden hier im Unterschied zu Solmsen keine *cruces desperationis* gesetzt. Zudem beschreibt der Vers ver-

mutlich die Pferde von 372 und nicht die beiden Kämpfer des folgenden Gleichnisses. Daher wurde die Interpunktion angepasst.

380f. Stadt der Myrmidonen: vermutlich Phthia, im Tal des Spercheios in Südthessalien gelegen, die Heimat von Peleus und Achilleus. Iolkos: thessalische Stadt im Norden des Golfs von Pagasai (s. auch zu V. 70). Arne: weiter entfernte, nicht genau lokalisierbare Stadt in Boiotien. Helike: nicht genau lokalisierbare Stadt an der Nordküste der Peloponnes. Antheia: Stadt in Messenien, die heute mit Thuria identifiziert wird. Man hörte die beiden Kämpfenden demnach in ganz Griechenland. (Andere Interpreten denken, mit Arne, Helike und Antheia seien heute nicht mehr bekannte Städte in Thessalien gemeint; vgl. auch zu V. 474f.)

384 Anders als bei Solmsen wurde dieser Vers im Text belassen (vgl. zu V. 42–45). Auch in *Ilias* 16,459 lässt Zeus vor einem Kampf (zwischen seinem Sohn Sarpedon und Patroklos) Blut vom Himmel regnen, was (wie hier) seine Trauer über den bevorstehenden Tod eines ihm lieben Kriegers symbolisieren dürfte.

397 Zum Hundsstern vgl. zu V. 153.

398b–401a Anders als bei Solmsen wurden diese Verse (κέγχροισι bis ὥρην) im Text belassen (vgl. zu V. 42–45), da die syntaktischen und inhaltlichen Auffälligkeiten – τῆμος δὴ ... ὅτ' in 398f. und die im θέρος gesäte und geerntete Hirse – auf den Autor selbst zurückgehen könnten und sich vielleicht folgendermaßen erklären lassen: In 399 ist θέρος (im Unterschied zu 394) der (Früh-)Sommer, wenn die Hirse gesät wird; ὅτ' ὄμφακες αἰόλλονται in 399 beschreibt dann diese Jahreszeit genauer, wobei das Verb nicht das (spätsommerlich/herbstliche) Verfärben der Trauben (so LSJ s. v.), sondern ihr (frühsommerliches) Schimmern (vgl. LfgrE s. v.: »lebendigschimmernde Farben zeigen«) bezeichnet.

405–412 Anders als bei Solmsen wurden diese Verse im Text belassen (vgl. zu V. 42–45). Nach dem ersten Vergleich in 402–404 folgt kein Hauptsatz mit »so ...«, sondern ein zweiter Vergleich. Daher hat Solmsen nach 404 auch noch eine Lücke vermutet. Wahrscheinlicher ist jedoch, dass der Dichter vor den eigentlichen Kampfbeginn ein Doppelgleichnis gestellt hat und die Überlieferung somit vollständig und korrekt ist.

435 Ares war wegen des Todes seines Sohnes betrübt.

436 Anders als bei Solmsen wurde dieser Vers im Text belassen (vgl. zu V. 42–45).

474f. Anders als bei Solmsen wurden diese Verse im Text belassen (vgl. zu V. 42–45). Zu den Städten vgl. zu V. 380f., wobei Ἄνθη eine metrische Variante für Antheia ist: Offenbar strömen alle, die den Lärm des Kampfes gehört hatten, zur Bestattung.

480 Pytho: der alte Name von Delphi, ein Ort der Apollon-Verehrung: Der Gott erlegte dort den Drachen Pytho, was zu πύθομαι »verfaulen« gestellt und auf den Drachenkadaver bezogen wurde.

Moschos, *Europa*

2 Der dritte Abschnitt der Nacht: Das letzte Drittel der Nacht – nach einer Dreiteilung der Nacht, die sich bereits bei Homer (z. B. *Ilias* 10,251–253) findet.

5 Hintergrund: Die Vorstellung, dass sich Träume kurz vor Tagesanbruch besonders oft als wahr erweisen.

9 Asien: Westteil des Gebiets, das wir heute als »Kleinasien« bezeichnen. Mit der gegenüberliegenden Küste ist der später nach ihr benannte Kontinent Europa gemeint.

83 Das am Anfang des Verses überlieferte Relativpronomen ὅστις ist nach οἷος sprachlich auffällig; zudem zeigt die parallele Konstruktion zwei Zeilen vorher (s. οὐδὲ μὲν οἷος am Ende von 80 und 82), dass anschließend (d. h. in 83 wie auch in 81) bloß eine Beschreibung zu erwarten ist; der überlieferte Relativsatz dürfte daher fehlerhaft sein. Statt wie Gow (1952) †ὅστις† zu drucken, wurde hier die Konjektur ζεύγλῃ von Bühler (1960) übernommen (ζεύγλῃ ὑποδμηθεὶς: »vom Joch bezwungen«), die auch Campbell (1991) positiv beurteilt und in den Text gesetzt hat.

85 Stirnmale von Stieren werden in der antiken Literatur wiederholt erwähnt. Zu den verschiedenen literarischen Vorbildern dieser Stelle vgl. Bühler (1960) und Campbell (1991) ad loc.

98 Das Adjektiv »mygdonisch« (zu Mygdonia, einer Landschaft im Nordwesten Kleinasiens) steht hier für »phrygisch« (s. auch zu *Hero und Leander* 50). Phrygische Doppelflöten klangen tief, wodurch ein Vergleich mit Zeus' Muhen möglich wird. Womöglich wurde dieser noch dadurch plausibler, dass Μυγδονίου »mygdonisch« ähnlich anlautet wie μυκήσατο »begann zu muhen«.

158f. Kreta: die Insel, auf der Zeus – der Mythologie nach – seine Kindheit verbracht hat.

[Homer], *Froschmäusekrieg*

1 Gemeint ist der Chor der Musen, die auf dem Berg Helikon in Boiotien gewohnt haben sollen.

9 In der Antike galten nicht Katzen, sondern Wiesel als sprichwörtliche Feinde der Mäuse (vgl. Fusillo 1988, 90). Zu einem fragmentarisch erhaltenen *Wieselmäusekrieg* (γαλεομυομαχία) vgl. zu *Katzmäusekrieg* 73.

19 Der Vater des Frosches heißt wie der Vater von Achilleus: Peleus. Bei Fröschen erinnert der Name an das griechische Wort für »Schlamm« (πηλός). Vgl. auch den Namen Πηλείων, »Schlämmlerson«, in V. 206.

20 Im Mythos ist der Eridanos ein Fluss im äußersten Westen der Welt; so hieß aber auch ein Bach in Athen, in dem viele Frösche lebten (vgl. Hosty 2013, 169f.).

36f. Kuchen und Leber werden hier durch poetische Epitheta beschrieben: Statt vornehmer Frauen oder Göttinnen (wie z. B. in *Schild* 83) ist hier der Kuchen »langgekleidet«, womit »offenbar ein reichlicher, daher auf der Unterlage gleichsam nachschleppender Honigguss« gemeint ist (Wölke 1978, 228); mit ἥπατα λευκοχίτωνα (»weißgewandete Leber«, eig. Plural) ist »in fettem Darmnetz eingewickelte Leber« gemeint (Wölke 1978, 229).

42–52 Diese Verse sind nicht in allen Handschriften überliefert, durchbrechen die Rede über die Nahrung der Mäuse und gelten u. a. aus metrischen Gründen als byzantinische Interpolation. Man vergleiche bspw. die Prosodie von V. 44, in dem das Omega in ἄνθρωπον kurz und das (von Natur aus kurze) Alpha in δέδια lang zu messen wäre.

46f. Mit Ludwich (1896) und Glei (1984) wurden hier die Wörter πόνος (überliefert in V. 46) und ὕπνος (überliefert in V. 47) umgestellt, da der Text sonst keinen Sinn ergibt. Der Fehler könnte dadurch entstanden sein, dass νήδυμος bei Homer immer ὕπνος beschreibt, hier aber offenbar humorvoll auf den (für die Maus) »süßen« Schmerz (πόνος) des Menschen übertragen wird.

48 Die Zahl Zwei in diesem interpolierten Vers (s. zu V. 42–52) bezieht sich offenbar nur auf die Tiere, nicht aber auf die Mausefalle. Dennoch wird für die zwei Dinge später »alle« gesagt.

70 Sinneswandel: In V. 32 hat Raubdiekrümel noch gefragt, warum Blasdiebacke auf die Idee komme, dass sie Freunde seien. Dessen Rede in 57–64 hat ihn aber so neugierig gemacht, dass er auf den Rücken des Frosches aufgestiegen ist.

78–81 Wen diese Verse aus dem Mund der Maus überraschen, der mag bedenken, dass der *Froschmäusekrieg* viele parodistische Züge hat. Eine Änderung des

Sprechers durch einen Eingriff in den Text ist vorgeschlagen worden, aber nicht nötig. Eine Anspielung auf die *Europa* des Moschos ist durchaus denkbar (vgl. dazu Wölke 1978, 58f.; 114–119).

98 Allen hält Vers 98 und den hier nicht abgedruckten Vers 97a (ποινὴν ἀντέκτισίν τ' ὀρθὴν ὅς κ' ἀποδώσει – »[Gott,] der Strafe und gerechte Vergeltung auferlegen wird«) für interpoliert; Glei (1984) 144f. argumentiert jedoch überzeugend dafür, dass Vers 97a aus Glossen zu Vers 98 entstanden und Vers 98 somit echt ist.

100f. Nach Vers 100 ist in einigen Handschriften ein weiterer Vers überliefert (100a: καί ῥα κραιπνότατος μοίρας μυσὶν ἄγγελος ἦλθεν – »und blitzschnell kam er als Bote des Todesschicksals zu den Mäusen«), den allerdings die meisten Editoren für eine Dublette von Vers 101 halten.

117 Allen athetiert diesen Vers aus metrischen Gründen; für die Längung der letzten Silbe von παγίδα gibt es jedoch homerische Parallelen (vgl. Glei 1984, 151 und Hosty 2013, 230).

119 Die hier genannte Todesursache stimmt nicht mit der Schilderung in den Versen 87–91 überein. Vielleicht stellt der Bote oder der Vater die Geschehnisse etwas anders dar, um die Schuld des Frosches zu verstärken. Glei (1984) 151 vermutet eine Reminiszenz an die Äsop-Fabel, in der die Maus in die Tiefe gezogen wird (vgl. dazu in der Einführung den Abschnitt zum Inhalt des *Froschmäusekrieges*).

122–131 Die Rüstungsszene der Mäuse und die anschließende der Frösche (160–167) parodiert vergleichbare Szenen bei Homer (vgl. dazu Kelly 2014 und Sticker 2017).

128 Häutung eines Wiesels: s. zu V. 9.

129 Zur Vorliebe der Mäuse für Lampen(öl) vgl. auch zu V. 180.

171 In einigen Handschriften folgen hier zwei Verse, die vermutlich zur Verdeutlichung des Vergleichs in Vers 171 hinzugefügt und von Glei (1984) 89 folgendermaßen ediert worden sind: 170a ὣς βατράχων στρατὸς ἔβρεμεν εὖτε Γιγάντων, / 170b καὶ μύες Κενταύρων μεγαλαύχων ἦσαν ὁμοῖοι – »So dröhnte das Heer der Frösche wie das der Giganten, / und die Mäuse waren den prahlenden Kentauren ähnlich.«

180 Kränze waren im griechischen Kultbereich verbreitet und wurden bspw. um Priesterstäbe gewunden (*Ilias* 1,14). »Die Vorliebe der Mäuse für Lampenöl wird in der volkstümlichen Literatur zum Topos« (Glei 1984, 167). Vgl. auch V. 129, wo die Mäuse Schilde aus Lampen herstellen.

184 Man würde erwarten, dass Athene sagt, das Flicken des angenagten Kleides sei teuer. Doch sie hat schon das Material dafür nur mit geliehenem Geld erworben (V. 186), muss deshalb Zinsen bezahlen (V. 185) und kann sich

das Flicken erst recht nicht leisten. Diese Überzeichnung der verarmten Athene ist natürlich Teil der Parodie (vgl. dazu Milanezi 2001, 321–329).

210–222 An dieser Stelle ist die Textherstellung sehr unsicher und umstritten (vgl. auch zu V. 223). Zudem ist nicht immer leicht nachvollziehbar, wer mit wem kämpft. Vers 210 ist sicher eine byzantinische Ergänzung: Das Ypsilon in Πολύφωνον ist von Natur aus kurz und kann nur nach byzantinischer Prosodie (wegen des Akzents) an einer betonten Stelle im Vers stehen. Mit Allen wird hier die ganze Passage athetiert; einzelne Verse könnten jedoch echt sein (vgl. bspw. Fusillo 1988, 122).

222 Die Bedeutung dieses Verses ist nicht klar. Das Verb ἐπόρνυμαι mit Dativ bedeutet gewöhnlich »sich gegen jemanden erheben«. Die Übersetzung von Ahlborn (»seine schimmernden Eingeweide drangen aus seinen Flanken hervor«) macht zwar Sinn, entfernt sich aber deutlich von der griechischen Konstruktion. Glei (1984) und West (2003) setzen den Vers daher zu Recht zwischen *cruces desperationis*.

223 Wenn man sich die byzantinische Ergänzung wegdenkt (vgl. zu V. 210–222), muss vor Vers 223 der Tod eines Frosches ausgefallen sein, da in Vers 209 eine Maus Subjekt ist und nicht in Vers 223 eine andere Maus töten kann: Diese Lücke könnte zur Weiterdichtung in den Versen 210–222 angeregt haben. Eine andere, hier nicht bevorzugte Möglichkeit wäre, in Vers 209 mit zwei kleinen Eingriffen in den Text Subjekt und Objekt zu vertauschen, damit in Vers 223 ein Frosch eine Maus tötet (so bspw. Ahlborn: Σευτλαῖος δ' ἄρ ἔπεφνε βαλὼν κέαρ Ἐμβασίχυτρον – »[Der Frosch] Mangolder aber traf hierauf ins Herz und tötete Steigindentopf«).

227 Dieser Vers (Ὑδρόχαρις δ' ἔπεφνεν Πτερνοφάγον βασιλῆα – »und Wasserschmücker tötete Schinkenfresser, den König«) ist erneut nach byzantinischer Prosodie gebildet (die erste Silbe von ἔπεφνεν ist wegen des Akzents lang zu messen) und somit eine spätere Interpolation.

230 Die Verse 232f. machen nur Sinn, wenn in Vers 230 eine Maus (Leckdenteller) stirbt, die dann von einem Frosch (232: Lauchling) versenkt und deren Leiche somit geschändet wird (vgl. zu V. 233). Daher wird hier im Unterschied zu Allen Λειχοπίνακα … ἀμύμων Βορβοροκοίτης (statt Λειχοπίναξ … ἀμύμονα Βορβοροκοίτην) gedruckt (vgl. auch Glei 1984, 190 und den Text von West 2003).

233 Da es in diesem Vers wörtlich heißt, der Frosch habe die bereits tote Maus (s. V. 232) »ertränkt« (ἀπέπνιξε), halten ihn einige Herausgeber für interpoliert (vgl. z. B. Glei 1984, 190). Möglicherweise heißt das Verb aber hier so etwas wie »(im Wasser) versenken« und weist auf Leichenschändung hin (vgl. dazu bspw. Achilleus' Schleifung von Hektors Leiche in *Ilias* 24,1–21).

234 Eine Maus namens Raubdiekrümel ist der Anlass des Krieges gewesen und in Vers 99 gestorben. Daher haben viele Herausgeber Vers 234 tilgen oder verbessern wollen. Andere haben den Dichter schlicht für so unachtsam gehalten, dass ihm ein Fehler unterlaufen sei. Möglicherweise handelt es sich hier aber auch um subtile Homer-Parodie, wobei eine alexandrinische Homer-Auslegung rezipiert würde (vgl. dazu Most 1993, 37f. und Kelly 2009): Auch in der *Ilias* stirbt bspw. der Trojaner Pylaimenes (5,576–9) und trauert später um seinen Sohn (13,658). Spätestens zur Zeit von Horaz scheint es sprichwörtlich gewesen zu sein, dass auch Homer ab und zu schlafe (*Ars Poetica* 359: *quandoque bonus dormitat Homerus*). Es gibt übrigens auch Frösche, die unerwarteterweise wieder auftreten (vgl. bspw. Lauchling in V. 235f. und 252).

250 Nagdasbrot ist der Vater von Raubdiekrümel (s. V. 28 und seine Rede ab 110). Blasdiebacke ist der Frosch, mit dem alles angefangen hat (s. V. 17).

251 Dieser Vers (ἔσχατος δ᾿ ἐκ λίμνης ἀνεδύσετο, τείρετο δ᾿ αἰνῶς – »und als Letzter war er aus dem Teich aufgetaucht, und er war sehr geschwächt«) muss aus metrischen und inhaltlichen Gründen interpoliert sein (vgl. Glei 1984, 195).

259 Die byzantinische Herkunft dieses Verses (ἥρωας κρατερούς, ἀλλ᾿ ἔδυνε βένθεσι λίμνης – »[blieb er nicht stehen] vor den starken Helden, sondern tauchte in die Tiefen des Teichs«) zeigt sich erneut bei der Prosodie: Die erste, eigentlich kurze Silbe von ἔδυνε kann aufgrund ihres Akzents an einer betonten Stelle stehen. Außerdem wird fälschlicherweise angenommen, in V. 258 fliehe ein Frosch (der nun in V. 259 ins Wasser taucht), obwohl es die Maus Nagdasbrot ist.

261f. In einigen Handschriften stehen nach Vers 261 zwei weitere Verse (261a–b: Μεριδάρπαξ ὄρχαμος, μιμούμενος αὐτὸν Ἄρηα, / ὃς μόνος ἐν μύεσσιν ἀρίστευεν καθ᾿ ὅμιλον – »der Anführer Raubdasstückchen, der Ares selbst nacheifert; als Einziger unter den Mäusen war dieser sehr tapfer in der Menge«) und nach Vers 262 ein weiterer Vers (262a: αὐτὸς δ᾿ ἑστήκει γαυρούμενος κατὰ λίμνην – »selbst stand er jubelnd im Teich«). Die Verse 261a–b sind jedoch eine Wiederholung von 256f. und werden daher hier mit Allen athetiert; zudem ist Vers 262a metrisch fehlerhaft (bei γαυρούμενος fehlt eine Silbe) und gilt daher ebenfalls als interpoliert.

273 Anstatt aufgrund der fehlerhaften Metrik im überlieferten Wortlaut den ganzen Vers zu tilgen (so bspw. Allen), kann auch bloß das με nach μικρόν entfernt werden (so Ludwich und Ahlborn). ἅρπαξ in 274 ist dann kein Name mehr, sondern ein zu Μεριδάρπαξ (»Raubdasstückchen«) passendes Adjektiv (»räuberisch/wie ein Räuber«).

281–284 Vers 284 steht in einigen Handschriften vor 282 und wird von den meisten Herausgebern auch dort abgedruckt. Vers 281 ist bloß eine metrisch fehlerhafte Variante zu Vers 284 und wird hier wie bei Allen aus dem Text entfernt (κινείσθω· τιτανοκτόνον ὀβριμοεργόν – »soll bewegt werden, die titanentötende, gewalttätige [Waffe]«). In einigen Handschriften folgt darauf noch ein weiterer, ebenfalls nicht ursprünglicher Vers (281a: ᾧ Τιτᾶνας πέφνες ἀρίστους ἔξοχα πάντων – »[Waffe,] mit der du die besten Titanen getötet hast, herausragend über alle«).

285–288 Allen athetiert die Verse 287f. Andere Herausgeber wie Ahlborn und West behalten Vers 288 zu Recht im Text, ändern aber βαλών in 285 aus inhaltlichen Gründen zu λαβών, da Zeus den Blitz erst in 288 abschleudert (die Form könnte in Vers 285 aus 289 eingedrungen sein). Vers 287 findet sich nur in jüngeren Handschriften (αὐτὰρ ἔπειτα κεραυνόν, δειμαλέον Διὸς ὅπλον – »aber dann den Blitz, die gefürchtete Waffe des Zeus«). Der Verfasser dieser Zeile hatte offenbar nicht verstanden, dass Vers 286 als Nachtrag in Form einer Parenthese zu verstehen ist.

286 Olymp: s. zu *Schild* 30.

292 Vor diesem Vers muss man sich dazudenken: »und dies wäre ihm auch gelungen«.

294–298 Von den folgenden Adjektiven werden viele nur hier für Krebse verwendet, einige sind sogar Neologismen. Dies ist im Deutschen nachgebildet worden, um die Parodie homerischer Epitheta zu bewahren.

303 Der Krieg wird hier parodistisch als τελετή (»Fest«) bezeichnet. Während sich die Handlung des Epyllions über zwei Tage erstreckt (s. V. 108), dauert die eigentliche Schlacht der Frösche und Mäuse nur einen Tag. Demgegenüber ist Troja zehn Jahre lang belagert worden.

Triphiodor, *Eroberung Trojas*

2 Argivisch: griechisch (s. auch zu *Raub der Helena* 12f.).

3 Die Wendung πολὺν διὰ μῦθον ἀνεῖσα kann entweder mit Tmesis (διανεῖσα) im Sinne von »verzichte auf eine lange Rede« verstanden werden oder als präpositionale Wendung in adverbieller Ergänzung zu ἀνεῖσα in der Bedeutung »lass eine lange Rede los« = »erzähle ausführlich«. Letzteres erscheint wegen des Hinweises auf den folgenden »raschen Gesang« (V. 5) des Epyllions jedoch weniger wahrscheinlich.

8 Danaer: spezielle Bezeichnung für die Nachkommen und das Volk des Gründers von Argos, Danaos, und allgemein (wie hier) für die Griechen.

17 Gemeint sind der Peleus-Sohn Achilleus, der von einem Pfeil des Paris getötet wurde, und sein Gefährte Patroklos, den Hektor erschlagen hat.

20 Das Schwert des Feindes ist die Waffe des Trojaners Hektor, die er dem Aias nach einem unentschiedenen Zweikampf im Austausch für dessen Wehrgehenk gegeben hatte (vgl. *Ilias* 7,303–305).

33 Die Frauen vom Thermodon sind die Amazonen, die aus der Gegend von Pontos am Schwarzen Meer stammen sollen, in das der Fluss Thermodon mündet. Zur besseren Handhabung von Speer und Bogen hatten sie eine Brust amputiert, woher ihr Name abgeleitet wurde: ἀ-μαζός = »ohne Brust«. Ihre Anführerin war Penthesileia.

42 Achaier: Bezeichnung für die vor Troja kämpfenden Griechen (vgl. auch zu *Raub der Helena* 220).

46 Der Seher ist Helenos, ein Sohn des Priamos und der Hekabe, der nach Paris' Tod das Werben um Helena gegen seinen Bruder Deiphobos verlor und Troja verließ. Bei Triphiodor gibt Helenos den Griechen den Rat zum Bau des hölzernen Pferdes freiwillig; in anderen Versionen des Mythos wird er gefangen genommen und dazu gezwungen.

51 Skyros: Insel in der Ägäis, deren König Lykomedes den Achilleus auf Bitten der Thetis als Mädchen verkleidet unter seinen Töchtern aufzog, damit dieser nicht in den Krieg gegen Troja ziehen musste.

55 Das heilige Götterbild Athenes ist das Palladion, das Zeus dem Dardanos anvertraut hatte mit dem Hinweis, dass Troja so lange nicht erobert werden könne, wie es in dessen Besitz sei. Das Palladion wurde von Odysseus und Diomedes gestohlen.

108 Mykene: Hauptstadt der Argolis auf der Peloponnes und Herrschersitz des Agamemnon.

117–119 Eine Häufung von homerischen Metaphern für die Produktion und Rezeption von Reden, mit der die Bedeutung der folgenden Worte des Odysseus und ihre besondere Wirkung auf die Zuhörer unterstrichen wird. Dabei ist die Entstehung der Rede mit der Geburt, ihre Wirkung mit der Süße des Honigs und ihre Intensität mit dem Schneegestöber verbunden.

129–131 Verweis auf das Vorzeichen, das die Griechen vor ihrer Abfahrt nach Troja in Aulis gesehen haben (*Ilias* 2,299–332): Eine Schlange kriecht eine Platane empor, frisst acht Sperlingsküken, und ihre Mutter wird in einen Stein verwandelt. Das Vorzeichen wird vom Seher Kalchas als Hinweis darauf gedeutet, dass Troja erst nach neun Jahren Krieg eingenommen werden kann.

174 Mit dem Ausdruck »Troja niederreiten« bleibt der Dichter im Bild des in die Stadt gezogenen hölzernen Pferdes.

216 Rhöteische Küste: Rhöteion war ein Vorgebirge in der Troas (und Name einer nachhomerisch bezeugten ebendort gelegenen Küstenstadt), das auch zum Namensgeber für die Küstenlinie vor Troja wurde.

217 Tenedos: eine wenige Kilometer vor der Küste der Troas gelegene Insel, die nach dem König Tenes, einem Sohn des Kyknos, benannt war.

235 Ilion: alternativer Name für Troja.

293 Argos: wichtige Handelsstadt der Argolis im Osten der Peloponnes und Herrschersitz des Diomedes.

324 Ida: Gebirge in der südlichen Troas (heutiges Kleinasien).

325 Xanthos: Fluss bei Troja, der im Idagebirge entspringt, auch Skamandros genannt (vgl. *Ilias* 20,74).

326 Simois: ein Nebenfluss des Xanthos bzw. Skamandros in der Troas.

335 Dardanisches Tor: eines von zwei Stadttoren Trojas, die in der *Ilias* erwähnt werden. Hier scheint es als Synonym für das Skäische Tor, das sich nach Westen zur Ebene öffnende Haupttor Trojas, verwendet zu sein.

352 Okeanos: Bezeichnung für den in frühen geographischen Vorstellungen rings um die Erde fließenden Weltfluss, aus dem sich alle Meere, Quellen und Flüsse speisen.

358 Die Tochter von Priamos ist die Seherin Kassandra.

366 Der heilige Lorbeerzweig: Lorbeer war ein Epitheton des Apollon. Der mythologische Hintergrund ist die Geschichte von seiner unerwiderten Liebe zu Daphne, die vor Apollon floh und in einen Lorbeerbaum (δάφνη) verwandelt wurde.

369 Thrakische Frau: eine von Dionysos berauschte Mänade (= Rasende) bzw. Bacchantin im Gefolge des Gottes, dessen Kult in Thrakien besonders verbreitet war.

379f. Die Wehen der Hekabe: Anspielung auf den Traum der Hekabe, der bei der Geburt ihres Sohnes Paris das Bild einer Feuersbrunst vor Augen stand, welches den Untergang Trojas aufgrund von Paris' späterem Raub der Helena andeutete.

393f. Brautfesseln: Gemeint ist die Gefangennahme und die Zwangsverheiratung bzw. der Verkauf der Frauen. Ein Beispiel schildert Triphiodor in den Versen 551–555.

398 Vater und Mutter: Priamos und Hekabe.

408 Meine Herrin: Gemeint ist Klytaimestra, die Frau des Agamemnon; mit ihm wird Kassandra als Kriegsbeute heimkehren und dort von Klytaimestra ermordet werden.

447 Hekatomben: »Hundertopfer«, meistens von Rindern oder Stieren, bei besonders wichtigen Festen oder Anlässen. Sie dienten ebenso sehr der Huldigung der Götter wie der Speisung einer großen Anzahl von Menschen.

506f. Die Waagschale: Mehrfach wägt Zeus das Schicksal der Kämpfer vor Troja mit einer Waagschale, in die Todeslose gelegt werden; diese senkt sich mal zu Ungunsten der Griechen (*Ilias* 8,69–74), mal zu ihren Gunsten (beim Zweikampf von Achilleus und Hektor in *Ilias* 22,208–213). Die Verwendung der Schicksalswaage zeigt, dass Zeus selbst letztlich nicht über das Leben und den Tod entscheidet, sondern einer höheren Schicksalsmacht untersteht, die mit den Moiren oder Parzen assoziiert wird.

520 Braut aus Therapne: gemeint ist Helena; Therapne ist eine Nachbarstadt Spartas in Lakonien (vgl. auch *Raub der Helena* 226).

574 Skäisches Tor: s. zu V. 335.

634–643 Neoptolemos' Ermordung des Priamos wird mit dem Verhalten seines Vaters Achilleus kontrastiert, der im letzten Gesang der *Ilias* gegenüber dem König der Trojaner Mitleid zeigte und ihm die Auslösung des getöteten Hektor gewährte.

653 Ausonien: griechische Bezeichnung für Süditalien.

681 Die Werke Poseidons: Anspielung auf den göttlichen Bau der Mauern Trojas durch Poseidon (mit der Hilfe Apollons, vgl. *Raub der Helena* 281).

687 Der tote Aiakide ist Achilleus, der Nachkomme des Aiakos.

Kolluthos, *Raub der Helena*

1 Xanthos: s. zu *Eroberung Trojas* 325.

4 Idäischen: zum Ida s. zu *Eroberung Trojas* 324.

5 Gemeint ist Paris, der auf dem Idagebirge ausgesetzt wurde und dort als Schaf- bzw. Rinderhirte (vgl. V. 10 und 104–107) aufwuchs.

12f. Die argivische Braut ist Helena; »argivisch« (eigentlich »aus Argos«) wird metonymisch für »griechisch« gebraucht.

14 Phalakra: einer der drei Gipfel des Idagebirges in der Landschaft Troas (vgl. V. 4).

17 Haimonische Berge: Umschreibung des Göttersitzes Olymp in Thessalien, das in der Antike auch Haimonia genannt wurde (vgl. auch zu V. 219 und zu *Hero und Leander* 46).

22 Olymp: s. zu *Schild* 30.

23 Der Melisseus gilt als der Teil des Helikon (vgl. zu *Froschmäusekrieg* 1), wo der Dichter Hesiod die Musenweihe erhalten haben soll.

25f. Die beiden Verse, die eigentlich als Verse 39f. überliefert sind, gehören inhaltlich zur Beschreibung des Apollon (und nicht des Peleus), daher die Umstellung.

29 Kentaur: Gemeint ist der weise Kentaur Chiron, der bei Kolluthos als Gastgeber der Hochzeit von Peleus und Thetis fungiert.

37 Anspielung auf das Liebesverhältnis, das Ares mit Aphrodite, der Frau des Hephaistos, hatte.

61 Der Apfel galt in der Antike als Liebessymbol. Eris verkehrt diese Bedeutung in ihr Gegenteil, indem sie einen goldenen Apfel mit der Aufschrift »für die Schönste« unter die Festgesellschaft wirft und damit den Streit der Göttinnen entfacht.

75 Für die Augenpartie als Schönheitsideal verwendet Kolluthos einen Ausdruck, der sowohl den Augenaufschlag als auch die harmonische Proportionierung der Augen(bögen) zueinander beschreibt.

111 Syrinx: aus Schilfrohren gebaute Hirtenflöte, auch Panflöte genannt.

149 Asien: s. zu *Europa* 9.

166 Lakedaimon: zu diesem alternativen Namen für Sparta vgl. auch zu *Hero und Leander* 74f.

168 Schaumgeborene: Beiwort der Aphrodite, deren Entstehung und Namensgebung im Mythos damit erklärt wird, dass sie aus dem Schaum (ἀφρός) der ins Meer gefallenen, abgeschnittenen Scham des Himmelsgottes Uranos entstanden ist.

205 Hellespont: Meerenge zwischen Ägäis und Marmarameer, die heutigen Dardanellen; benannt nach der mythischen Figur Helle, die dort ertrunken ist.

211 Dardanien: Region am Ida-Gebirge; der namensgebende Heros Dardanos war ein Vorfahre des trojanischen Königsgeschlechts.

212 Ismarischer See: an der Küste von Thrakien zwischen den Städten Maroneia und Stryme gelegener Strandsee.

213 Pangaion: Gebirgszug in Thrakien, der in der Antike für seine Gold- und Silbervorkommen bekannt war.

219 Haimonier: in der Dichtung geläufiger, vom mythischen König Haimon abgeleiteter Name für die Bewohner Thessaliens (vgl. auch zu V. 17).

220 Achaisches Land: Bezeichnung für das von den frühesten griechischen Siedlern, den sogenannten mykenischen Griechen, bewohnte Gebiet, das sich von Thessalien bis auf die Peloponnes erstreckte; der Name »Achaioi«

wird bei Homer synonym für die gegen Troja kämpfenden »Griechen« verwendet.

221 Das thessalische Phthia (s. zu *Schild* 380f.) und die auf der Peloponnes gelegene Stadt Mykene werden wegen ihrer Bedeutung als Heimat bzw. Herrschersitz der wichtigsten griechischen Helden im Trojanischen Krieg, Achilleus (Phthia) und Agamemnon (Mykene), hervorgehoben.

222 Erymanthos: Gebirgszug im Nordwesten der Peloponnes.

223 Sparta: vgl. zu V. 166.

224 Eurotas: einer der Hauptflüsse der Peloponnes, der an Sparta vorbeifließt und in den Lakonischen Golf mündet.

226 Therapne: s. zu *Eroberung Trojas* 520.

239 Einheimische Athene: gemeint ist die in Sparta verehrte Athene, die Schutzpatronin verschiedener griechischer Städte war (v. a. von Athen) und dort jeweils wichtige Heiligtümer mit Kultstatuen besaß.

241 Amyklai: südlich von Sparta gelegener Ort mit einem berühmten Apollonheiligtum.

248 Die Blume ist die Hyazinthe, die aus dem Blut des von Apollon versehentlich mit einem Diskus getöteten Hyakinthos wuchs.

264 König der Weinstöcke: gemeint ist der Weingott Dionysos.

272 Pylos: Ort an der Westküste der Peloponnes und Herrschersitz des Nestor.

280 Phrygien: Siedlungsgebiet der Phryger in Zentralanatolien, das sich in der antiken Geographie um die Stadt Gordion ausbreitete. Bei Kolluthos wird auch die kleinasiatische Küstengegend um Troja zu Phrygien gerechnet.

281 Ilion: s. zu *Eroberung Trojas* 235.

292 Betrübte himmlische Göttinnen: Hier wird der Gemütszustand der streitenden Göttinnen mit einem Wort des Trauerns beschrieben, das die Folge von Paris' Urteil, d. h. den gekränkten, trauernden Zustand von Athene und Hera, ausdrückt.

311 Hell durchweht: Der ungewöhnliche Ausdruck evoziert die Beschreibung von Paris' hell klingendem Lied (112: λιγυρὴν … ἀοιδήν), das dieser beim Weiden erklingen lässt und das von Helena idealisierend für die Landschaftsbeschreibung der Troas als »von hell tönenden Hirtenliedern durchwehte Weiden« verwendet wird.

320 Die beiden Tore der Träume: Das Bild der Traumpforten aus Horn und Elfenbein stammt aus der *Odyssee* (19,562–567), wo Penelope dem als Bettler verkleideten Odysseus das Wesen der Träume am Beispiel der Deutung eines ihrer Träume erklärt. Der Inhalt dieses Traums, der Freiermord im Hause des Odysseus, deutet proleptisch den blutigen Ausgang des Freiens um Helena durch Paris in Troja an.

365–368 Die Personifikationen des Schlafs (Hypnos) und des Todes (Thanatos) sind in der antiken Mythologie Brüder und Kinder der Nacht. Dabei rückt der Schlaf mit Blick auf seine als negativ empfundene Wirkung, die Menschen kurzzeitig aus dem Leben zu entrücken und handlungsunfähig zu machen, in die Nähe des Todes, dem er als älterem Bruder nacheifert.

377 Hermione scheint die Autorität der Aphrodite als Hüterin bzw. Königin der Harmonie (vgl. V. 28) aufzurufen, um ihrer Mutter wegen ihres Verschwindens die Störung der Eintracht (mit ihr) vorzuwerfen.

389 Kikonen: thrakisches Küstenvolk und verallgemeinernd für »Thraker« gebraucht.

Musaios, *Hero und Leander*

1 Wie auch in den Proömien früherer Epen wird am Anfang die Muse als Göttin der Inspiration angerufen (vgl. z. B. θεά »Göttin« in *Ilias* 1,1 und Μοῦσα »Muse« in *Odyssee* 1,1). Mit λύχνος wird programmatisch eines der zentralen Themen des Proömiums und des ganzen Epyllions überhaupt genannt (s. auch zu V. 236). Die hier gewählte Übersetzung »Lampe« hat sich im Deutschen eingebürgert. Gemeint ist ein von Öl gespeister Leuchtkörper, der (zumindest in der Dichtung) von Sestos bis nach Abydos zu leuchten vermag.

3 Eos hat Leander nie gesehen, weil der am Morgen immer schon nach Abydos zurückgeschwommen war.

4 Sestos: Hafenstadt auf der europäischen Seite des Hellespont (s. zu *Raub der Helena* 205), Heimat der Hero, unmittelbar gegenüber von Abydos, Hafenstadt auf der asiatischen Seite, Heimat des Leander.

6 Die Formulierung »Dienst an Aphrodite« ist ein Euphemismus für Geschlechtsverkehr (vgl. auch zu *Schild* 47).

30 Heros Mutter Eurynome war eine Tochter des Zeus (und der Kallirhoe).

46 Haimonia: alternative Bezeichnung für Thessalien (vgl. zu *Raub der Helena* 219). Da Haimonia eigentlich keine Insel ist (s. V. 45), müsste vielleicht am Ende von V. 45 eine Lücke angesetzt oder die Überlieferung von Αἱμονίης angezweifelt werden. Kypros/Zypern: mythischer Geburtsort von Aphrodite, ihr daher so eng verbunden, dass sie den Beinamen Kypris führte.

47 Kythera: griechische Insel vor der Südostspitze der Peloponnes, Ort besonderer Verehrung der Aphrodite, daher ihr Beiname Kythereia.

48 Libanos: Gebirgszug im Norden Syriens.

50 Phrygien: Landschaft im mittleren Westen Kleinasiens.

74f. Lakedaimon: alternativer Name für das auf der Peloponnes gelegene Sparta. Schon bei Homer galt Sparta als Stadt mit besonders schönen Frauen (καλλιγύναιξ): Mit »Lakedaimons Stern« wird hier offenbar eine besondere Schönheit bezeichnet. ἄστρον ist allerdings eine Konjektur, überliefert ist ἄστυ, das (trotz des ähnlichen Inhalts wie im ersten Teil des Hexameters) ebenfalls ursprünglich im Text gestanden haben könnte (so Kost 1971, 260).

80 Olymp: s. zu *Schild* 30.

111 Der Abendstern wird als »tiefschattig« bezeichnet, weil »dem Bewirkenden selbst die bewirkte Eigenschaft zugesprochen« werden kann (Kost 1971, 305): Mit seinem Aufgang werden die Schatten tiefer und dichter, bis völliges Dunkel (V. 113) herrscht.

153 Arkadien: Landschaft in der Zentralpeloponnes, schon in der Antike verklärt als Ort idyllischen Lebens.

182 Dunkle Aphrodite: Liebe im Verborgenen (wie V. 1), aber auch Liebe in der Nacht (wie V. 3). In Phaistos und Ägypten sind Heiligtümer der Aphrodite Skotia, der dunklen Aphrodite, bezeugt (s. Kost 1971, 378)

208 Hellespont: s. zu *Raub der Helena* 205.

213f. Bootes, Orion, Wagen: Sternbilder, die Seefahrern zur Orientierung dienten. Bootes, wörtlich »Ochsentreiber«, Sternbild nahe dem Großen Wagen, diesem zugeordnet. Orion war ein mythischer Jäger, der als Sternbild an den Himmel versetzt wurde.

215 Kypris auf der anderen Seite: Hero, die »andere Kypris« (V. 33, s. auch V. 135), lebt auf der anderen Seite des Hellesponts (s. V. 208).

225 Im zugrunde gelegten Text von Färber wird Ludwichs Konjektur ὁρίσαντες (»vereinbarend«) gedruckt, die hier übernommen wird. Vielleicht ließe sich das überlieferte ἀνέσαντες jedoch mit Kost (1971) 427f. als »aufschiebend« erklären.

236 Tränenreiche Lampe: Die Lampe wird hier proleptisch als »tränenreich« bezeichnet. In V. 329 heißt es, es sei kein Verlass auf sie. Damit wird ihr Schuld am Tod Leanders zugesprochen, sie ist als die Quelle tränenreicher Trauer anzusehen.

279–282 Schweigen, Finsternis und Nacht lassen sich im gegebenen Zusammenhang auch als Personifikationen verstehen, sie wären dann im griechischen Text groß zu schreiben.

286 Heros Priesterinnengewand reicht bis auf den Boden, bedeckt also den ganzen Körper und läuft in einer Art »Schleppe« aus.

322 Attische Braut: Gemeint ist Oreithyia, eine mythische Gestalt aus dem alten Attika. Sie wurde von Boreas geraubt und nach Thrakien verschleppt,

wo sie ihm vier Kinder gebar: die beiden Söhne, die Nordstürme Kalais und Zetes, sowie die beiden Töchter Kleopatra und Chione. Gemeint ist hier, dass Leander in seiner Not auch zum Nordwind Boreas betet und ihm gegenüber dessen attische Braut erwähnt. Durch die Erinnerung an Boreas' eigene Liebe erhofft sich Leander, von ihm eher Hilfe zu bekommen.

331f. »Die Überlieferung der Schlußszene, insbesondere der Verse 331–334, ist empfindlich gestört« (Kost 1971, 535). Der hier zugrunde gelegte Text von Färber lässt bspw. die Verse 331f. aus, da sie in der Handschrift B nicht bezeugt sind, und übernimmt in V. 333 die Konjektur ἡ δ' ἔτι (überliefert sind εἰσέτι und εἰ δέ τι). Kost hingegen druckt die Verse 331f. ab, nimmt dafür aber (mit Koechly) eine Lücke nach V. 330 an. Andere Herausgeber haben Vers-Umstellungen sowie weitere Eingriffe in den Text vorgeschlagen.

Theodoros Prodromos, *Katzmäusekrieg*

11–13 Völker, die im Norden leben wie die Kimmerier (ein mythisches Volk am Rande des Okeanos, nahe der Unterwelt) und die »Menschen vom Pontos« (dem heutigen Schwarzen Meer) sind gemäß Prodromos der halbjährigen Dunkelheit der Polarnacht ausgeliefert.

32 Der Luchs galt schon in der griechischen Antike – das mag mit seiner Dämmerungsaktivität bzw. Nachtsichtigkeit zusammenhängen – als besonders scharfsichtig, und das gilt in der Welt der Redewendungen bei uns bis heute (»Augen haben wie ein Luchs«).

56 Hunger druckt ἡμέρας groß und sieht hier eine Personifikation des Tages. Hier wird jedoch klein geschrieben (so auch Ahlborn), da mit στάδιον τῆς ἡμέρας die »Lebensbahn« gemeint sein dürfte (zu ἡμέρα = »Leben« vgl. LSJ s. v.).

71–73 Die Maus erinnert hier explizit an den Kampf der Frösche gegen die Mäuse, Gegenstand des Epyllions *Froschmäusekrieg*. Auch von einem *Wieselmäusekrieg* (γαλεομυομαχία) sind seit 1983 etwa 60 Zeilen auf einem Papyrus zu lesen (vgl. Schibli 1983; für eine englische Übersetzung vgl. West 2003, 258–263).

88–91 Zu Beginn des 8. Buchs der *Ilias* (V. 18–27) erklärt Zeus den Anwesenden mit einem Vergleich den Tarif: Auch wenn alle Götter und Göttinnen eine goldene Kette am Himmel befestigten und sich dranhängten, würden sie es nicht schaffen, den Himmel auf die Erde zu ziehen; Zeus hingegen könnte sie alle mit dem Meer und der Erde nach oben ziehen – und am Olymp aufhängen.

106f. In *Froschmäusekrieg* 175f. sagt Zeus über Athenes Tempel, dass sich dort die Mäuse an ihren Opfergaben erfreuen (vgl. auch zu V. 73). Hier droht Fleischer Zeus das Gleiche an.

112 Das griechische Wort φυτάλμιος (»Ernährer«) ist eigentlich ein Epitheton für Götter. Man kann es auf Zeus beziehen, von dem Fleischer behauptet hat, er sei ihm im Traum erschienen und habe ihm Gutes angekündigt. Fleischer kann es freilich ohne Weiteres auch auf sich beziehen, was dem rangniedrigeren Klaudenkäs ja nur recht sein kann.

118–120 Weil die Hierarchie militärischer Grade schlicht unmöglich zu übersetzen ist, wird die griechische Terminologie übernommen: Strategen (eig. »Heerführer«) sind die Oberbefehlshaber, die heutigen Generäle; Taxiarchen (eig. »Abteilungsführer«) gehören dem oberen mittleren, Lochagen (eig. »Mannschaftsführer«) dem unteren mittleren Kader an; zur kämpfenden Masse gehören Lonchephoren (eig. »Lanzenträger«) sowie Hopliten (eig. »Schwerbewaffnete«). Vgl. auch zu V. 285–293 sowie weiterführend Haldon (1999), z. B. S. 115 zu byzantinischen Taxiarchen.

171 »So in seinem Traum (101); hier tut er so, als sei das Wirklichkeit gewesen« (Ahlborn ^{2}1978, 94).

184 Es ist unnötig, hier mit Hunger die Konjektur πορευτέον (Hunger: »gehen wir!«) zu übernehmen. Denn der überlieferte, auch von Ahlborn gedruckte Wortlaut πειρατέον (»versuchen wir es!«) ist mühelos verständlich und metrisch unproblematisch.

211 Zugelostes Land: ein Ausdruck aus der Kolonisierung. Wenn aus einer griechischen Stadt Bürger auszogen, um eine Kolonie zu gründen, wurde das neue Land verlost. Zugelostes Land bedeutet hier wohl so viel wie legitim zugeteilte Herrschaftsbereiche im Himmel (»oben«) und auf der Erde (»unten«).

285–293 Ein Satrap (293) ist ein persischer Provinzstatthalter. Entsprechend ist ein Ethnosatrap (285, 361) ein »Satrap der Heiden« und ein Archisatrap (289) ein »Erzsatrap/oberster Provinzstatthalter« (Trapp). Vgl. auch zu V. 118–120, wo andere militärische Ränge genannt werden.

316f. »Feuerträger« kann ein Epitheton für Götter oder in der Bedeutung »Träger des heiligen Feuers« eine Bezeichnung für Priester sein. Möglicherweise hatte ein Opferpriester zum bevorstehenden Kampf Gutes vorausgesagt, weil er Angst hatte, dass man ihm schlechte Voraussagen negativ auslegen würde (so Ahlborn ^{2}1978, 94).

PERSONENREGISTER

Die folgenden Einträge enthalten die wichtigsten Informationen für das Verständnis der in diesem Band vereinten Texte. Tiernamen (z. B. von Fröschen und Mäusen) und ins Deutsche übersetzte Personifikationen (wie die Monster auf dem Schild des Herakles) wurden nicht aufgenommen. Weniger bekannte Namen von Ortschaften und Bergen etc. werden in den Erläuterungen erklärt.

Achilleus: größter Held der Griechen vor Troja, Ehemann der →Deidameia und Vater des →Neoptolemos; Sohn des →Peleus und der Thetis, die ihn unsterblich machen wollte und ihn daher im Unterweltsfluss Styx badete. Seine Ferse blieb jedoch verwundbar, und er starb an einem Pfeil des →Paris.

Admetos: König von Pherai in Thessalien und Vater des →Eumelos. Als er sterben sollte, ging seine Gattin Alkestis für ihn in den Tod, wurde aber von →Herakles aus der Unterwelt zurückgebracht.

Adonis: mythischer Hirte, als junger Mann Geliebter der →Aphrodite; →Ares verwandelte sich in einen Eber und tötete ihn aus Eifersucht, indem er ihm mit einem Hauer den Oberschenkel durchbohrte; in Griechenland wurde er als Gott verehrt.

Agamemnon: Sohn von →Atreus und Bruder von →Menelaos; König von Mykene und griechischer Heerführer vor Troja. Er wurde nach der siegreichen Heimkehr von seiner Gattin Klytaimestra und deren Geliebtem Aigisthos ermordet.

Aiakos: Sohn des →Zeus und der Aigina; König der Insel Aigina. Vater des →Peleus und des →Telamon und Stammvater der Aiakiden, von denen besonders oft sein Enkel →Achilleus und sein Urenkel →Neoptolemos genannt werden.

Aias: die homerische *Ilias* kennt zwei griechische Helden namens Aias: 1. Aias, der Sohn des →Telamon, war ein besonders tapferer Grieche vor Troja, der mit →Hektor nach einem unentschiedenen Zweikampf Geschenke austauschte und sich mit dem Schwert, das er von Hektor bekam, später im Wahn selbst tötete (*Eroberung Trojas* 19). 2. Aias, der Sohn des Lokrerkönigs →Oileus, überlebte den Kampf um Troja, wurde aber wegen seiner Vergewaltigung der →Kassandra (*Eroberung Trojas* 165–167; 657f.) von →Athene und →Poseidon auf der Heimreise getötet.

Aigeus: Vater von →Theseus.

Aigialeia: Tochter des Adrastos, Gattin des →Diomedes.

Aigialeus: Sohn des Adrastos, Gatte der →Komaitho und Vater des →Kyanippos.

Einer der sogenannten Epigonen, die in der Nachfolge ihrer Väter, der Sieben gegen Theben, die Stadt Theben zerstörten.

Aineias (lat. Aeneas): Sohn des →Anchises und der Göttin →Aphrodite; trojanischer Held, der nach der Zerstörung seiner Heimatstadt zusammen mit seinem Vater floh und in Italien zum Stammvater der Römer wurde.

Aiolos: König von Magnesia in Thessalien und Vater des →Athamas.

Aisimos: aus Tenedos stammender Heros und Vater von →Sinon.

Akamas: Sohn von →Theseus und Bruder des →Demophoon.

Alexandros: Beiname oder Name von →Paris.

Alkaios: Vater von →Amphitryon, König von Tiryns.

Alkmene: Tochter von →Elektryon und Frau von →Amphitryon. Am Anfang des *Schildes* wird eine Mythenversion aufgerufen, gemäß der Amphitryon verbannt wurde: Nachdem er Alkmene geheiratet hatte, tötete er deren Vater Elektryon im Streit um Rinder und flüchtete mit ihr von Tiryns ins Exil nach Theben. Ihre Brüder waren zuvor von plündernden Piraten ermordet worden. Erst nach der Rache hierfür sollte es zum Vollzug der Ehe kommen. →Zeus nutzte die Abwesenheit des Mannes und vereinigte sich in Gestalt des Amphitryon mit Alkmene: Sie gebar später den Zeus-Sohn →Herakles und den Amphitryon-Sohn →Iphikles.

Amphidamas: Vater des →Meilanion, in der *Ilias* nicht erwähnter Bogenschütze der Griechen vor Troja.

Amphitrite: Göttin der Meerestiefe, Frau des →Poseidon und Schwester der Thetis.

Amphitryon: Sohn von →Alkaios und Mann von →Alkmene; obwohl →Herakles der leibliche Sohn von →Zeus war, konnte er im *Schild* auch Amphitryon-Sohn heißen.

Ampykos (Namensvariante: Ampyx): Vater von →Mopsos, ein Lapithe.

Anauros: Fluss(gott) in Thessalien, der auf Befehl von →Apollon das Grab des →Kyknos überspülte.

Anchises: König von Dardanos am Ida-Gebirge. Aus seiner Verbindung mit der Göttin →Aphrodite entstammte →Aineias, der mit ihm aus Troja floh.

Andromache: Gattin des →Hektor und Mutter des →Astyanax. Nach dem Fall Trojas wurde sie →Neoptolemos als Beute zugesprochen.

Antenor: einer der trojanischen Heerführer, geschätzt für seine Gastfreundlichkeit, die er zusammen mit seiner Frau →Theano auch →Odysseus und →Menelaos zukommen ließ, als diese vor dem Krieg als Gesandte nach Troja kamen, um die friedliche Herausgabe →Helenas zu erreichen. Antenor wurde deswegen bei der Eroberung Trojas von den Griechen verschont.

Antiklos: Sohn des →Ortyx und Gatte der →Laodameia; einziger Grieche im

Trojanischen Pferd, der →Helenas Versuchung erlag und von →Odysseus getötet wurde (vgl. *Eroberung Trojas* 476–486).

Antilochos: Sohn des →Nestor und Kampfgefährte des →Achilleus.

Antiphates: in der *Ilias* nicht erwähnter Kämpfer der Griechen vor Troja.

Aphrodite: Göttin der Schönheit, der Harmonie und der Liebe (lat. Venus); zu ihren Attributen gehört ein magischer Gürtel der Verführung; als →Kronos seinem Vater Uranos die Geschlechtsteile abgeschnitten hatte, fielen diese ins Meer, woraus die »schaumgeborene« Aphrodite (zu ἀφρός »Schaum«) entstand; dies soll in der Nähe von Zypern geschehen sein, wo sie deswegen besonders verehrt wurde. Aphrodite versprach →Paris im Streit der Göttinnen die →Helena.

Aphrogeneia: Beiname der →Aphrodite: »die Schaumgeborene«.

Apollon: Gott der Künste, der Weissagung und der Heilung; Sohn von →Zeus und →Leto, Zwillingsbruder von →Artemis; in seinem Hain in Pagasai (Thessalien) fand der im *Schild* erzählte Kampf zwischen →Herakles und →Kyknos statt. Als Führer der Musen wurde er häufig am Musenberg Helikon verortet; in Lykien besaß er ein wichtiges Heiligtum. Zudem wurde er auf der Peloponnes als Apollon Karneios (zu κάρνος »Widder«) verehrt; zu seinen Ehren wurden die Karneen mit einem Widderopfer gefeiert.

Ares: Gott des Krieges (lat. Mars), Sohn von →Zeus und →Hera, Vater von →Kyknos. Das von Triphiodor (V. 105) verwendete Epitheton ἵππιος (»rosseliebend«) ist ungewöhnlich, gewinnt aber über den Kontext des (hölzernen) Pferdes als entscheidendes Kriegsmittel seine Bedeutung.

Argos: der Wächter von →Io, die mit →Zeus ein Verhältnis hatte und in eine Kuh verwandelt wurde; man schrieb ihm drei oder vier, sogar hundert bzw. unzählige Augen zu, die er entweder sämtlich oder abwechselnd zur Hälfte wach hielt; →Hermes schläferte Argos schließlich mit Musik ein und tötete ihn.

Arktos: ein Führer der →Kentauren.

Artemis: jungfräuliche Göttin der Jagd (lat. Diana) und in den Bergen wohnhaft; Tochter von →Zeus und →Leto, Zwillingsschwester von →Apollon.

Asbolos: ein Vogeldeuter und Führer der →Kentauren.

Astyanax: Sohn von →Hektor und →Andromache, der von →Odysseus bei der Eroberung Trojas kopfüber von den Mauern herabgestürzt wurde.

Atalante: arkadische Heroine, die in der Wildnis aufgewachsen war und junge Männer, die sie heiraten wollten, zu einem Wettlauf zwang, besiegte und tötete. Doch →Meilanion ließ während des Wettlaufs drei goldene Äpfel, Geschenke der →Aphrodite, fallen, wonach sie sich bückte, dadurch Zeit und daher den Wettlauf verlor.

Athamas: König von Boiotien, Gatte der Nephele und Vater der →Helle.

Athene: jungfräuliche Göttin der Weisheit, des Handwerks und des Krieges (lat.

Minerva), wie ihr Vater →Zeus, der sie aus seinem Kopf geboren hatte, oft mit Ägis (göttlicher Schild oder Umhang) dargestellt; Schutzpatronin verschiedener griechischer Städte, vor allem Athens; ihr Beiname Tritogeneia erklärt sich vielleicht durch die Geburt am Triton, einem Fluss in Boiotien.

Atreus: Sohn des Pelops und der Hippodameia und König von Mykene. Seine beiden Söhne, die Atriden, waren →Agamemnon und →Menelaos.

Atropos: eine der drei →Moiren (lat. Parzen), in der Antike verstanden als »die Unabwendbare«; s. auch →Klotho und →Lachesis.

Atrytone: Beiname oder Name von →Athene (in der Antike zu ἄτρυτος gestellt und gedeutet als »die Unbezwungene« oder »die Unermüdliche«).

Boreas: der Nordwind, der Oreithyia raubte (vgl. zu *Hero und Leander* 322); neben →Zephyros (Westwind), →Euros (Ostwind) und →Notos (Südwind) einer der vier Hauptwinde, deren Name auch die jeweilige Himmelsrichtung bezeichnen konnte.

Chariten: drei Göttinnen, die Anmut, Charme und Liebreiz verkörpern (lat. →Grazien); nach Hesiod waren sie Töchter des →Zeus und der Eurynome und hießen Aglaia, Euphrosyne und Thalia; bei Kolluthos (V. 175) werden sie als Töchter der Hera bezeichnet.

Chiron: weiser →Kentaur und Erzieher des →Achilleus, der bei Kolluthos als Gastgeber der Hochzeit von →Peleus und Thetis genannt wird.

Danae: Da ein Orakel ihrem Vater Akrisios, König von Argos, den Tod durch einen Enkel vorausgesagt hatte, wurde Danae eingesperrt. →Zeus schwängerte sie dennoch in Gestalt eines Goldregens: Ihr Sohn war →Perseus.

Dardanos: Sohn des →Zeus und Stammvater der trojanischen Könige.

Deidameia: Tochter des Königs von Skyros, Lykomedes, Frau von →Achilleus und Mutter von →Neoptolemos.

Deiphobos: Sohn des →Priamos und der →Hekabe, der nach dem Tod des →Paris mit seinem Bruder →Helenos um →Helena stritt und ihr Gatte wurde. Er wurde beim Fall Trojas von →Menelaos getötet.

Demeter: Göttin des Ackerbaus (lat. Ceres); von →Zeus Mutter der →Persephone.

Demophoon: Sohn des →Theseus und König von Athen, dessen Frau →Phyllis aus Sehnsucht nach ihm wegen einer langen Abwesenheit Selbstmord beging.

Deukalion: Sohn des Titanen →Prometheus; als →Zeus die Menschen mit einer Sintflut bestrafte, wurde er zusammen mit seiner Frau Pyrrha gerettet; auf Weisung der Götter schufen die beiden durch Werfen der »Gebeine der Erde«, d. h. der Steine, ein neues Geschlecht.

Diomedes: Sohn des →Tydeus und der Deipyle und Gatte der →Aigialeia; griechischer Held vor Troja, der zusammen mit →Odysseus den →Rhesos erschlug.

Dionysos: Gott des Weins, der Fruchtbarkeit und der Ekstase (lat. Bacchus). In der Kunst wurde er häufig jugendlich, bartlos und mit Locken dargestellt.

Dryalos: Sohn von →Peukeus und Bruder von →Perimedes, ein Führer der →Kentauren.

Dryas: ein Führer der →Lapithen.

Echo: Nymphe, die aus unglücklicher Liebe zum schönen Narkissos verschmachtete. Nach einer anderen Version ließ sie →Pan aus Eifersucht auf ihren Gesang von wahnsinnigen Hirten zerreißen. In beiden Fällen blieb nur ihre Stimme als Echo erhalten.

Eileithyia: Göttin der Geburt, deren Hauptheiligtum in Amnisos auf Kreta lag.

Elektryon: Vater der →Alkmene.

Enkelados: der Stärkste der →Giganten; im Krieg gegen die Götter wurde er von →Zeus' Blitz erschlagen und unter dem Ätna begraben.

Enyalios: Beiname oder Name von →Ares.

Enyo: Kriegsgöttin und weibliches Gegenstück zu →Ares.

Eos: Tochter der →Titanen Hyperion und Theia, Schwester der →Selene und des Helios und Mutter des →Memnon. Göttin der Morgenröte, häufig gleichgesetzt mit Hemera, dem Tageslicht.

Epeios: Sohn von Panopeus; Erbauer des hölzernen Pferdes.

Erderschütterer: Beiname oder Name von →Poseidon.

Eris: Schwester des →Ares und griechische Göttin des Streites; weil sie nicht eingeladen war, warf sie bei der Hochzeit des →Peleus und der Thetis einen Apfel mit der Aufschrift »für die Schönste« unter die Göttinnen, worauf es zum Streit zwischen →Hera, →Aphrodite und →Athene kam, den →Paris schlichten musste.

Eros: Gott der körperlichen Liebe und des Begehrens (lat. Amor oder Cupido); obwohl er gemäß Hesiod (*Theogonie* 116–122) mit Chaos und Gaia einer der ersten Götter überhaupt war, erschien er später meist als Sohn der →Aphrodite; oft wurde er geflügelt und als Bogenschütze dargestellt.

Eroten: Mehrfachdarstellungen des →Eros, in der Regel, um die Wirkungen der Liebe zu betonen, häufig geflügelt dargestellt.

Euaimon: Vater von →Eurypylos.

Eumelos: Sohn des →Admetos und der Alkestis; er besaß die besten Pferde vor Troja.

Europa: Tochter des →Phoinix (bzw. nach anderer Überlieferung des phönizischen

Königs Agenor) und der →Telephaassa; von →Zeus wird sie die Mutter von Minos, Rhadamanthys und →Sarpedon.

Euros: der Ostwind, vgl. →Boreas.

Eurydamas: Nachkomme des →Pelias; in der *Ilias* nicht erwähnter Kämpfer der Griechen vor Troja.

Eurypylos: Sohn von →Euaimon; aus Thessalien stammender Troja-Kämpfer und Anführer von 40 Schiffen.

Eurystheus: König von Argos, der →Herakles die berühmten zwölf Taten aufgab; in den Versen 89–93 des *Schildes* wird auch →Iphikles als sein Diener genannt.

Exadios: ein Führer der →Lapithen.

Ganymedes: Sohn eines mythischen Königs von Troja, Tros; →Zeus verliebte sich in den schönen Jüngling und machte ihn zu seinem Mundschenk auf dem Olymp.

Giganten: riesenhafte Söhne der Erde und daher »Erdgeborene« genannt; der stärkste Gigant heißt →Enkelados; in der Antike sehr populär war die Gigantomachie, der Kampf der Giganten gegen die olympischen Götter, die dank der Unterstützung durch →Herakles gewannen. Eine berühmte Darstellung findet sich auf dem Pergamonaltar.

Gorgonen: die drei Schwestern Medusa, Sthenno und Euryale, mythische Ungeheuer; Medusa war sterblich und wurde von →Perseus getötet.

Grazien: römische Entsprechung zu den →Chariten.

Hades: der Gott der Unterwelt, dessen Name auch für die Unterwelt selbst stehen kann (lat. Pluto).

Hekabe: Frau des Königs von Troja, →Priamos; ein Traum bei der Geburt von →Paris hatte ihr den Untergang Trojas angezeigt. Sie entzog sich nach dem Fall Trojas der Gefangenschaft durch →Odysseus und wurde beim Sprung ins Meer in einen Hund verwandelt.

Hektor: Sohn des Königs von Troja, →Priamos, und Gatte der →Andromache; Hauptheld der Trojaner, der →Patroklos tötete und im Zweikampf mit →Achilleus fiel; dieser befestigte dann Hektors Leiche an seinem Streitwagen und schändete sie.

Helena: Tochter des →Zeus und der Leda, von →Tyndareos aufgezogen; Gemahlin des →Menelaos. Ihre Entführung durch →Paris löste den Trojanischen Krieg aus. Als dieser starb, wurde sie →Deiphobos zur Frau gegeben. Nach dem Krieg kehrte sie mit Menelaos nach Sparta zurück.

Helenos: Sohn von →Priamos und →Hekabe, Zwillingsbruder der →Kassandra. Nach einem Streit mit seinem Bruder →Deiphobos verließ er Troja und wurde von den Griechen wegen seiner Seherkunst gefangen gehalten; er riet ihnen

zum Bau des hölzernen Pferdes und dazu, das Palladion zu stehlen, damit Troja erobert werden könne (s. zu *Eroberung Trojas* 55).

Helle: Tochter der Nephele und des →Athamas. Sie ertrank im später nach ihr benannten Hellespont.

Henioche: Frau von →Kreon.

Hephaistos: Gott des Feuers und der Schmiedekunst (lat. Vulcanus), Sohn von →Zeus und →Hera, Ehemann der →Aphrodite, die ihn mit →Ares betrog; da Hephaistos verkrüppelte Füße hatte, trug er den Beinamen »der Krummbeinige«; als Schmiedegott schuf er z. B. die Wohnungen der Götter und den Schild des Achilleus.

Hera: Göttin der Ehe (lat. Juno), Tochter von →Kronos und →Rhea, Schwester und Gattin des →Zeus, auf dessen Seitensprünge (z. B. mit →Alkmene oder →Europa) sie oft mit Eifersucht reagierte. Triphiodor (V. 243) beschreibt sie als »Lichtbringerin«, weil der Planet Venus in seiner morgendlichen Erscheinung als Phosphoros (»Bringer des Lichts«) neben →Aphrodite/Venus auch der Hera zugeordnet wurde.

Herakles: Sohn von →Alkmene und →Zeus, Zwillingsbruder von →Iphikles, einer der bedeutendsten griechischen Helden. Im *Schild* wird die Tötung des →Kyknos durch ihn erzählt, gegen den er mit seinem Wagenlenker →Iolaos kämpfte. Dabei wird Herakles' Schild ausführlich beschrieben. Berühmt waren seine zwölf Taten, die er für →Eurystheus erledigen musste.

Hermes: Sohn von Maia und →Zeus; Götterbote, Schutzgott von Reisenden, Kaufleuten und Dieben, Begleiter in die Unterwelt (lat. Merkur); bekannt war er unter anderem für die Tötung von →Argos.

Hermione: Tochter von →Menelaos und →Helena.

Hero: Priesterin der →Aphrodite in Sestos, Geliebte des →Leander.

Hesperiden: die Töchter des Atlas, die am Westrand der Welt im Garten der Götter die goldenen Äpfel bewachten, die Gaia zur Hochzeit von →Zeus und →Hera geschenkt hatte. Eine der Aufgaben des →Herakles war der Diebstahl dieser Äpfel.

Hopleus: ein Führer der →Lapithen.

Horen: Eunomia, Dike und Eirene, Göttinnen der Jahreszeiten, die oft mit Schmuck, Frühling, Geburt und Hochzeit assoziiert wurden.

Hyakinthos: schöner, von →Apollon geliebter Jüngling, der vom Gott versehentlich durch einen Diskuswurf getötet, in Amyklai begraben und als Heros verehrt wurde.

Iardanos: Vater der Omphale, mythischer König Mäoniens (späteres Lydien). Omphale kaufte →Herakles von →Hermes als Sklaven: Herakles musste drei

Jahre Dienst leisten; während dieser Zeit heiratete ihn Omphale. Sie hatten die gemeinsamen Söhne Lamos und Agelaos.

Idomeneus: Sohn des →Deukalion und König der Kreter, einer der wichtigsten Heerführer der Griechen vor Troja.

Inachos: Sohn des →Okeanos und der Tethys, erster König von Argos und Stammvater des Königsgeschlechts der Argolis, Vater der →Io.

Io: Tochter von →Inachos; →Zeus verwandelte sich in einen Stier und verführte Io, die von der eifersüchtigen →Hera anschließend in eine Kuh verwandelt und →Argos zur Bewachung übergeben wurde. Den ließ Zeus durch →Hermes töten, Io kam frei, wurde aber auf Veranlassung Heras durch eine Bremse verfolgt. Letztlich wahnsinnig geworden, endete ihr qualvoller Irrlauf in Ägypten, wo Zeus ihr durch Handauflegen ihre Menschengestalt zurückgab. Später heiratete sie Epaphos, beider Kind war →Libye.

Iolaos: Sohn von →Iphikles und Automedusa und somit Neffe von →Herakles, dessen Wagenlenker er im *Schild* ist.

Iphidamas: Nachkomme des →Pelias; in der *Ilias* nicht erwähnter Kämpfer der Griechen vor Troja.

Iphikles: Sohn von →Alkmene und →Amphitryon, der menschliche Zwillingsbruder von →Herakles, Vater von →Iolaos; gemäß den Versen 89–93 des *Schildes* diente er ebenfalls →Eurystheus.

Kaineus: ein Führer der →Lapithen.

Kalchas: Seher der Griechen im Trojanischen Krieg. Er weissagte, dass Troja erst nach zehn Jahren erobert würde.

Kalliope: eine der neun →Musen; besonders in epischer und elegischer Dichtung angerufen.

Kapaneus: einer der sieben Anführer, die gegen Theben Krieg führten; als er damit prahlte, auch →Zeus könne ihn nicht von der Eroberung der Stadt abhalten, wurde er von dessen Blitz erschlagen.

Kassandra: Tochter des →Priamos und der →Hekabe; sie erhielt von →Apollon die Gabe der Weissagung mit der Einschränkung, dass ihr bei den Menschen kein Glauben geschenkt werde. So sah sie den Untergang Trojas vergeblich voraus, wurde bei dessen Fall von →Aias, dem Sohn des Oileus, im Tempel der Athene vergewaltigt und von →Agamemnon als Sklavin nach Mykene gebracht.

Kentauren: mythische Mischwesen mit Pferdeunter- und Menschenoberkörper; während der Hochzeit des →Lapithen →Peirithoos mit Hippodameia entflammte ein berühmter Kampf, als die Kentauren sich betrunken an den Frauen der Lapithen vergehen wollten; die Lapithen gewannen, und die Kentauren wurden aus Thessalien vertrieben.

Keyx: der Herrscher von Trachis, zu dem sein Freund →Herakles im *Schild* unterwegs ist und der →Kyknos, mit dem seine Tochter →Themistonoe verheiratet ist, bestattet.

Klotho: eine der drei Moiren (lat. Parzen), eig. »die (den Schicksalsfaden) Spinnende«; s. auch →Atropos und →Lachesis.

Komaitho: Tochter des →Tydeus, Gattin des →Aigialeus und Mutter des →Kyanippos.

Kreon: Mann von →Henioche, Bruder der Iokaste (Mutter und Frau von Oidipus), König von Theben; er gewährte →Amphitryon und →Alkmene Asyl.

Kronide: Beiname des →Zeus, des »Sohns des →Kronos«.

Kronos: Sohn des Uranos und der Gaia; Vater von →Zeus (lat. Saturn), der oft mit den Patronymika Kronion oder (dem im Deutschen üblicheren) Kronide bezeichnet wird.

Kyanippos: König von Argos; Sohn der →Komaitho und des →Aigialeus.

Kyknos: Sohn des →Ares, der im *Schild* durch →Herakles getötet wird, da er den Besuchern des →Apollon-Haines in Pagasai (Thessalien) und des benachbarten Delphi auflauerte.

Kypris: Beiname oder Name von →Aphrodite (»aus Kypros/Zypern«; s. auch zu *Hero und Leander* 46).

Kythereia: Beiname oder Name von →Aphrodite (»aus Kythera«; s. auch zu *Hero und Leander* 47).

Lachesis: eine der drei Moiren (lat. Parzen), eig. »die (das Schicksal) Auslosende«; s. auch →Atropos und →Klotho.

Laodameia: Frau des →Antiklos.

Laodike: Tochter von →Priamos und →Hekabe, die bei der Einnahme Trojas von einem Erdspalt verschluckt wurde, um vor der Gefangenschaft bewahrt zu werden.

Laomedon: König von Troja und Vater des →Priamos. Unter seiner Herrschaft errichteten →Poseidon und →Apollon die Mauern Trojas.

Lapithen: ein besonders für den Kampf gegen die →Kentauren bekanntes mythisches Volk aus Thessalien.

Leander: aus Abydos, Geliebter der →Hero.

Leonteus: zusammen mit Polypoites Anführer der →Lapithen vor Troja.

Leto: Tochter von →Titanen; von →Zeus war sie die Mutter von →Apollon und →Artemis.

Libye: Tochter des Epaphos und der →Io; von →Poseidon Mutter der →Telephaassa, deren Tochter →Europa war.

Loxias: Beiname oder Name von →Apollon, offenbar zu λοξός »krumm«, vielleicht wegen seiner uneindeutigen Orakel.

Lynkeus: Gründer von Argos und ein Vorfahre des →Amphitryon.

Meges: Sohn des Phyleus und einer der Freier der →Helena. Er kam mit 40 Schiffen nach Troja und war ein enger Gefährte des →Odysseus.

Meilanion: Sohn des →Amphidamas; er warb erfolgreich um →Atalante.

Memnon: König der Äthiopier, Sohn von →Eos und →Tithonos. Er kam den Trojanern nach dem Tod von →Hektor zu Hilfe, wurde aber von →Achilleus getötet; damit seine Leiche geborgen werden konnte, hüllte seine Mutter das Schlachtfeld in Dunkelheit.

Menelaos: Sohn des →Atreus, Bruder des →Agamemnon und König von Sparta. Die Entführung seiner Gattin →Helena durch →Paris löste den Trojanischen Krieg aus.

Menoitios: Sohn des Aktor und der Aigina und Vater des →Patroklos; er nahm am Argonautenzug teil.

Mimas: ein Führer der →Kentauren.

Moiren: die drei »Zuteilenden«, die Schicksalsgöttinnen (lat. Parzen) →Klotho, →Lachesis und →Atropos.

Mopsos: Sohn von →Ampykos, Enkel von →Ares; ein Führer auf der Seite der →Lapithen.

Musen: Gottheiten des Gesangs, der Künste und der Literatur; oft wurde in der Antike von neun Musen gesprochen, die aus dem makedonischen Gebirge Pieria stammen.

Najaden: Oberbegriff für die Wassernymphen, d. h. die Quell-, Teich- und Seenymphen.

Neleus: Sohn des →Poseidon und der Tyro; Gründer der Stadt Pylos.

Neoptolemos: Sohn des →Achilleus und der →Deidameia, der nach dem Tod seines Vaters von →Odysseus nach Troja gebracht wurde, weil die Stadt ohne seine Mitwirkung nicht erobert werden konnte. Bei der Einnahme Trojas erschlug er den König →Priamos am Altar des →Zeus Herkeios, was durch seine spätere Ermordung im Tempel des →Apollon zu Delphi gesühnt wurde.

Nereiden: (normalerweise fünfzig) Meeresnymphen; Töchter des Nereus und der Doris.

Nestor: König von Pylos und einer der ältesten Helden der Griechen vor Troja; er galt aufgrund seiner Lebenserfahrung als weiser Ratgeber; Vater von →Antilochos und →Thrasymedes.

Notos: der Südwind, vgl. →Boreas.

Nymphen: Töchter des →Zeus oder von Flussgöttern; sie lebten als Naturgottheiten auf Bergen, in Bäumen, Quellen oder Seen (→Najaden) und spendeten Fruchtbarkeit.

Odysseus: König von Ithaka und Gatte der →Penelope. Listenreicher, von der Göttin →Athene beschützter Held vor Troja, der den Bau des Trojanischen Pferdes veranlasste. Seine Irrfahrten auf der Rückreise beschreibt die *Odyssee* Homers.

Oileus: König der Lokrer und Vater von →Aias.

Okeanos: Mann der Tethys, Gott des Weltstromes, der um die als Scheibe vorgestellte Erde fließt.

Ortyx: Vater des →Antiklos; die Genealogie ist unsicher, vielleicht hat er einen sprechenden Namen (»die Wachtel«).

Palamedes: Sohn des Königs von Euboia, Nauplios, und einer der Freier der →Helena. Er hatte →Odysseus' Versuch, sich durch eine List der Teilnahme am Trojanischen Krieg zu entziehen, vereitelt und wurde aus Rache von Odysseus fälschlich des Überlaufens zu den Trojanern bezichtigt und getötet.

Pallas: Beiname oder Name von →Athene; Etymologie und Bedeutung sind unsicher.

Pan: Hirtengott und Schützer des Kleinviehs; Sohn des →Hermes. Pan wurde als bocksfüßiges Mischwesen dargestellt, das lüstern den →Nymphen nachstellte. Er galt als Erfinder der Hirtenflöte (Syrinx).

Paris: Sohn des trojanischen Königs →Priamos und von dessen Frau →Hekabe, den →Zeus beim Streit der drei Göttinnen →Hera, →Athene und →Aphrodite zum Schiedsrichter machte (Parisurteil). Paris sprach Aphrodite den Preis zu, die ihm als Belohnung die schönste Frau, →Helena, zur Gattin versprochen hatte. Die Entführung Helenas aus Sparta löste den Trojanischen Krieg aus.

Patroklos: Sohn von →Menoitios und Gefährte des →Achilleus, der im Zweikampf mit →Hektor getötet wurde.

Peirithoos: ein Führer der →Lapithen, auf dessen Hochzeit es zum Kampf gegen die →Kentauren kam.

Peitho: häufig mit →Aphrodite assoziierte und in ihrem Gefolge dargestellte Personifikation der Überredungskunst.

Peleus: mythischer König von Phthia in Thessalien und Vater des →Achilleus; bei seiner Hochzeit mit Thetis kam es zum Streit der Göttinnen um den Zankapfel der →Eris, der zum Parisurteil führte.

Pelias: König von Iolkos; Sohn des →Poseidon und der Tyro.

Peneleos: einer der Freier der →Helena und Führer der Boioter.

Penelope: Frau des →Odysseus und Mutter des Telemachos. Sie hielt ihrem Gatten während seiner zwanzigjährigen Abwesenheit die Treue und erwehrte sich der zahlreichen Freier.

Penthesileia: Königin der Amazonen, die mit ihrem Volk den Trojanern nach dem Tod →Hektors zu Hilfe eilte. Sie fiel im Zweikampf mit →Achilleus.

Perimedes: Sohn von →Peukeus und Bruder von →Dryalos, ein Führer der →Kentauren.

Persephone: Tochter von →Demeter und →Zeus; beim Blumenpflücken wurde sie von →Hades entführt, der sie zu seiner Frau machte und mit sich in die Unterwelt nahm.

Perseus: Sohn von →Danae und →Zeus; ein berühmter griechischer Held, der unter anderem die Medusa erlegte und dank unsichtbar machenden Helms und seiner Flügelschuhe vor ihren Schwestern, den anderen beiden →Gorgonen, fliehen konnte. Auf dem Schild des →Herakles trägt er das Haupt der Medusa in einer Tasche, die über seinen Schultern liegt.

Petraios: ein Führer der →Kentauren.

Peukeus: Vater von →Dryalos und →Perimedes, ein →Kentaur.

Phaleros: ein Führer der →Lapithen; der Name begegnet in verschiedenen Mythen, wobei unklar ist, in welchen der gleiche Phaleros gemeint ist.

Phereklos: berühmter Handwerker auf Seiten der Trojaner, der die Schiffe erbaut haben soll, mit denen →Paris die →Helena entführte.

Philoktet: Sohn des thessalischen Königs Poias und hervorragender Bogenschütze. Er wurde wegen einer stinkenden Bisswunde, die ihm eine Schlange zugefügt hatte, von den Griechen auf der Insel Lemnos zurückgelassen, auf Weisung des Sehers →Helenos aber im zehnten Kriegsjahr zurückgeholt, da Troja ohne seinen Bogen nicht erobert werden könne. Er tötete →Paris mit einem Pfeilschuss.

Phoibos: Beiname oder Name von →Apollon, eig. »der Reine«, vielleicht wegen seiner reinigenden Wirkung als Gott der Heilkunst.

Phoinix: Mythischer König von Sidon oder Tyros, Vater der →Europa (nach anderen Quellen ist er deren Bruder).

Phyllis: Tochter eines thrakischen Königs, die sich aus Sehnsucht nach ihrem abwesenden Ehemann →Demophoon das Leben nahm.

Pluton: alternative Bezeichnung für den Gott der Unterwelt, →Hades.

Polyxena: Tochter von →Priamos und →Hekabe; →Neoptolemos opferte sie nach dem Fall Trojas am Grab des →Achilleus, wo sie auch begraben wird.

Poseidon: Sohn des →Kronos und der →Rhea, Gemahl der →Amphitrite; griechischer Gott des Meeres (lat. Neptun), der mit seinem Dreizack Stürme und Erdbeben erregen konnte, weshalb er auch den Beinamen »Erderschütterer« trug.

Priamos: mythischer König von Troja und Gemahl der →Hekabe; Vater von 50 Söhnen und 50 Töchtern, darunter →Hektor, →Paris und →Kassandra; er wurde beim Fall Trojas von →Neoptolemos am Altar des →Zeus Herkeios erschlagen.

Prolochos: ein Führer der →Lapithen.

Rhea: Mutter von →Zeus.

Rhesos: Thrakerkönig, der im Trojanischen Krieg den Trojanern zu Hilfe kam; er wurde von →Odysseus und →Diomedes im Schlaf überfallen und getötet.

Sarpedon: Sohn des →Zeus, der vor Troja gegen die Griechen kämpfte und von →Patroklos erschlagen wurde. Zu Zeus' blutigem Regen vor seinem Tod vgl. zu *Schild* 384. Sarpedons Leichnam wurde von →Apollon nach Lykien gebracht.

Selene: Göttin des Monds.

Sinon: Sohn des →Aisimos, Held vor Troja, der nach dem vorgetäuschten Abzug der Griechen zurückblieb, sich als Überläufer ausgab und die Trojaner überredete, das hölzerne Pferd in die Stadt zu ziehen.

Telamon: Bruder des →Peleus und König von Salamis; Vater von →Aias und →Teukros.

Telephaassa: Tochter von →Poseidon und →Libye, bei Moschos Gemahlin des →Phoinix und Mutter der →Europa.

Teukros: Sohn des →Telamon und Halbbruder des →Aias. Er galt als bester Bogenschütze vor Troja.

Theano: Frau von →Antenor und Athenepriesterin in Troja.

Themistonoe: Tochter des →Keyx, Frau des →Kyknos.

Theseus: Sohn von →Aigeus und Vater von →Akamas und →Demophoon; ein mythischer König Athens, der besonders für die Tötung des Minotauros bekannt war; er kämpfte außerdem auf Seiten der →Lapithen gegen die →Kentauren.

Thrasymedes: Sohn von →Nestor und Bruder des →Antilochos.

Thyone: Name der Semele, der Mutter des →Dionysos.

Titanen: Bezeichnung für die Kinder des Uranos und der Gaia, die das Göttergeschlecht unter der Herrschaft des →Kronos bildeten. Die Titanen unterlagen im Kampf gegen die olympischen Götter, deren Führer →Zeus war.

Tritogeneia: Beiname oder Name von →Athene.

Tritonen: Meeresgottheiten, halb Mensch, halb Fisch, dem Gefolge des →Poseidon zugehörig.

Tydeus: Vater von →Diomedes und →Komaitho, der am Zug der Sieben gegen Theben teilnahm und dort zu Tode kam.

Tyndareos: König von Sparta und Vater von →Helena und Klytaimestra.

Ureios: ein Führer der →Kentauren.

Xanthos: Flussgott des im Idagebirge entspringenden gleichnamigen Flusses in der Troas, der auch Skamandros hieß (vgl. auch zu *Eroberung Trojas* 325). Eine Genealogie ist nicht bekannt, bei Kolluthos (Vers 1–3) wird er als Vater der trojanischen Nymphen genannt.

Zephyros: Personifikation des Westwinds, vgl. →Boreas.

Zeus: Himmelsgott und oberster Olympier (lat. Jupiter); Sohn von →Kronos und →Rhea; er wurde oft mit Blitz oder Ägis dargestellt (die Ägis ist ein goldenes Ziegenfell bzw. ein aus einem Ziegenfell gefertigter Schild, mit dessen Hilfe Zeus Blitz und Donner heraufziehen lässt); verheiratet war er mit seiner Schwester →Hera, mit der er unter anderem →Hephaistos zeugte; zu ihrem Unwillen unterhielt Zeus immer wieder außereheliche Beziehungen, weshalb er bspw. der Vater von →Apollon, →Artemis und →Herakles ist. Als Zeus Herkeios (»der Hausbeschützer«) wurde er oft in Innenhöfen von Häusern mit einem Altar geehrt.

LITERATURHINWEISE

Im Folgenden ist nur eine kleine Auswahl der sehr umfangreichen Sekundärliteratur zu den in diesem Band vereinten Texten aufgeführt.

[Hesiod], *Schild*

Athanassakis, Apostolos N., *Hesiod: Theogony, Works and Days, Shield. Introduction, Translation, and Notes* (Baltimore 1983)

Baumbach, Manuel, *Die Poetik der Schilde: Form und Funktion von Ekphraseis in den* Posthomerica *des Quintus Smyrnaeus*, in: Baumbach, Manuel; Bär, Silvio (Hrsgg.), *Quintus Smyrnaeus: Transforming Homer in Second Sophistic Epic* (Berlin/New York 2007) 107–142

Becker, Andrew S., *Reading Poetry through a Distant Lens: Ecphrasis, Ancient Greek Rhetoricians, and the Pseudo-Hesiodic »Shield of Herakles«*, The American Journal of Philology 113 (1992) 5–24

Chiarini, Sara, *L'archeologia dello* Scutum Herculis (Rom 2012)

Evelyn-White, Hugh G., *Hesiod. The Homeric Hymns and Homerica* (London 1914, Nachdr. 1982)

Heckenlively, Timothy S., *The Shield of Herakles: a Study in Archaic Greek Poetics and the Iconography of Violence* (Diss. Santa Barbara 2004)

Hirschberger, Martina, *Gynaikōn Katalogos und Megalai Ēhoiai: Ein Kommentar zu den Fragmenten zweier hesiodeischer Epen* (München/Leipzig 2004)

Horn, Fabian, *›Order from Chaos‹: Ecphrasis and Meaning in Context in the Pseudo-Hesiodic Shield of Heracles*, Hermes 144 (2016) 124–137

Martin, Richard P., *Pulp Epic: the* Catalogue *and the* Shield, in: Hunter, Richard (Hrsg.), *The Hesiodic* Catalogue of Women*: Constructions and Reconstructions* (Cambridge 2005) 153–175

Mazon, Paul, *Hésiode: Théogonie – Les travaux et les jours – Le bouclier* (Paris 1944)

Merkelbach, Reinhold; West, Martin L., *Fragmenta Hesiodea* (Oxford 1967)

Montanari, Franco; Rengakos, Antonios; Tsagalis, Christos (Hrsgg.), *Brill's Companion to Hesiod* (Leiden/Boston 2009)

Most, Glenn W., *Hesiod: The Shield, Catalogue of Women, Other Fragments* (London 2007)

Myres, John L., *Hesiod's ›Shield of Herakles‹: Its Structure and Workmanship*, The Journal of Hellenic Studies 61 (1941) 17–38

Ormand, Kirk, *The Hesiodic* Catalogue of Women *and Archaic Greece* (Cambridge 2014)

Paley, Frederick A., *The Epics of Hesiod, with an English Commentary* (London ²1883)

Russo, Carlo F., *Hesiodi Scutum. Introduzione, testo critico e commento con traduzione e indici* (Florenz ²1965)

Schmidt, Ernst G., *Hesiod: Sämtliche Werke. Deutsch von Thassilo von Scheffer. Mit einer Übersetzung der Bruchstücke aus den Frauenkatalogen* (Leipzig ²1965)

Solmsen, Friedrich, *Hesiodi theogonia, opera et dies, scutum. Fragmenta selecta ediderunt R. Merkelbach et M. L. West* (Oxford ³1990, ¹1970)

Moschos, *Europa*

Beckby, Hermann, *Die griechischen Bukoliker: Theokrit–Moschos–Bion* (Meisenheim am Glan 1975)

Bühler, Winfried, *Die Europa des Moschos: Text, Übersetzung und Kommentar* (Wiesbaden 1960)

Campbell, Malcolm, *Moschus, Europa: Edited with Introduction and Commentary* (Hildesheim/Zürich/New York 1991)

Gow, Andrew S. F., *Bucolici Graeci* (Oxford 1952)

Heldmann, Konrad, *Europa und der Stier oder der Brautraub des Zeus: Die Entführung Europas in den Darstellungen der griechischen und römischen Antike* (Göttingen 2016)

Hopkinson, Neil, *Theocritus. Moschus. Bion* (Cambridge, Mass./London 2015)

Kuhlmann, Peter, *Moschos'* Europa *zwischen Artifizialität und Klassizismus: Der Mythos als verkehrte Welt*, Rheinisches Museum 147 (2004) 276–293

Legrand, Philippe-Ernest, *Bucoliques Grecs*, Bd. 2 (Paris 1927)

Paschalis, Michael, *Etymology and* enargeia*: Re-reading Moschus'* Europa *(vis-à-vis Hor. C. 3.27)*, in: Nifadopoulos, Christos (Hrsg.), *Etymologia: Studies in Ancient Etymology* (Münster 2003) 153–163

Petrain, David, *Moschus'* Europa *and the Narratology of Ecphrasis*, in: Harder, M. Annette; Regtuit, Remco F.; Wakker, Gerry C. (Hrsgg.), *Beyond the Canon* (Leuven/Paris/Dudley, MA 2006) 249–269

Renger, Almut-Barbara, *Mythos Europa: Texte von Ovid bis Heiner Müller* (Leipzig 2003)

Schmiel, Robert, *Moschus'* Europa, Classical Philology 76 (1981) 261–272

[Homer], *Froschmäusekrieg*

Ahlborn, Helmut, *Untersuchungen zur pseudo-homerischen Batrachomyomachie* (Göttingen 1959)

Ahlborn, Helmut, *Pseudo-Homer, Der Froschmäusekrieg. Theodoros Prodromos, Der Katzenmäusekrieg. Griechisch und Deutsch* (Berlin [1]1968, [2]1978)

Allen, Thomas W., *Homeri opera. Tomus V* (Oxford 1912, Nachdr. 1959)

Christensen, Joel P.; Robinson, Erik, *The Homeric Battle of the Frogs and Mice* (London/New York 2018)

Evelyn-White, Hugh G., *Hesiod. The Homeric Hymns and Homerica* (London 1914, Nachdr. 1982)

Fusillo, Massimo, *[Homero], La battaglia delle rane e dei topi. Batrachomyomachia* (Mailand 1988)

Glei, Reinhold, *Die Batrachomyomachie: Synoptische Edition und Kommentar* (Frankfurt am Main 1984)

Hosty, Matthew, *An Edition with Commentary of the* Batrachomyomachia (Diss. Oxford 2013)

Kelly, Adrian, *Parodic Inconsistency: Some Problems in the* Batrakhomyomakhia, Journal of Hellenic Studies 129 (2009) 45–51

Kelly, Adrian, *Hellenistic Arming in the* Batrachomyomachia, Classical Quarterly 64 (2014) 410–413

Ludwich, Arthur, *Die Homerische Batrachomachia des Karers Pigres nebst Scholien und Paraphrase* (Leipzig 1896)

Milanezi, Silvia, *Headaches and Gnawed πέπλος: Laughing with Athena*, in: Deacy, Susan; Villing, Alexandra (Hrsgg.), *Athena in the Classical World* (Leiden 2001) 311–329

Most, Glenn W., *Die Batrachomyomachia als ernste Parodie*, in: Ax, Wolfram; Glei, Reinhold F. (Hrsgg.), *Literaturparodie in Antike und Mittelalter* (Trier 1993) 27–40

Scheffer, Thassilo von, *Der Froschmäusekrieg (Batrachomyomachia): Griechisch–deutsch* (München 1941)

Schobinger, Viktor, *βατραχομυομαχία: de frösch-müüs-chrieg* (Zürich 2007)

Sens, Alexander, *»Τίπτε γένος τοὐμὸν ζητεῖς;« The* Batrachomyomachia, *Hellenistic Epic Parody, and Early Epic*, in: Montanari, Franco; Rengakos, Antonios (Hrsgg.), *La poésie épique grecque : métamorphoses d'un genre littéraire* (Genf 2006) 215–248

Sticker, Iris, *Die Rüstungsszenen in der* Batrachomyomachie, Philologus 161 (2017) 329–336

West, Martin L., *Homeric Hymns. Homeric Apocrypha. Lives of Homer* (Cambridge, Mass./London 2003)

Wölke, Hansjörg, *Untersuchungen zur Batrachomyomachie* (Meisenheim am Glan 1978)

Triphiodor, *Eroberung Trojas*

Appel, Wlodzimierz, *Zur Rezeption der Ἰλίου ἅλωσις des Triphiodor*, Prometheus 24 (1998) 83–86

Campbell, Malcolm, *Lexicon in Triphiodorum = A Lexicon to Triphiodorus* (Hildesheim 1985)

Dubielzig, Uwe, *Τριφιοδώρου Ἰλίου ἅλωσις. Triphiodor:* Die Einnahme Ilions. *Ausgabe mit Einführung, Übersetzung und kritisch-exegetischen Noten* (Tübingen 1996)

Gerlaud, Bernard, *Triphiodore, La prise d'Ilion* (Paris 1982)

Livrea, Enrico, *Triphiodorus, Ilii excidium* (Leipzig 1982)

Mair, Alexander W., *Oppian, Colluthus, Tryphiodorus* (London/Cambridge, Mass. 1928; Nachdr. 1963)

Miguélez-Cavero, Laura, *Triphiodorus,* The Sack of Troy*: A General Study and a Commentary* (Berlin/Boston 2013)

Miguélez-Cavero, Laura, *›With a Little Help from my (Divine) Friends‹: Double Motivation and Personification in Triphiodorus'* Sack of Troy, in: Clauss, James J.; Cuypers, Martine; Kahane, Ahuvia (Hrsgg.), *The Gods of Greek Hexameter Poetry. From the Archaic Age to Late Antiquity and Beyond* (Stuttgart 2016) 231–242

Monaco, Davide, *Il lessico di Trifiodoro*, Glotta 83 (2007) 127–191

Paschalis, Michael, *Pandora and the Wooden Horse: A Reading of Triphiodorus' Ἅλωσις Ἰλίου*, in: Paschalis, Michael (Hrsg.), *Roman and Greek Imperial Epic* (Herakleion 2005) 91–115

Ypsilanti, Maria, *Triphiodorus Homericus: People in the 'Ἰλίου "Ἅλωσις and Their Forebears in the Iliad and Odyssey*, Wiener Studien 120 (2007) 93–114

Kolluthos, *Raub der Helena*

Alesso, Marta, El rapto de Helena*, de Coluto*, Circe 7 (2002) 17–34

Blondell, Ruby, *Helen of Troy: Beauty, Myth, Devastation* (Oxford 2013)

Cadau, Cosetta, *Studies in Colluthus'* Abduction of Helen (Leiden/Boston 2015)

Cuartero i Iborra, Francesc J., *Col·lut: El Rapte d'Hèlena* (Barcelona 1992)
Fajen, Fritz; Wacht, Manfred, *Concordantia Colluthi: Konkordanz zum* Raub der Helena *des Kolluthos (ed. O. Schönberger)* (Hildesheim 2003)
Fernández-Galiano, Manuel; Fernández-Galiano, Emilio, *Licofrón, Alejandra. Trifiodoro, La toma de Ilión. Coluto, El rapto de Helena* (Madrid 1987)
Julien, A. Stanislas, *ΚΟΛΟΥΘΟΥ ΕΛΕΝΗΣ ΑΡΠΑΓΗ – L'enlèvement d'Hélène, poème de Coluthus* (Paris 1823)
Kroll, Wilhelm, *Kolluthos*, Paulys Real-Encyclopädie der classischen Altertumswissenschaft, 21. Halbband (1921) 1098–1099
Livrea, Enrico, *Colluto, Il ratto di Elena: Introduzione, testo critico, traduzione e commentario* (Bologna 1968)
Magnelli, Enrico, *Colluthus' ›Homeric‹ Epyllion*, Ramus 37 (2008) 151–172
Magnelli, Enrico, *Gods and Men in Colluthus'* Rape of Helen, in: Clauss, James J.; Cuypers, Martine; Kahane, Ahuvia (Hrsgg.), *The Gods of Greek Hexameter Poetry. From the Archaic Age to Late Antiquity and Beyond* (Stuttgart 2016) 288–297
Mair, Alexander W., *Oppian, Colluthus, Tryphiodorus* (London/Cambridge, Mass. 1928, Nachdr. 1963)
Orsini, Pierre, *Collouthos, L'enlèvement d'Hélène* (Paris 1972)
Paschalis, Michael, *The Abduction of Helen: A Reappraisal*, Ramus 37 (2008) 136–150
Possebon, Fabricio; Marques Júnior, Milton; Albertim, Alcione Lucena de, *Colutos: O rapto de Helena* (João Pessoa 2005)
Prauscello, Lucia, *Colluthus' Pastoral Traditions: Narrative Strategies and Bucolic Criticism in the Abduction of Helen*, Ramus 37 (2008) 173–190
Schönberger, Otto, *Kolluthos, Raub der Helena: griechisch – deutsch. Einleitung, Text, Übersetzung und Anmerkungen* (Würzburg 1993)

Musaios, *Hero und Leander*

Eleuteri, Paolo, *Storia della tradizione manoscritta di Museo* (Pisa 1981)
Färber, Hans, *Hero und Leander: Musaios und die weiteren antiken Zeugnisse* (München 1961)
Giebel, Marion, *Musaios, Hero und Leander: Aus dem Altgriechischen neu übersetzt und herausgegeben* (Frankfurt am Main/Leipzig 2009)
Kost, Karlheinz, *Musaios, Hero und Leander: Einleitung, Text, Übersetzung und Kommentar* (Bonn 1971)
Livrea, Enrico; Eleuteri, Paolo, *Musaeus, Hero et Leander* (Leipzig 1982)

Malcovati, Enrica, *Museo, Ero e Leandro: Edizione critica con traduzione e note italiane* (Mailand 1947)
Montiglio, Silvia, *The Myth of Hero and Leander: The History and Reception of an Enduring Greek Legend* (London/New York 2018)
Morales, Helen, *Gender and Identity in Musaeus'* Hero and Leander, in: Miles, Richard (Hrsg.), *Constructing Identities in Late Antiquity* (London/New York 1999) 41–69
Orsini, Pierre, *Musée: Héro et Léandre* (Paris 1968)
Ronge, Herbert, *Apuleius: Amor und Psyche; Musaios: Hero und Leander. Urtext mit Übertragung* (München 1939)
Schott, Gerhard, *Hero und Leander bei Musaios und Ovid* (Köln 1957)
Triypanis, Constantinos A.; Gelzer, Thomas; Whitman, Cedric, *Callimachus. Musaeus, Hero and Leander* (Cambridge, Mass./London 1975)

Theodoros Prodromos, *Katzmäusekrieg*

Ahlborn, Helmut, *Pseudo-Homer, Der Froschmäusekrieg. Theodoros Prodromos, Der Katzenmäusekrieg. Griechisch und Deutsch* (Berlin [2]1978; [1]1968)
Hercher, Rudolf, *Theodori Prodromi Catomyomachia* (Leipzig 1873)
Hörandner, Wolfram, *Theodoros Prodromos: Historische Gedichte* (Wien 1974)
Hunger, Herbert, *Der byzantinische Katz-Mäuse-Krieg: Theodoros Prodromos, Katomyomachia. Einleitung, Text und Übersetzung* (Graz/Wien/Köln 1968)
Kazhdan, Alexander; Franklin, Simon, *Studies on Byzantine Literature of the Eleventh and Twelfth Centuries* (Cambridge 1984)
Meunier, Florence, *Théodore Prodrome: crime et châtiment chez les souris* (Paris 2016)
Plepelits, Karl, *Theodoros Prodromos, Rhodanthe und Dosikles: Eingeleitet, übersetzt und erläutert* (Stuttgart 1996)
Rosenqvist, Jan O., *Die byzantinische Literatur. Vom 6. Jahrhundert bis zum Fall Konstantinopels 1453* (Berlin/New York 2007)

Weitere verwendete Sekundärliteratur

Ambühl, Annemarie, *Narrative Potentiale von Anfängen und Enden im hellenistischen (Klein-)Epos*, in: Schmitz, Christine; Telg genannt Kortmann, Jan; Jöne, Angela (Hrsgg.), *Anfänge und Enden: Narrative Potentiale des antiken und nachantiken Epos* (Heidelberg 2017) 79–103

Bartels, Annette, *Vergleichende Studien zur Erzählkunst des römischen Epyllion* (Göttingen 2004)

Bär, Silvio, *Inventing and Deconstructing Epyllion: Some Thoughts on a Taxonomy of Greek Hexameter Poetry*, in: Walde, Christine (Hrsg.), *Stereotyped Thinking in Classics. Literary Ages and Genres Re-Considered* = thersites 2 (2015) 23–51

Bär, Silvio; Baumbach, Manuel; Dümmler, Nicola; Sitta, Horst; Zogg, Fabian, *Carmina Anacreontea. Griechisch/Deutsch* (Stuttgart 2014)

Baumbach, Manuel; Bär, Silvio (Hrsgg.), *Brill's Companion to Greek and Latin Epyllion and Its Reception* (Leiden/Boston 2012)

Cancik, Hubert; Schneider, Helmuth; Landfester, Manfred (Hrsgg.), *Der Neue Pauly: Enzyklopädie der Antike* (DNP) (Stuttgart/Weimar 1996–2003)

Crump, Mary M., *The Epyllion from Theocritus to Ovid* (Oxford 1931)

Davies, Malcolm, *Epicorum Graecorum Fragmenta* (Göttingen 1988)

Fantuzzi, Marco; Hunter, Richard, *Tradition and Innovation in Hellenistic Poetry* (Cambridge 2004)

Fantuzzi, Marco; Tsagalis, Christos (Hrsgg.), *The Greek Epic Cycle and its Ancient Reception: A Companion* (Cambridge 2015)

Gutzwiller, Kathryn J., *Studies in the Hellenistic Epyllion* (Königstein 1981)

Haldon, John, *Warfare, State and Society in the Byzantine World 565–1204* (London 1999)

Kazhdan, Alexander P. (Hrsg.), *The Oxford Dictionary of Byzantium*, 3 Bde. (New York/Oxford 1991)

Kühner, Raphael; Gerth, Bernhard, *Ausführliche Grammatik der griechischen Sprache* (Hannover [4]1955)

Lampe, Geoffrey W. H., *A Patristic Greek Lexicon* (Oxford 1961)

LfgrE = *Lexikon des frühgriechischen Epos. Begründet von Bruno Snell*, 4 Bde. (Göttingen 1955–2010)

LSJ = Liddell, Henry G.; Scott, Robert; Jones, Henry S., *A Greek-English Lexicon. With a Revised Supplement* (Oxford 1996)

Merriam, Carol U., *The Development of the Epyllion Genre Through the Hellenistic and Roman Periods* (Lewiston/Queenston/Lampeter 2001)

Pape, Wilhelm, *Griechisch-deutsches Handwörterbuch*, 2 Bde. (Graz [3]1914, Nachdr. 1954)

Roscher, Wilhelm H., *Ausführliches Lexikon der griechischen und römischen Mythologie* (Leipzig 1884–1937)

Schibli, Hermann S., *Fragments of a Weasel and Mouse War*, Zeitschrift für Papyrologie und Epigraphik 53 (1983) 1–25

Schlegel, Friedrich von, *Geschichte der Europäischen Literatur am Beispiel der griechischen Mythologie (1803/1804)*, zitiert nach: Behler, E., (Hg.) *Kritische Friedrich-Schlegel-Ausgabe*, Bd. 11 (München 1958)

Simms, Robert (Hrsg.), *Brill's Companion to Prequels, Sequels, and Retellings of Classical Epic* (Leiden/Boston 2018)

Sophocles, Evangelinus A., *Greek Lexicon of the Roman and Byzantine Periods* (Cambridge, Mass./Leipzig 1914, Nachdr. Hildesheim/New York 1975)

Trapp, Erich, *Lexikon zur byzantinischen Gräzität, besonders des 9.–12. Jh.*, 3 Bde. (Wien 2001–2017)